いざというときにあわてない、迷わない

# 葬儀・法要・相続
## マナーと手続きのすべて

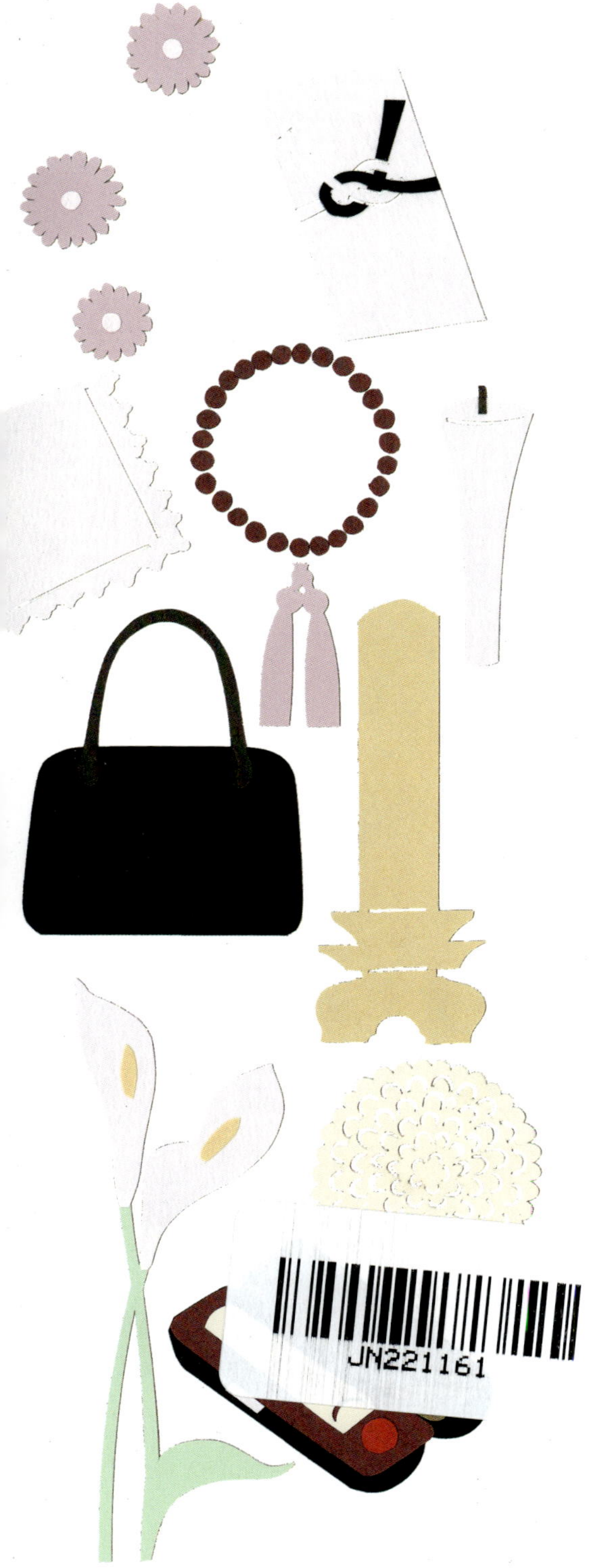

主婦の友社編

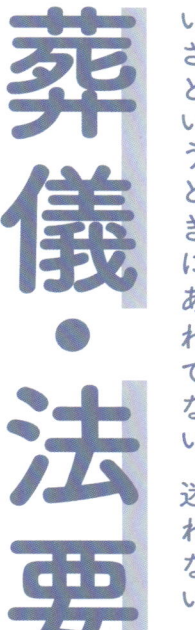

# CONTENTS

## 第1章 弔事の基本マナー

# 第2章 通夜・葬儀・法要のしきたりとマナー

# 第4章 ■ 葬儀後の手続き

## 第5章 自分らしいエンディング



## 第6章 遺言と相続

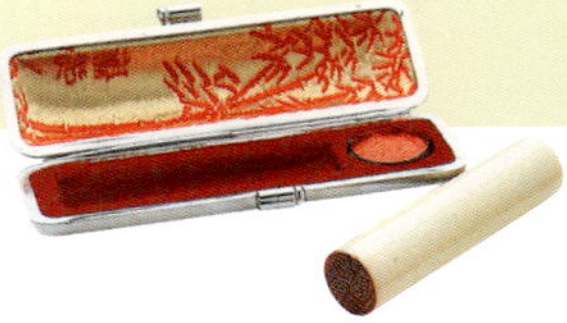



◎本書に掲載したデータや金額の目安は、特に断りのない限り、2016年8月時点で確認したものです。価格は税別です。

第1章

# 弔事の基本マナー

通夜、葬儀・告別式、法要など、悲しみの席での装いや
拝礼の仕方、香典、供物《くもつ》・供花《きょうか》の贈り方など、
覚えておきたい弔事《ちょうじ》の基本マナーを紹介します。

# 遺族の正式礼装から一般会葬者の略礼装まで
# 弔《ちょう》事《じ》の装いの基本マナー

## 女性の洋装

### 〈正式《せい》式《しき》礼《れい》装《そう》〉

**喪主、遺族、親族（通夜、葬儀・告別式、一周忌までの法要）一般会葬者（葬儀・告別式）**

正式礼装は黒無地または綾《あや》織《お》りなどの素材を使ったシンプルなワンピース、アンサンブルやスーツ。えり元がつまったデザインで、長そでで、スカート丈はひざ下。夏冬兼用のアンサンブルのワンピースやブラウスは七分そでなど長めにし、夏でも儀式のときは上着を着ます。

**上着は**
アンサンブルやスーツの上着は長そでのシンプルなものを。中のワンピースやブラウスはえり元のつまったデザインを。

**ボタンは**
共布でくるんだくるみボタンや黒で光沢のないシンプルな形のものを。

**生地は**
黒無地または地味な綾織りで、光沢のない素材を。黒でもレースやサテンなどの素材は避ける。

**ストッキングは**
黒のストッキングをはく。柄物は避ける。タイツはカジュアルな印象なので避ける。

**バッグは**
布製が正式だが、革製でも金具などの飾りがなく光沢のないものであればよい。小型の手提げタイプかクラッチバッグなどを。

**靴は**
正式には布製だが、革製でも金具などの飾りがなく、光沢のないものならよい。ヒールのあるプレーンなパンプスを。

### 正式な喪服は本来、遺族が着る

喪服《もふく》は、もともとは喪に服する人、つまり遺族だけが着るものでした。現在では、死者に対する礼儀として、あるいは死を悼《いた》み悲しむ気持ちをあらわす式服として、葬儀に参列する人は喪服を着ることが一般的になっています。

遺族が着るもの、という本来の意味を考えると、通夜はもとより告別式に参列する一般会葬者《かいそうしゃ》の立場なら、地味な服装であれば喪服を着る必要はないのです。とはいえ最近では、通夜に参列する一般会葬者も喪服を着ることが多くなっています。

遺族や近親者の場合は、通夜、葬儀・告別式を通じて正式礼装で臨みます。一般会葬者は、それよりも格下（準礼装・略礼装）の装いにします。

## 弔事《ちょうじ》のヘア&メイク

**メイクは控えめに**

派手なアイメイクは避ける。ノーメイクではなく、ファンデーションとナチュラルカラーの口紅をつける。口紅はつけたあとティッシュオフをしてつやを抑える。

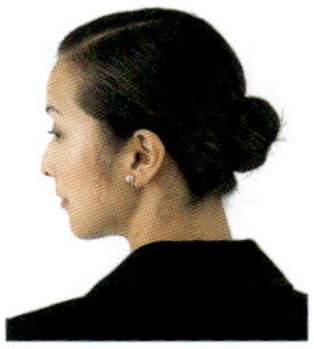

**ヘアスタイルはシンプルに**

ロングヘアはきちんとまとめる。髪飾りはできるだけ避けるが、つけるときはつやのない黒のリボンやバレッタなどに。ショートやセミロングの場合もシンプルにまとめる。

## 〈準礼装《じゅんれいそう》〉

**親族（通夜、葬儀・告別式）**
**一般会葬者（葬儀・告別式）**

故人の近親者でも若い人や、一般会葬者として葬儀・告別式に参列するときは、そのときの流行を適度に取り入れたデザインの準礼装の喪服でもかまいません。ただし、あくまでも、派手になりすぎないように気をつけます。

**デザインは**
アンサンブルやスーツ、ワンピースなど。部分的にサテンやレースを使うなど、そのときの流行をとり入れたデザインでもかまわない。スカートはひざ下丈、上着は長そでを。えり元のあいたものは避ける。

**バッグは**
ショルダーではなく、手提げタイプのものやクラッチバッグなどを。シンプルな布製か光沢のない革製を。

**ストッキングは**
黒かナチュラルな肌色のストッキングを。柄物やタイツはカジュアルな印象なので避ける。

**靴は**
金具などの飾りのないヒールのあるシンプルなパンプスを。ヒールのない靴はカジュアルな印象なので避ける。

**Point**

### アクセサリーは?

結婚指輪以外はつけないのが正式とされていましたが、最近はアクセサリーをつけることで正式礼装になるという考え方もあります。ネックレスであれば白やグレー、黒の真珠や、光沢のない加工のオニキスなどの一連のもの、イヤリングは一粒タイプのものを。あくまでも華美にならないように。二連、三連のネックレスは「不幸が重なる」とされ、NG。

## 正式礼装と、それに準じた準礼装の違いにも注意

女性の喪服は、洋装では黒無地のオーソドックスなワンピース、スーツ、アンサンブルが正式礼装です。透ける生地や光沢のある素材は避け、えり元がつまったデザインで、長そで、スカートはひざ下丈、たたみや板敷きの床でも座りやすい服装にします。バッグや靴は布製が正式ですが、つやのないシンプルなものであれば革製でもかまいません。

故人の近親者でも若い人の場合や、一般会葬者として葬儀や告別式に参列するときは、準礼装でもかまいません。靴やバッグ、アクセサリーやメイクなどもマナー違反にならないよう注意しましょう。

和装では黒無地染め抜き五つ紋つき（13ページ参照）が正式礼装です。半えりとたびは白ですが、それ以外、帯や帯揚げ、帯締めなどの小物はすべて黒にします。

洋装と和装では格の上下はありませんが、正式な喪服（正式礼装）は喪主、遺族、世話役代表など喪家《そうか》側が着るもの、一般参列者は準礼装が基本です。

## 〈 略礼装《りゃくれいそう》 〉

**一般会葬者
（通夜、葬儀・告別式）**

突然の知らせを聞いて駆けつける通夜の弔問《ちょうもん》や、一般会葬《かいそう》者《しゃ》として葬儀・告別式に参列するとき、三回忌《さんかいき》以降の法要に参列するときは、略礼装にします。濃紺や濃いグレー、黒など、地味な色合いでシンプルなデザインのスーツやワンピース、黒のブラウスとスカート、黒のジャケットとスカートの組み合わせなど。パンツもカジュアルすぎないものであればよいでしょう。

**黒のジャケットとパンツ**

シンプルなジャケットとベーシックなパンツの組み合わせ。パンツは素材、デザインなど、カジュアルなものは避ける。ナチュラルな肌色か黒のストッキングをはき、シンプルなヒールのあるパンプスを合わせる。

**ダークカラーのスーツ**

黒や紺、グレーなどのスーツやワンピースなど。えり元のつまったデザインか、あいているものは中に黒など、地味な色合いのブラウスを着る。スカートはひざ丈を。デザインが華美なものは避ける。ストッキングはナチュラルな肌色か黒を。靴はヒールのあるシンプルなパンプスを。

**Point**

### 白いブラウスは避ける

略礼装のスーツやジャケットを着る場合、インナーのシャツやブラウスは地味な色合いのものにします。白は急な弔問《ちょうもん》などやむをえない場合を除いて避けます。

## 装いのポイント

**■バッグは布製が正式**

バッグは小型で、光沢のないシンプルなデザインの布製が正式。革製でも光沢がなく、派手な金具などの飾りがなく、シンプルなデザインなら、手提げタイプでもクラッチバッグタイプでもよい。爬《は》虫類《ちゅうるい》の革製はタブー。

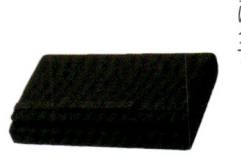

和装にも使える布製のクラッチバッグ。持ち手をつけることもできる。

フォーマル用の布製の手提げ型バッグ。

**■コートも地味な色で**

寒い時期の葬儀・告別式ではコート類を着ることもありますが、コート類も黒や濃紺、グレーなどの地味な色合いのオーソドックスなデザインのものにします。儀式の間は脱ぐのが原則です。

## 〈 略礼装《りゃくれいそう》 〉

**一般会葬者（通夜、葬儀・告別式、四十九日、一周忌の法要）**

紫やねずみ色、薄茶色など地味な色の色無地の一つ紋、三つ紋の着物に黒の喪帯を締めます。地味な色でも地紋がおめでたい吉祥文様《きっしょうもんよう》の着物は避けます。半えり、たびの白以外は、帯揚げ、帯締めも黒にします。ぞうりやバッグも黒にします。地味な小紋の着物に一つ紋つきの羽織も略礼装になります。

## 女性の和装

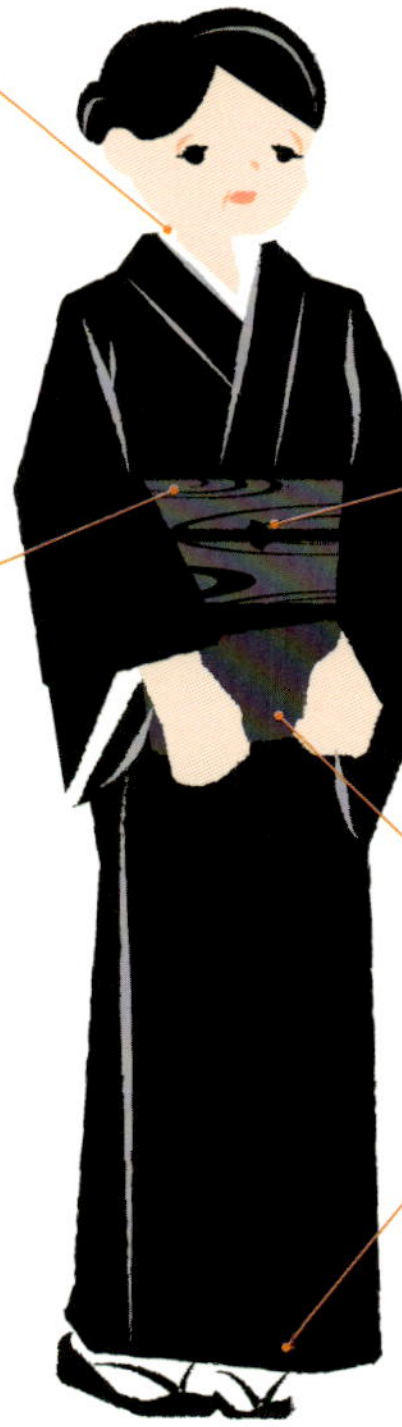

**えり元は**

半えりは白地の塩瀬《しおぜ》か夏なら絽《ろ》。長じゅばんは羽二重《はぶたえ》かりんず地の白を。衣紋《えもん》の抜き方を少なめにし、すり合わせをきちんとして、あまり肌を見せないようにする。

**帯は**

帯は袋帯の黒無地または黒の紋織りを締める。流水、雲取り、蓮《はす》、紗《さ》綾形《やがた》などの地紋があってもかまわない。結び方はお太鼓《たいこ》を小さめに。帯留めはつけない。

**帯揚げ、帯締めは**

帯揚げも帯締めも黒。帯締めは丸ぐけが正式だが、最近は平打《ひらう》ちや組ひもも多い。帯締めの端は下向きにする。

**バッグは**

バッグは小型の黒の布製が基本。

**ぞうりとたびは**

ぞうりは黒の布製が基本。革製でも光沢のないものであればよい。たびは白。

### Point

**紋《もん》とは？**

紋（家紋《かもん》）は家ごとに違い、喪服や留袖などの礼服には必ずつけます。紋には一つ紋、三つ紋、五つ紋があり、数が多いほうが格が高い。喪服や留袖は五つ紋。一つ紋は背縫いに、三つ紋は背縫いと両袖の後ろに、五つ紋は背縫いと両袖の後ろ、両胸に入れます。

## 〈 正式礼装《せいしきれいそう》 〉

**喪主、遺族、親族**
**（通夜、葬儀・告別式、一周忌までの法要）**

黒無地の染め抜き五つ紋つきで、冬は羽二重《はぶたえ》か一越《ひとこし》ちりめん、夏は駒絽《こまろ》や平絽《ひらろ》が多く使われます。紋は実家の女紋か婚家の紋を入れます。半えり、たびの白以外は小物も黒で統一します。扇子《せんす》は持ちません。

**■喪章は喪家側がつける**

喪章《もしょう》は遺族や世話役など、喪《そう》家《か》側の人がつけるもの。一般会葬者《かいそうしゃ》が平服で駆けつけるときにもつけない。喪家側でも喪服を着ている場合はつけない。

**■ハンカチにも気を配る**

色物のハンカチは目立つので、白無地やフォーマル用の黒を。

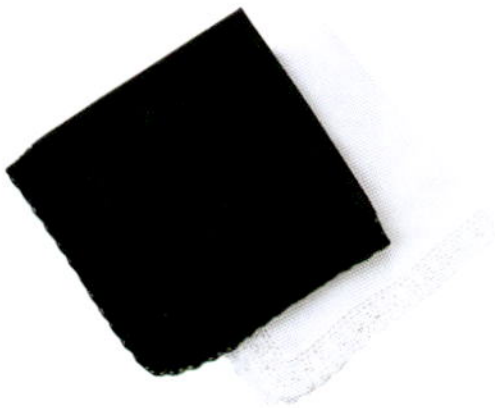

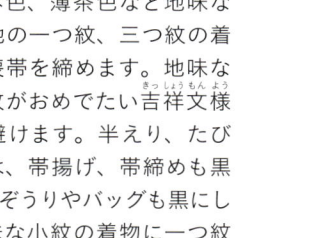

**■香水はつけない**

清浄な香がたかれる通夜・葬儀の場に華やかな香水は似つかわしくないので、できるだけつけない。

**■雨の日は地味な傘を**

色柄物の傘は目立つもの。黒や地味な色の傘にする。

## 〈 正《せい》式《しき》礼《れい》装《そう》 〉

**喪主、遺族、葬儀委員長**
**(葬儀・告別式、社葬など規模の大きい葬儀)**

洋装の正式礼装はモーニングコートに黒とグレーの縦縞のズボンを合わせた装いです。ワイシャツは白、ネクタイは黒無地を着用します。ただし、モーニングコートは昼間の正装なので、夕刻の通夜では着用しません。通夜には準礼装（略礼服）とされるブラックスーツを着用します。

**モーニングコート**

正式礼装を着用するのは葬儀当日の喪主、遺族、近親者、葬儀委員長、また社葬や団体葬などの規模の大きい葬儀では葬儀主宰者や弔辞《ちょうじ》朗読者などです。慶事のときにつける白えりははずします。ジャケットのフロントボタンも慶事では拝み合わせですが、弔事《ちょうじ》では普通の合わせにします。

Point

**喪主《もしゅ》と葬儀委員長は格をそろえる**

気をつけたいのは、喪主がブラックスーツなのに葬儀委員長などの世話役代表がモーニングを着るなどと、ちぐはぐにならないことです。世話役代表は喪主と同格の装いにします。

## 男性の装い

**ネクタイは**
ネクタイは黒の無地の結び下げ。ネクタイピンはつけない。

**ベストは**
黒の共布のシングルのベストは、白えりをはずす。

**フロントボタンは**
上着の前ボタンは、裏側と裏側を合わせるようにとめる拝み合わせ（慶事《けいじ》のとき）ではなく、普通の上着の合わせにする。

**カフスボタンは**
カフスボタンはつけなくてもかまわない。つけるときは光るものを避け、銀台にオニキスなどの黒石を。

**ズボンは**
黒とグレーの縦縞ズボン。すそはシングル仕立て。

**靴・靴下は**
靴は黒のプレーンなデザインのものを。靴下は黒の無地。

## 男性はブラックスーツの着用が一般的

男性の喪服の正式礼装は、洋装ではモーニングコートですが、最近は、喪主《もしゅ》をはじめ、遺族や近親者から一般会葬者《かいそうしゃ》まで、通夜、葬儀・告別式を通じてブラックスーツを着用することが多くなっています。

ブラックスーツは慶弔どちらでも着られるように考えて作られた日本独特の礼服で、略礼服とされますが、現在では準礼装として扱われています。一般的な黒のビジネススーツとは違い、漆黒でデザインもオーソドックス。上着はダブルでもシングルでも格は同じです。ズボンのすそは、シングルに仕上げます。

一般会葬者は、通夜、葬儀・告別式と、略礼装のダークスーツでもかまいません。

なお、男性の和装の正式礼装は、黒羽《くろは》二重《ぶたえ》染め抜き五つ紋つきの羽織に、仙台《せんだい》平《ひら》のはかま、帯は角帯を締めます。羽織のひもはグレーか黒にします。たびは黒か白、ぞうりの鼻緒は黒です。扇子《せんす》は持ちません。

## 〈略礼装《りゃくれいそう》〉

**一般会葬者（通夜、葬儀・告別式、三回忌以降の法要）**

略礼装は濃紺や濃いグレーのダークスーツです。一般会葬者の場合、葬儀・告別式にはブラックスーツかダークスーツを着用します。一周忌までの法要に招かれた場合はブラックスーツが無難ですが、それ以降は略礼装のダークスーツを着用します。

**ダークスーツ**

濃紺、濃いグレー、黒の無地か地味なピンストライプのスーツ。ネクタイ、靴、靴下は黒。一般会葬者の場合、葬儀・告別式もダークスーツでかまいません。また、急で駆けつける弔問《ちょうもん》や三回忌《さんかいき》以降の法要に招かれた場合、ネクタイは地味なものであれば黒でなくてかまいません。

## 〈準礼装《じゅんれいそう》〉

**喪主、遺族、親族（通夜、葬儀・告別式、一周忌までの法要）**

日本独特の礼服として生まれたブラックスーツは略礼服とされていますが、現在では、慶弔いずれの場合も準礼装として扱われるほど、広く着用されています。

**ブラックスーツ**

黒無地のシングルまたはダブルのスーツ。ワイシャツは白無地、ネクタイは黒の結び下げでネクタイピンはつけません。靴はシンプルなデザイン、靴下は黒無地。カフスボタンをつけるときは、光るものは避け、銀台にオニキスなどの黒石を。



## 子どもの喪の装い

中学生や高校生は男女ともに学校の制服があれば、制服が正式礼装となります。制服がない場合は、黒や紺などの地味な色合いの服装にします。

夏は白いシャツやブラウスに、黒や紺、グレーなどの地味な色のズボンやスカートでよいでしょう。遺族で制服を着用しない場合は喪章をつけます。

小学生や幼児は白いシャツやブラウスを用意し地味な服装にします。幼稚園の制服があれば、制服を着せます。靴はできるだけ黒を、靴下やハンカチなどは白か黒を用意します。

赤ちゃんもできるだけ飾りのない地味な服を着せます。

# 香《こう》典《でん》の基本マナー

香典を包む不祝儀袋の選び方、表書き、金額の目安など

## 表《おもて》書《が》きと中《なか》袋《ぶくろ》の書き方

**表書きは相手の宗教に合わせる**

市販の不祝儀袋の表書きは印刷されているものが多い。参列する葬儀の宗教に合わせて選ぶ。宗教がわからないときは「御霊前」とする。

**水引は黒白か双銀の結び切り**

水引は結び切りで、仏式は「黒白」か「双銀《そうぎん》（銀一色）」、神式は「双白（白一色）」「黒白」が一般的。キリスト教式では水引はつけない。

**紙は白無地が基本**

香典は正式には奉書紙《ほうしょがみ》で包むものなので、紙は白無地のものを。蓮《はす》の絵柄が印刷されたものは仏式のみに使う。

**名前は薄墨でフルネームで書く**

名前はフルネームで水引の下、中央に書く。表書きは慶事の場合は濃い墨ではっきりと書くが、弔事《ちょうじ》は薄墨《うすずみ》で書くのが正式。ボールペンは使わない。弔事用の薄墨の筆ペンも市販されている。

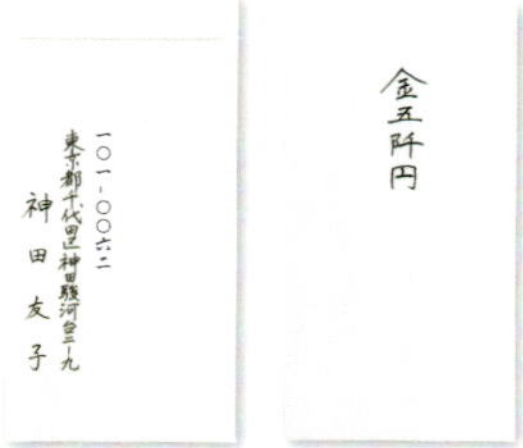


**【中袋】**

**表に金額、裏に住所、名前を書く**

表には金額を、裏には住所、名前を書く。先方が香典を整理するときに必要なので、ていねいに書く。住所、金額などの欄が印刷されている場合は、印刷に従う。

**【裏側】**

**上側をかぶせる**

弔事《ちょうじ》は上側を下にかぶせて水引をかける。「悲しみは下向き」と覚えておくとよい。慶事とは逆なので要注意。

### 不祝儀袋の水引は結び切り。相手の宗教に合わせる

通夜や告別式に持参する香典は、相手の宗教に合わせた不祝儀袋《ぶしゅうぎぶくろ》に包んで持っていきます。

弔事《ちょうじ》では水引《みずひき》の結び方は「不幸が二度とないように」と、ほどけない結び切りを使います。のしはつけません。

葬儀のときの表書きは、仏式では「御香典」「御香料」とします。「御仏前」は四十九日以降の法要に使います。神式では「玉串料」「御榊料」などとします。キリスト教式では、水引のない白無地の包みか封筒を使い、表書きは「お花料」などとします。

「御霊前」は各宗教、共通で使えるので、相手の宗教がわからないときは、「御霊前」とします。蓮《はす》の絵柄のついている包みは仏教以外には使いません。

## 不祝儀袋《ぶしゅうぎぶくろ》の種類と用途

**通夜・葬儀、法要などに使う市販の不祝儀袋には、水引《みずひき》が印刷された略式のものから豪華なものまで、多くの種類があります。相手の宗教と用途に合わせて選びましょう。金額が高額になるほど、豪華なものを選びます。**

### 贈る側

#### 【通夜・葬儀に】

■各宗教共通

白無地の包みに水引は黒白、双銀の結び切り。表書きの「御霊前」はほとんどの宗教、宗派に使える。

■仏式

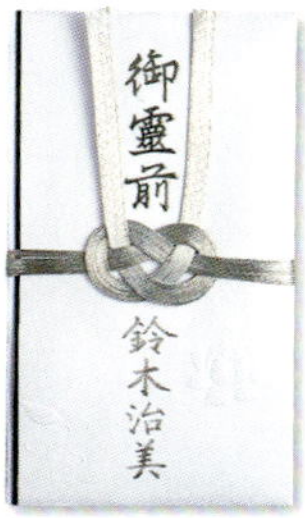


白無地か蓮の絵柄のついた包みに、水引は黒白、双銀の結び切り。表書きは「御香料」「御香典」「御霊前」。ただし浄土真宗は通夜・葬儀でも「御仏前」とする。

■神式

白無地の包みに水引は双銀、双白、黒白の結び切り。表書きは「玉串料」「御榊料」「御霊前」。

■キリスト教式

白無地封筒か「お花料」の表書きや十字架、白百合が印刷された市販の包み。表書きは「お花料」、カトリックでは「御ミサ料」も使う。

■連名で贈るとき

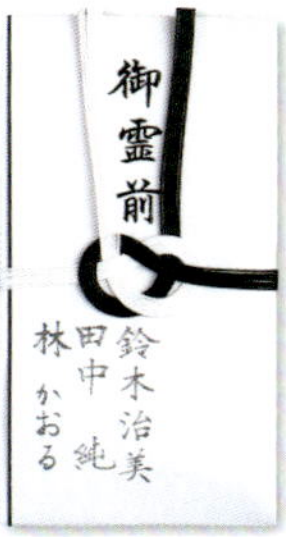


2名のときは中央に書く。3名で贈るときは、中央から左へ、順にフルネームで書く。右側が目上の人になる。

■4名以上連名で贈るとき

水引の下に代表者の氏名を書き、「外一同」と書き添える。半紙や白便箋に全員の住所と氏名を書き（右端が目上の人）、包みの中に入れる。

#### 【法要・追悼儀礼に】

■仏式

白無地か蓮の絵柄がついた包みに水引は黒白、双銀の結び切り。表書きは「御供物料」「御香料」、四十九日以降の法要には「御仏前」も使う。

■神式

白無地の包みに水引は双銀、黒白の結び切り。表書きは「玉串料」「御榊料」「御霊前」。

■キリスト教式

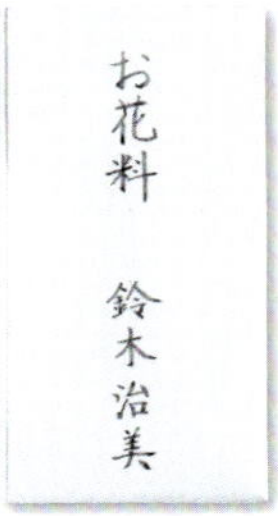


白無地の包み、または封筒に、表書きは「お花料」。カトリックの場合は「御ミサ料」も使う。

### 喪家側

#### 【通夜・葬儀に】

■仏式／僧侶へのお礼

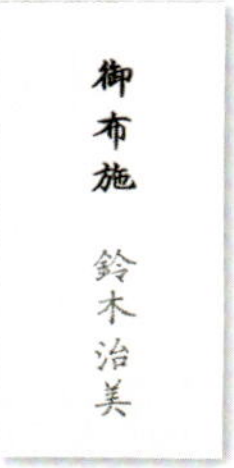


奉書紙に包むか白無地封筒。水引はなし。表書きは「御礼」「御布施」。「御経料」「戒名料」と書くこともあるが、本来はまとめて「御布施」とする。

■神式／神官へのお礼

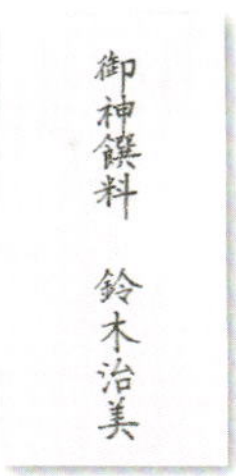


奉書紙に包むか白無地封筒。水引はなし。表書きは「御神饌料」「御祭祀料」「御礼」。

■キリスト教式／教会へのお礼

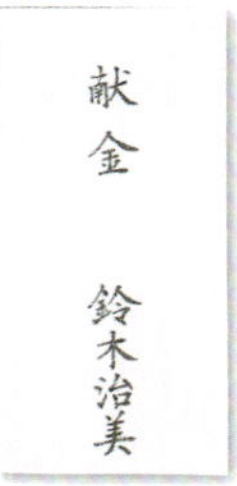


白無地封筒に、表書きは「献金」「御花料」。神父、牧師、オルガン奏者、聖歌隊へのお礼は「御礼」とする。

■御車代

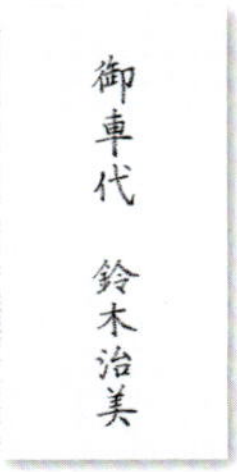


白無地封筒に表書きは「御車代」。通夜、葬儀、法要など、寺以外で行う場合、喪家側が送迎の車を用意しない場合に僧侶に渡す。神官も同様。

■御膳料

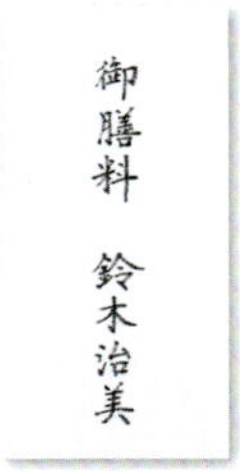


白封筒に表書きは「御膳料」。僧侶や神官が通夜ぶるまい、葬儀後の精進落とし、法要後の宴席を辞退するときに渡す。

## 香典はふくさに包む

香典は弔事《ちょうじ》用のふくさか、地味な色の小さめのふろしきに包んで持参します。包み方は慶事とは逆なので気をつけます。略式のポケットふくさも便利です。

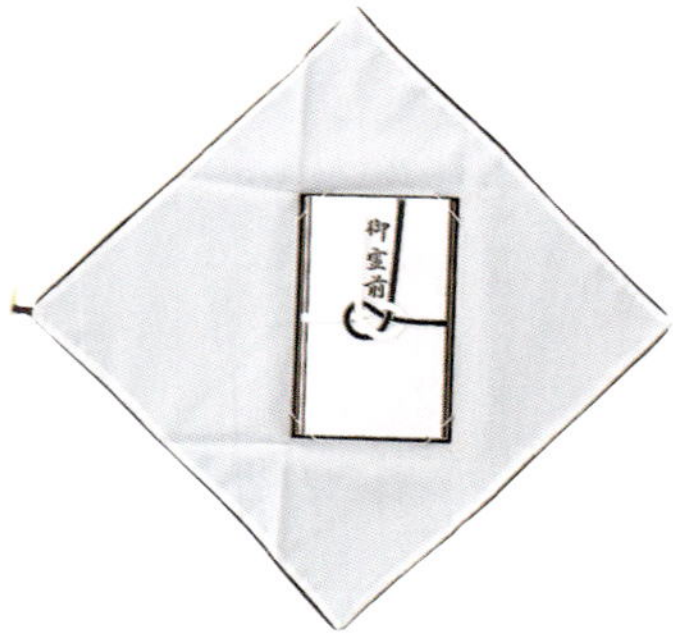


1 つめを左側にしてふくさを広げ、表向きに不祝儀袋《ぶしゅうぎぶくろ》を置く。

2 右側の角をとって中央に折る。

3 下側の角をとって中央に折る。

4 上の角をとってかぶせる。

5 左側の角を折って、かぶせるように包む。

6 つめがついているものはかけてとめる。

## 香典の金額の目安

香典の金額に決まりはありません。故人や喪家《そうか》との関係、包む側の社会的な立場、その地方の慣習などにより違ってきます。近親者や親しい友人には多めにします。目安としては、友人、勤務先関係は５０００〜１万円、親は５万〜10万円、祖父母やその他の親戚は１万〜３万円。親族や友人同士で相談して決めてもいいでしょう。

**Point**

### お札は新札でもOK

以前は、不幸のために用意していたように思われるため、香典に新札は使わないといわれていましたが、いまは新札を使ってかまいません。新札がなければは、できるだけきれいなお札を包みましょう。新札で気になるようなら、一度折って折り線を入れる方法もあります。

なお、お札は向きをそろえて入れます。

通夜、葬儀の祭壇などに飾る供物や供花の贈り方

# 供物《くもつ》・供花《きょうか》を贈る

## 供物・供花は喪家と関係の深いときに贈る

死者の霊を慰めるために霊前に供える品物を、供物《くもつ》、花を供花《きょうか》（供花《くげ》）といいます。

葬儀の祭壇に飾る供物は地域によっても違いますが、故人や喪家《そうか》とかかわりの深い場合に贈ることが多いようです。品物は仏式では果物、干菓子類などで、葬儀社に依頼して供えるのが一般的です。

自宅に供物を贈る場合は、仏式ではろうそくや線香などが一般的ですが、故人が好きだった菓子などを贈ることもあります。供物は弔事《ちょうじ》用の包装に不祝儀《ぶしゅうぎ》のかけ紙をし、表書きは「御霊前」「御供物」として、水引《みずひき》の下に贈り主の氏名を書きます。

写真協力／日比谷花壇

## 花輪や生花は喪家に問い合わせを

供花には花輪や生花などを贈ります。会場の外に並べる花輪は会社や団体が贈ることが多く、祭壇の脇に飾る生花は親族や故人とかかわりの深い友人などが贈ることが多いようです。

会場によっては花輪や生花が並べられないこともあるので、贈りたいときは、まず喪家《そうか》（葬儀の世話役）に問い合わせてからにします。そのうえで、葬儀をとり仕切っている葬儀社に依頼します。

自宅に供花を贈る場合は、生花店などに供花であることを伝えて、お悔やみにふさわしい花を選んでもらいます。

香を供物として贈るのは仏式の場合のみ。神道やキリスト教の相手には贈らない。

**Point**

### 供花の代金の支払い

葬儀社を通じて花輪や供花を手配する際には、代金と支払い方法の確認を必ず行いましょう。喪主《もしゅ》がまとめて葬儀社に支払う場合も多いので、その場合は、白封筒に代金を入れて通夜や葬儀の際に持参し、喪主か世話役に手渡します。

# 仏式の拝礼の作法

**仏式葬儀の抹香焼香の仕方、数珠の使い方のマナー**

## 抹香焼香《まっこうしょうこう》の作法

1 祭壇の前まで進んだら、遺影《いえい》を仰いで深く一礼したあと、右手の3本の指先で香《こう》をつまむ。数珠《じゅず》を持っているときは左手にかけて持つ。

2 頭を軽くお辞儀をするように下げ、右手を香をつまんだまま、目の高さまで捧げる。このとき、手のひらを返したり、左手を添えたりしない。

3 香を静かに香炉《こうろ》にくべる。同じように香をつまんで目の高さに捧げ、2回目の焼香をする。

4 遺影に向かって合掌《がっしょう》し、故人の冥福《めいふく》を祈る。数歩下がり、遺族と僧侶に軽く一礼して、自分の席に戻るか退路に従って下がる。

### 通夜、葬儀・告別式での抹香焼香

仏式の通夜、葬儀・告別式では抹香《まっこう》による焼香《しょうこう》が行われるのが一般的です。焼香は邪気《じゃき》をはらい、霊前《れいぜん》を清め、その香りを霊にたむけるためのものです。宗派により多少の違いはありますが、基本を覚えておくと安心です。

抹香は右手の親指と人さし指、中指の3本で軽くつまみ、目の高さまで捧げてからおろし、静かに香炉《こうろ》にくべます。回数は宗派にもよりますが、参列者が多い場合は1回でもかまいません。

焼香後は静かに合掌《がっしょう》し、遺影《いえい》、遺族、僧侶に一礼して席に戻ります。

### 回し焼香と線香による焼香

会場が狭い場合などには、盆にのった

香炉と抹香を参列者に順番に回して焼香する、回し焼香が行われることもあります。基本は抹香焼香と同じです。回し焼香は、寺での法要などでも行われることがあります。

また、通夜では線香を供える場合もあります。線香はろうそくで火をつけ、炎は手であおぐか、線香をすっと引いて消します。息を吹きかけて消すのはタブーなので気をつけましょう。

線香は香炉の奥のほうから立てます。浄土真宗では線香は立てずに、香炉の幅に合わせて折り、横に寝かしておきます。

## 仏教に欠かせない数珠のマナー

数珠《じゅず》は念珠《ねんじゅ》ともいい、仏事《ぶつじ》に欠かせない仏具《ぶつぐ》の一つです。数珠の珠は108個にするのが正式で、仏様に合掌拝礼《がっしょうはいれい》しながら、百八つのけがれた心を祓《はら》うためのものです。

二重にして持つものを「二輪念珠」、数を半分にしたものを「単念珠」といいます。現在では珠の数や種類には、あまりこだわらなくなっていて、短いもののほうが一般的です。

数珠は宗派によって種類や用い方に多少の違いはありますが、会葬には自分の宗派のものを持参してかまいません。

持参するときは念珠入れなどに入れ、使わないときは左手に持つか左手にかけるかします。どんな場合でもたたみやいすの上などに、じかに置いてはいけません。

なお、神式やキリスト教式の通夜、葬儀には持参しないのがマナーです。

数珠を持参するときは、念珠入れに入れる。

## 数珠《じゅず》の持ち方

### ■持つとき

一般的に数珠は房が真下にくるように、左手にかけて持ちます。焼香するときも左手に持ち、合掌したあと、また左手で持つのが作法。手から離すときは、必ずバッグや念珠入れ、ポケットなどに入れましょう。

### ■合掌《がっしょう》するとき

短い数珠は房が真下にくるように、両手の親指と人さし指の間にかけ、親指で軽く押さえるようにして合掌します。長い数珠は両手の中指にかけ、両手の間でこすり合わせます。

# 神式の葬儀での拝礼

## 神式の葬儀で行われる玉串奉奠の仕方と「しのび手」

### 神式拝礼の作法

神式の通夜や葬儀「葬場祭《そうじょうさい》」では、玉串奉奠《たまぐしほうてん》の儀が行われます。玉串とは榊《さかき》の枝に紙垂《しで》という紙片を下げたもので、祭壇に捧げて故人の霊が安らかであることを祈ります。玉串奉奠の柏手《かしわで》は、忌明《きあ》けの五十日祭《ごじゅうにちさい》までは、手のひらを合わせる寸前に止め、音を立てない「しのび手《て》」で行います。

**1**

神官に一礼し、玉串を受け取る。根元が右側にくるように渡されるので、右手は根元近くを上からつまむように持ち、左手は下から捧げるように受け取る。

**2**

受け取った形のまま玉串を目の高さまでおしいただいたあと、根元が手前にくるように右回りに90度回す。

**3**

左手を玉串の根元に、右手を枝先の下から添えるようにして左右の手を持ちかえる。

**4**

持ちかえたら時計回りに１８０度回し、根元を祭壇に向ける。

**5**

左手を玉串の下から支えるように持ちかえて、玉串を祭壇の前の台、案《あん》の上に置く。

**6**

数歩退いて、2回深く礼をする（二礼）。

**7**

しのび手で二度柏手を打ち（二拍手）、再び深く一礼して数歩下がる。神官と遺族に礼をし、自分の席に戻る。

# カーネーションや白菊などを捧げる献花のマナー

# キリスト教式、お別れの会での献花

## 献《けん》花《か》の作法

日本ではカトリックでもプロテスタントでも、キリスト教の通夜、葬儀では白い花を捧げる「献花」が行われるのが一般的です。拝礼のときは、信者でなければ十字を切る必要はありません。また、最近は無宗教形式の葬儀やお別れの会などでも「献花」が行われることがふえています。花は必ず両手で持って、根元が祭壇を向くように捧げます。

1 順番がきたら祭壇に進み、係の人から花が右側にくるように、両手で受け取る。

2 祭壇前で遺影に向かって一礼し、根元が祭壇に向くように右回り（時計回り）に回す。

3 左手の甲を下にし、右手を下から添えるようにして、献花台に置く。

4 軽く頭を下げて黙祷し、深く一礼したあと、数歩下がり、遺族や神父（牧師）に一礼して自分の席に戻る。

写真協力／メモリアルアートの大野屋

危篤の知らせや訃報を受けたときのふるまい方

# 不幸の知らせを受けたら

## 危篤の連絡には、すぐに駆けつける

危篤《きとく》を知らせてくるということは、意識のあるうちに一目でも会ってほしい、と考えてのことです。連絡を受けたらできるだけ早く駆けつけます。そのためには、連絡を受けた際に、どこに駆けつけたらよいのか、しっかりと確認しておきます。病院であれば病院の所在地はもとより、病室番号や電話番号なども聞いておきます。

駆けつけるときはふだん着でかまいませんが、ジーンズなどのカジュアルすぎる服装や、派手な服装は避けます。遠方から駆けつける場合、万一を覚悟して喪《も》服《ふく》の用意をすることもありますが、喪服は駅のコインロッカーに預ける、あとから来る人に託すなど、先方に失礼にならないようにします。

## 死亡の連絡には、故人との関係によって対応を

死亡の連絡を受けたときは、故人との関係によって対応の仕方が変わります。肉親や近親者、特に親しい友人の場合は、いつ、どこで亡くなったのか、故人にはどこに行けば会えるのかなどを確認し、すぐに駆けつけます。喪服を用意して地味な平服で出向きます。

一般的な友人・知人の場合は、すぐには弔問《ちょうもん》せず、通夜や葬儀の日程、場所などを確認し、通夜に弔問します。請われれば連絡役を引き受け、次に連絡をすべき相手を聞きましょう。

## すぐに弔問できない事情があるとき

訃報《ふほう》を受けても、すぐに弔問《ちょうもん》できない事情がある場合は、代理の人を立てて通

### 香典を郵送する

■香典に添える手紙（例）

○○さまご逝去のお知らせに接し、心からお悔やみ申し上げます。

ご家族の皆様のお悲しみはいかばかりかとお察しいたします。すぐに伺えず、申し訳なく思っております。どうぞ、お許しください。

心ばかりの香料を同封いたしました。御霊前にお供えくださいますよう、お願い申し上げます。

謹んでご冥福をお祈り申し上げます。

**香典を郵送するとき**
不《ぶ》祝《しゅう》儀《ぎ》袋《ぶくろ》に入れ、手紙を添え、現金書留で送る。

夜か告別式に参列してもらうか、弔電《ちょうでん》を打つ、手紙を送るなどの方法で弔意《ちょうい》を伝えます。後日、電話で弔問できなかったことを詫び、先方の都合を確かめて弔問します。

遠方に住んでいたり、やむをえない事情で弔問できない場合は、できるだけ早く香典を郵送します。香典は不祝儀袋《ぶしゅうぎぶくろ》に入れて現金書留にし、喪主《もしゅ》あてに送ります。不祝儀袋は水引《みずひき》が印刷されたものでもかまいません。簡単なお悔やみと参列できないお詫びの手紙を同封します。

Point

### 遺族への電話は控える

遺族以外から連絡を受けた場合、不明な点を聞きたいと思ったり、お悔《く》やみを述べたいと思っても、取り込み中の遺族に直接電話をかけるのは控えます。

メールでの連絡やお悔やみも、相手が読める状況かどうかはわからないのでできるだけ避けます。どうしても、お悔やみの気持ちを伝えたいのであれば、「返信は不要です」というひと言を添えましょう。

## 弔電《ちょうでん》を送る

■弔電の文例

●ご尊父《そんぷ》様(ご母堂《ぼどう》様、ご主人様、ご令室《れいしつ》様など)のご逝去《せいきょ》を悼《いた》み、謹《つつし》んでお悔《く》やみ申し上げます。

●ご生前《せいぜん》のご厚情《こうじょう》に深く感謝いたしますとともに、ご生前のご功績をしのび、謹んでお悔やみ申し上げます。

●悲しいお知らせに驚くばかりです。お別れにも伺えず、残念でなりません。安らかにお眠りくださいますように、心からお祈り申し上げます。

●突然のご不幸に、信じられぬ思いでございます。あなたさまのご心中《しんちゅう》、いかばかりでしょうか。心からお悔やみ申し上げます。

弔意を伝える電報「弔電」は、NTTやKDDIなどで扱っています。NTTの場合、局番なしの「115」に電話するか、ウェブサイト「D-MAIL」から申し込みます。メッセージは弔電用の文例から選ぶほか、自分でも作成できます。弔電は告別式で読み上げられることもあるので、発信人の名前や肩書などを通信文の最後に入れるとよいでしょう。台紙は弔事用の無料のものもありますが、別料金で押し花やうるし、刺しゅうなどの台紙も選べます。

あて名は喪主にします。喪主がわからないときは「故○○○○様ご遺族様」「○○家ご遺族様」に。遅くとも葬儀の前日には、会場に届くように申し込みます。

NTTの弔電用の台紙。刺しゅう台紙「白菊」(料金は電報料＋台紙料)。有料台紙には、押し花やプリザーブドフラワーつき、線香つきのものなどがある。

# 通夜《つや》に出席する

## 通夜への参列、気をつけたい忌み言葉など弔問のマナー

### 通夜は親しい人たちが別れを惜しむ儀式

本来、通夜《つや》は、遺族や近親者、親しい友人など、故人と深いかかわりを持つ人たちが集まり、夜通し故人との最後の別れを惜《お》しみ、また故人の霊《れい》と遺族を慰《なぐさ》めるためのものです。

しかし、最近は通夜も告別式も同じように「故人とお別れする場」ととらえている人がふえました。その結果、昼間に行われる葬儀・告別式よりも、出席しやすい通夜に出席する人が多くなっています。忙しい現代においてはしかたがないことかもしれませんが、特に親しい関係でなければ通夜には出席せずに、告別式に参列するのが本来の形であることも知っておきましょう。

親しい関係ではないけれども都合により告別式に参列できず、通夜に出席する場合は、通夜ぶるまいも早めに引き揚げるのがよいでしょう。

故人や遺族と近しい関係であれば、通夜に出席し、翌日の葬儀・告別式にも参列します。

**Point**

**「通夜《つや》ぶるまい」は受けるのが礼儀**

通夜ぶるまいの席は、弔問《ちょうもん》に対するお礼とお清《きよ》め、そして故人の供養《くよう》のために設けられます。誘われたときは遠慮せずに席に着き、一口でも箸《はし》をつけるのが礼儀です。ただし、通夜ぶるまいは宴席ではないので、故人とは関係のない話題に夢中になったり、お酒を飲んで長居をしないようにしましょう。途中で退席するときは、周囲の人に「お先に失礼します」と述べて静かに退席します。

なお、通夜と葬儀・告別式の両方に出席する場合、香典は通夜に持参します。

## 通夜開始時刻の10分前には受け付けをすませる

最近の通夜は半通夜《はんつや》といって、午後6時か7時ごろから始まり、僧侶の読経《どきょう》、遺族・親族・参列者の焼香《しょうこう》などで1時間程度、その後、通夜ぶるまいの席がもたれて、1～2時間くらいでお開きになります。

式場には通夜開始時刻の10分前くらいに着くようにします。受付で記帳をし、「このたびはご愁傷様《しゅうしょうさま》でございます。ご霊《れい》前《ぜん》にお供《そな》えください」と簡単にお悔《く》やみを述べて、香典を差し出します（16ページ参照）。受付がない場合は拝礼（焼香）のときに祭壇に供えるか、親族に渡します。

通夜の会場では祭壇に向かって右側に喪主《もしゅ》、遺族、近親者、左側に世話役、友人、職場関係者などが着席します。一般弔問客《ちょうもんきゃく》はその後ろの席になります。会場に入るときには先客に一礼し、後方の席に着きます。拝礼（20ページ参照）は席順に行われます。

## お悔やみは忌み言葉に気をつけて

通夜が始まる前や通夜ぶるまいの席などで、遺族にお悔《く》やみや慰《なぐさ》めの言葉をかけたいと思うこともあるでしょう。とはいえ、遺族は多くの弔問客に対して同じように接しなければならない立場です。お悔やみの言葉は状況に応じて簡潔にし、長々と話しかけないようにしましょう。

忌《い》み言葉に気をつけて、故人の病状や死因について、あれこれと尋ねることは避けます。大きな音をたてたり、大声で話すのもマナー違反です。

### 気をつけたい忌《い》み言葉

不幸がつづくことを避けたいという思いから、配慮するのが忌み言葉です。また、相手の宗教によって使わない言葉もあります。弔問時だけでなく、手紙や弔電にも使わないように気をつけましょう。

**■重ね言葉**

「重ね重ね」「重々」「いよいよ」「再三再四」「たびたび」「またまた」「ますます」「かえすがえすも」など。不幸が重なるイメージの言葉です。たとえば、「かえすがえすも残念」は「まことに残念」に言いかえを。

**■つづくことを連想させる言葉**

「再び」「つづく」「なお」「追って」など。

**■直接的な表現**

「死ぬ」「死去」「死亡」「生きる」「存命中」など。「死去、死亡」は「ご逝去」「急逝」「永眠」などに、「存命中」は「ご生前」に言いかえる。

**■オーバーな表現、不吉な表現**

「とんだこと」「とんでもないこと」「浮かばれぬ」など。

**■音が不吉な言葉**

「四」「九」など。

**■宗教によって使わない言葉**

「冥福」「供養」「成仏」「往生」などは仏教用語なので、仏教のみに使う。キリスト教では「哀悼」「お悔やみ」も使わない。

# 葬儀・告別式に参列する

葬儀・告別式でのふるまい、出棺の見送りなど会葬のマナー

## 葬儀は故人を葬る儀式、告別式は別れを告げる儀式

葬儀は故人を葬《ほうむ》る儀式で、遺族、近親者や特にかかわりの深かった人だけで行われるものです。告別式は葬儀のあとに営まれ、故人にゆかりのある人が別れを告げる儀式です。

一般の人は告別式に参加しますが、最近は葬儀と告別式がつづけて営まれることが多く、その場合は一般会葬者も葬儀から参列します。

## 早めに会場に行き、着席して待つ

葬儀に出席する場合は定刻よりも早めに会場に行き、席に着くようにします。席の指示がないときは控えめな席に着きます。告別式だけに参列する場合は開始時刻の10分前には受け付けをすませます。

### 受付でのマナー

**1 コートは預けてから受付へ**

コート、ショールなどは脱ぎ、大きな手荷物があれば、いっしょに預ける。

**2 香典を差し出す**

簡単なお悔《く》やみを述べたら、香典をふくさからとり出す。ふくさは軽くたたんで手前に置き、「ご霊前《れいぜん》にお供《そな》えください」と香典を先方に向けて差し出す。

**3 会葬者名簿に記帳する**

会葬者名簿に住所、氏名を記帳する。通夜に参列している場合は「お供えはすませましたので」とひと言述べて、記帳する。

**4 一礼して葬儀場へ向かう**

記帳をすませたら「お参《まい》りさせていただきます」と述べて一礼し、式場に向かう。

コートやショール、帽子などは受付の前に脱ぎ、クロークがあれば大きな荷物とともに預けます。受付では「このたびはご愁傷様《しゅうしょうさま》です」などの簡単なお悔《く》やみを述べ、香典を差し出し、会葬者《かいそうしゃ》名簿に記帳します。故人と仕事上の関係があって名刺を差し出したほうがよい場合は、名刺を差し出します。

通夜に訪れて香典を供《そな》えている場合は記帳だけします。受付を設けていない場合、香典は拝礼のときに祭壇に供えます。

**Point**

### 「ご厚志《こうし》お断り」とは?

通夜・葬儀などの通知で「ご厚志はご辞退申し上げます」と記載されている場合があります。これは「供物《くもつ》・供花《きょうか》、香典など、いっさいを遠慮させていただきます」という意味なので、供物、供花、香典は贈らないようにします。「供物・供花の儀はご辞退申し上げます」とあるときは、供物・供花は贈りませんが、香典は持参します。「ご厚志お断り」の社葬や団体葬のあと、個人的に自宅に弔問する場合は、香典を持参してもかまいません。

式場では案内に従うか、自分の立場を考えて適当な席に着きます。このとき、喪主《もしゅ》や遺族のところに出向いてお悔《く》やみを述べることは避けます。式場では友人・知人などとの会話も控えたいものです。

焼香《しょうこう》などの拝礼は喪主から始まり、遺族、近親者とつづいて、最後に一般会葬者となります。前の人との間隔があきすぎないように気をつけて祭壇の前に進みます。

## 告別式後は出棺の見送りを

一般会葬者は焼香が終わったあとは、できるだけその場に残って出棺《しゅっかん》を見送るようにしましょう。

告別式終了後は遺族による最後の対面が行われるので、一般会葬者は式場の外で静かに待ちます。待つ間は、よほど寒いとき以外はコート類は脱いで手に持ちます。雨天の場合は黒っぽい傘をさす心づかいも必要です。

出棺に先立って喪主や親族代表のあいさつがあり、その後、出棺となります。霊柩車《れいきゅうしゃ》が動きだしたら、頭を下げ合掌《がっしょう》して見送ります。出棺を見送ったあとは静かに退出します。

なお、火葬場《かそうば》への同行を依頼されたらできるだけ同行するのが礼儀です。

遺族から依頼があった場合は遺骨迎えの法要にも出席します。その場合はその後の精進落《しょうじんお》としにも参列してもらいたいと考えてのことなので、最後まで参列してかまいません。なお、本来、精進落としは忌明け（四十九日など）の会食のことですが、現代では葬儀・告別式当日の遺骨迎え法要のあとの会食をさすことが多くなりました。

### 葬儀での弔辞の書き方のポイント、読み方など

# 弔《ちょう》辞《じ》を依頼されたとき

## 弔《ちょう》辞《じ》を読むとき

1 霊前《れいぜん》に進み、遺影《いえい》に一礼して左手に弔辞を持ち、右手でたとう紙を開く。

2 たとう紙（上包み）をたたんで弔辞の下に重ね、右手で開き、胸の高さで読む。

3 読み終えたら包み直し、表書きを祭壇に向けて供え、一礼して席に戻る。

## 弔辞は断らずに引き受けるのがマナー

告別式で読み上げられる弔辞《ちょうじ》は、故人との思い出を語りながら、故人の死を悼《いた》み、別れの言葉とするものです。遺族は故人との関係を考えて、ぜひにと思う人に依頼するものなので、頼まれたらよほどのことがない限り、断らずに引き受けるのが礼儀です。

内容は故人の人柄や業績をたたえ、追《つい》慕《ぼ》と感謝の気持ち、残された者の決意などを述べ、最後に遺族への慰《なぐさ》めと別れの言葉で結ぶのが一般的な形式です。

友人、先輩、後輩、恩人など、依頼された自分の立場を考え、故人とのつきあいを思い出しながら、ふさわしい内容を考えます。

奉《ほう》読《どく》時間の目安は3分。原稿にして1200字が目安です。忌《い》み言葉（27ページ）に気をつけ、美《び》辞《じ》麗《れい》句《く》を並べたり形式的なものにならないよう、自分の言葉で書きましょう。

弔辞は記念として遺族のもとに残るのでていねいに書きます。巻き紙に、薄墨《うすずみ》、毛筆で書くのが正式ですが、市販の弔辞用の用紙を利用すると便利です。便箋《びんせん》に書く場合は白無地にし、白無地の封筒に入れます。

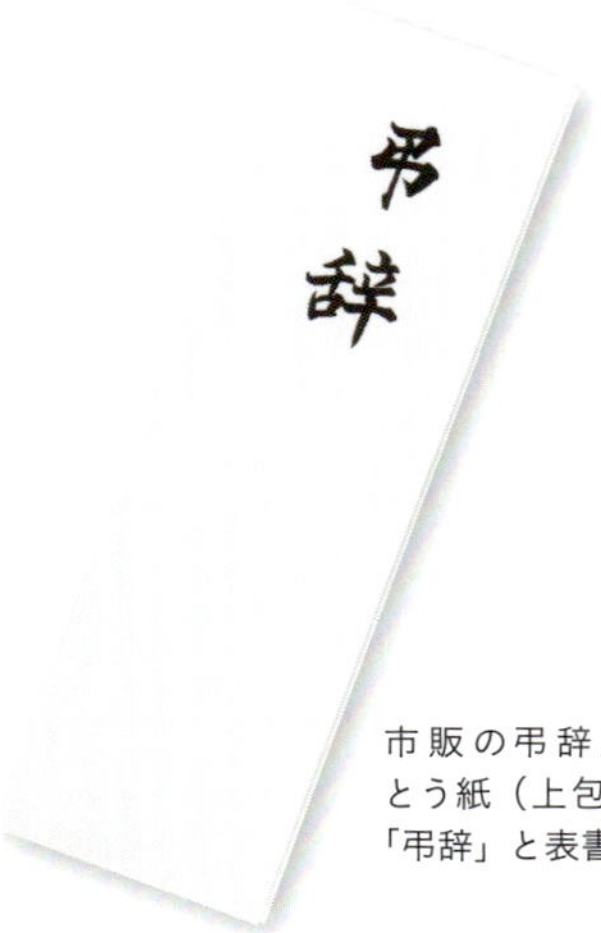


市販の弔辞用紙。たとう紙（上包み）には「弔辞」と表書きする。

# 弔辞《ちょうじ》の基本構成（恩師を送る）

1
〇〇先生
先生のご訃報《ふほう》に、私ども教え子一同、驚いております。つい先日の同窓会でお会いしたときは、お元気そのものでしたのに。2 信じられない思いでいっぱいです。
3 先生には〇〇高校の一年生から三年生までの三年間、バスケットボール部のコーチをしていただきました。
当時のバスケット部は、地区大会ではいつもベスト4に入る、地域でも聞こえた強豪チームでした。しかし、なかなか全国大会出場までには至らず、全国大会出場が部員全員、そしてOBの夢でもありました。そのバスケット部がついに、私たちが三年生のときに地区大会で優勝し、全国大会出場を果たしたのです。
〇〇先生の情熱的なご指導と、精神面での励ましがあったおかげと、部員一同、感激でいっぱいでした。惜しくも一回戦で敗退しましたが、部員一同の、青春のかけがえのない思い出となっております。
4 その後も先生の厳しくもやさしいご指導のもとに、めきめきと力をつけ、私たちが卒業して三年後には全国大会でもベスト8に入るという輝かしい成果を上げました。
卒業後二十年がたちましたが、つらいときには先生のやさしいお顔と「ここが勝負のときだ」という励ましのひと言を思い出し、いつも乗り越えてまいりました。これからはもう、先生のお声を聞くことができないのだと思うと、胸がつぶれる思いです。でも、いつもどこかで先生が見守ってくださっていると信じて、前向きに人生を進んでいきたいと思います。
5
〇〇先生、どうか安心してお眠りください。本当にありがとうございました。

〇〇高校第〇回卒業生を代表して
田中一郎

**1 呼びかけで始める**
弔辞は呼びかけの形式で始めるのが一般的。ただしキリスト教では、故人は神に召され安らかに眠ることを祈る、という意味から呼びかけ形式はとらない。

**2 死への驚きを述べる**
故人の死への驚きを述べる。「突然のお知らせに、ただ呆然《ぼうぜん》とするばかりです」「突然の悲報に接し、しばらく言葉を失いました」など。

**3 故人との関係を述べる**
つづいて、故人との関係を述べる一文を。参列者に故人と弔辞を読む人の関係がわかるように、はっきりと述べる。

**4 人柄や実績をたたえる**
弔辞のメインの部分。故人の人柄や実績をたたえ、感謝の気持ちを伝えるエピソードを。ただし、わざとらしいほめ言葉は避け、素直な心情を表現する。

**5 お別れの言葉で結ぶ**
結びは故人へのお別れの言葉を。仏式では「安らかにお眠りください」「ご冥福《めいふく》をお祈り申し上げます」が一般的。この前に遺族への慰《なぐさ》めの言葉を入れてもよい。

# 葬儀・告別式のあとで

葬儀後の清めの塩、香典返し・形見分けなど

## お清めの塩は自宅に入る前に使う

通夜や葬儀のときに、会葬礼状《かいそうれいじょう》とともに塩の小袋が渡されることがあります。これは「お清《きよ》めの塩」といって、死のけがれを清めるために使うものです。しかし、死をけがれと考えない宗教や宗派、個人もあり、清めの塩を使わなくてもマナー違反ではありません。最近は、会葬礼状に添えない場合もあります。

使う場合は、自宅の門を入る前、マンションなら玄関ドアの前で、胸元、背中、足の順に塩を振りかけます。自宅に人がいる場合は、その人にかけてもらいます。

告別式のあと、仕事などですぐには帰宅しない場合は、式場を出たら足元に塩をまいて踏む方法でよいでしょう。

## 香典返しを受け取ったら

葬儀後、三十五日や四十九日の忌明《きあ》けに合わせて、あいさつ状とともに香典返《こうでんがえ》しが送られてくることがあります。

香典返しを受け取ったときには礼状を出さないしきたりです。お礼にお礼は必要なく、先方の不幸に対し、礼を述べるのは失礼でもあるからです。

とはいえ、確実に届いていることを先方に知らせるためには、喪中見舞《もちゅうみま》いを兼

### Point

### 形見分《かたみわ》けの申し出を受けたら

忌明《きあ》け後に、故人が愛用していた遺品《いひん》を形見《かたみ》として、ごく親しい近親者や友人などに贈るしきたり「形見分け」があります。形見分けは故人が生前お世話になったことへのお礼の意味もあるので、申し出があったら素直に受け取りましょう。

ただし、あまりにも高価なものや、かえって故人を思い出してつらいと思うときは、相手の気持ちを傷つけないように辞退します。なお、ごく親しい場合を除いて、こちらから形見分けをお願いするのはマナー違反です。

ねた手紙かはがきを出すか、親しい間柄であれば、電話で近況を尋ねつつ、香典返しが届いたことを報告するのでもよいでしょう。その際、品物については届いた旨を伝えるだけで、「けっこうなものをいただいて」とか「ありがとうございました」などという表現は用いません。

## 喪中の相手に年賀状は出さない

喪に服している人から、年末に「喪中《もちゅう》につき、年始のご挨拶を失礼させていただきます」といった内容の「年賀欠礼《ねんがけつれい》状《じょう》」が届いたら、こちらからも年賀状を送りません。年賀欠礼状が届かなくても、相手が服喪《ふくも》中であることを知っている場合も年賀状は送りません。

知らずに送ってしまったときは、松の内が過ぎたころに、故人へのお悔《く》やみの言葉とともに失礼を詫びる手紙やはがきを出します。

最近は身内のみで葬儀をすませていて、不幸があったことを年賀欠礼状で知ることも多くなってきました。故人や遺族との関係が深く、お悔やみの気持ちを伝えたい場合は、線香などの供物《くもつ》を贈ることもふえています。表書きは、四十九日より前であれば「御霊前」、後であれば「御仏前」とします（仏教の場合）。

■服喪中と知らずに年賀状を出したときの手紙（文例）

ご尊父様がご他界され、ご服喪中とのお便りをいただき、驚いております。心よりお悔やみを申し上げます。

存じませずに年始状を差し上げてしまい、たいへん失礼いたしました。ご容赦くださいますよう、お願い申し上げます。

ご家族の皆様には、さぞかしお力落としのことと、お察し申し上げます。

なお、寒さ厳しいおりから、くれぐれもご自愛をお祈り申し上げます。



## 訃報《ふほう》を遅れて知ったとき

故人と親しくしていたにもかかわらず、訃報が届かなかったり、不在などで遅れて知ったときは、知った時点で、すぐにお悔《く》やみの手紙を送るか、先方に都合を聞いて弔問《ちょうもん》に伺います。その際には香典や供物《くもつ》を持参し、お悔やみと参列できなかったお詫びをていねいに述べましょう。

四十九日を過ぎてから不幸を知った場合は、一周忌《いっしゅうき》に合わせて花や供物を贈る方法もあります。

# 法《ほう》要《よう》に招かれたら

## 四十九日、一周忌などの法要に出席するときのマナー

### 法要に招かれたら出席するのが原則

法要《ほうよう》（法事《ほうじ》）に招かれたときは出席するのが原則であり、案内状が届いたらすぐに返事を出します。また、法要はあくまでも招かれたら出席するものであり、どんなに親しくても、自分から日時や場所を問い合わせるのは控えます。

法要の当日は不祝儀袋《ぶしゅうぎぶくろ》に「御仏前」（四十九日より前は「御霊前」）として現金を包むか、供物《くもつ》を持参します。供物は線香、生花、果物、菓子などや、故人が好んだものなどですが、現在では現金を包むことが多いようです。

現金を包む場合、不祝儀袋は黒白または銀一色の水引《みずひき》を使います。表書きは仏式は「御仏前」「御供物料」「御香料」、神式は「玉串料」「御神饌料」などとし、必ずふくさに包んで持参します（16ページ参照）。

当日は法要の始まる20～30分前には到着し、まず遺族にあいさつをします。あいさつは「本日はお招きいただきまして恐れ入ります。ごいっしょにご供養《くよう》させていただきます」など。このとき「御《ご》仏《ぶつ》前《ぜん》にお供《そな》えください」といって供物料や供物を渡します。

**Point**

**招かれたときの服装**

四十九日や一周忌など、一周忌までの法要には男性はブラックスーツ、女性はブラックフォーマルを着ますが、それ以降は黒ではなく、地味な平服でもかまいません。

案内状に「平服で」と記されているときは男性はダークスーツ、女性は地味なスーツやワンピースなどにします。

### 欠席する場合は

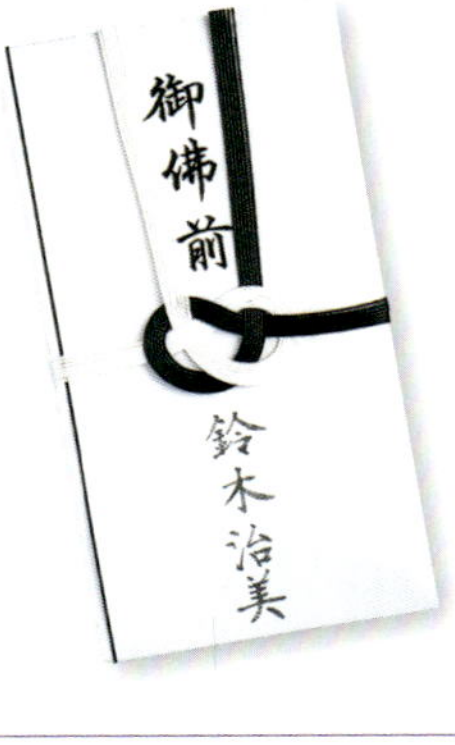


やむをえない事情で欠席するときは、案内状の返信にお詫びの一文を添えるか、電話でお詫びをします。そして、法要の前日までに届くように、供物料か供物《くもつ》・供花《きょうか》などを手配します。

供物料は相手の宗教に合わせた不祝儀袋に包みます。仏式では黒白または双銀《そうぎん》（銀一色）の水引で、四十九日以降は「御仏前」とします。

# 第2章

# 通夜・葬儀・法要のしきたりとマナー

とまどうことの多い通夜、葬儀・告別式、納骨、
法要などのしきたりや進め方について、
遺族の側、喪家《そうか》として知っておきたいことをまとめました。

# 多様化する葬儀の形

## しきたりにこだわらない葬儀、家族葬、一日葬、直葬

### 形式やしきたりにこだわらない葬儀

これまでは、人が亡くなると親戚はもとより広く関係者に知らせ、葬儀・告別式を行って多くの人で故人を見送る、という形が一般的でした。また、立派な祭壇をしつらえ、盛大な葬儀を営むことが故人のためであり、残された者の務めと考える人も少なからずいました。

このような葬儀の形や葬送観が、ここ十数年で大きく変化してきました。一般財団法人「日本消費者協会」が平成22年度に、全国の消費者を対象に行った「葬儀についてのアンケート調査」では、「今後の葬儀のあり方」について尋ねた結果、最も多かったのは「形式やしきたりにこだわらない自由な葬儀があってよい」(57%)でした。次に多かったのが「家族だけの葬儀でよい」(49%)。「地域のつながりは大事にすべきなので、しきたりに従うのがよい」は10%以下でした。

また、「自分の葬儀はどのような葬儀にしたいか」という問いには、「費用をかけないでほしい」が63%、「家族だけで送ってほしい」が40%でした。しきたりや形式に従うより、自由な葬儀、そして費用をかけない家族だけの葬儀がよいと考える人がふえているのです。

写真協力／メモリアルアートの大野屋

家族葬の専用式場「フューネラルリビング」。自宅と同じように、故人にゆっくりとつき添うことができる。

### 家族と親しい人だけで送る「家族葬」の増加

実際、都市部では、十数年前から家族やごく親しい人だけで故人を見送る小規模な葬儀、「家族葬《かぞくそう》」がふえてきました。このような変化には、さまざまな背景が考えられますが、日本人の平均寿命が延びたこともその一つでしょう。高齢で亡くなった場合、弔問客《ちょうもんきゃく》は子どもの会社関係など故人を直接知らない人が多くなり、葬儀が形式的になりがちです。

また、通夜は本来、遺族や近親者など故人と深いかかわりのあった人が集まり、最後の別れを惜しみ、故人の霊を慰《なぐさ》めるためのものでしたが、最近では一般会葬《かいそう》者《しゃ》も昼間に行われる告別式より、通夜に参列することが多くなりました。葬儀・告別式より、通夜に多くの人が訪れるよ

写真協力／メモリアルアートの大野屋

仏式葬儀の昔ながらの白木の祭壇

うになった結果、遺族や近親者が弔問客の対応に追われ、ゆっくり故人との別れを惜しむ時間がとれない状況も少なくありません。

こうした従来の形式やしきたりに従う葬儀を経験して、身内や自分の葬儀は、親しい人だけで、ゆっくり故人との別れを、と考える人がふえています。

さらに、故人を見送る子ども自身が高齢であれば、会社とのつながりも切れて、葬儀・告別式に参列する人も少なくなるのが現実です。お葬式が小規模になるのは当然の成り行きともいえるでしょう。

また、都市部での家族葬の増加の背景には、核家族化や、近所づきあいの薄れなどもあります。

## 費用をかけない「一日葬」と「直葬」

費用をあまりかけない葬儀として、ここ数年大都市などを中心に注目されているのが「一日葬」と「直葬《ちょくそう》」（直葬《じきそう》）です。「一日葬」は儀式を1日ですませます。亡くなった当日（または翌日など）は近親者で故人との別れの時間を持ち、翌日（または翌々日など）、葬儀（告別式）、火葬を行います。

「直葬」は葬儀・告別式などの儀式は行いません。亡くなった当日に故人との別れの時間を過ごす場合もあれば、火葬場《かそうば》の炉の前で故人とのお別れのみをする形もあります。火葬前に僧侶にお経をあげてもらう場合もあります（ただし火葬は、法律上、死後24時間たたないと行えません）。

従来の一般的な通夜・葬儀にするか、別の形をとるか、故人の希望も入れつつ、まずはそこから遺族の話し合いが始まる時代といえそうです。

### 「家族葬《かぞくそう》」という名のさまざまなお葬式

ここ数年で、「家族葬」という言葉は、全国的にも一般的になりましたが、その内容はさまざまです。

10人前後の身内だけで費用も抑えてシンプルに行うケースもあれば、参列者の人数こそ少ないものの、従来の葬儀と同様の費用をかけて生花をふんだんに飾ったり、故人の好きだった料理やお酒なども用意したりして、ホームパーティーのような葬儀を営むケースもあります。

小規模の葬儀だからといって「費用をかけない葬儀」ではなく、葬儀にかける費用についての考え方も多様です。

身内だけで葬儀を行ったあと、友人や知人を招いて「お別れの会」や「しのぶ会」などを開く場合もあります。

また、従来と同じスタイルの葬儀で、参列者が少数で費用を抑えた葬儀を「家族葬」と呼んでいる葬儀社もあります。

「家族葬」を希望する場合は、どのような葬儀をしたいのか、具体的に考えて葬儀社を選ぶ必要があるでしょう。

また、みずからの葬儀を「家族葬」でと願うのであれば、生前にプランを考え、生前契約する方法もあります。

# 臨終から葬儀、一周忌までの流れ
〈仏式の場合〉

## ① 臨終

- □ 末期《まつご》の水をとる。体を清め、死化粧《しにげしょう》をする。
- □ 病院からの遺体搬送《はんそう》の手配、搬送。
- □ 死亡診断書の受け取り。病院への支払い。
- □ 北枕《きたまくら》に安置。

## ② 通夜・葬儀の打ち合わせ

- □ 寺院、神社、教会などへの連絡。葬儀日程の相談。
- □ 葬儀方針、葬儀社の決定。
- □ 喪主《もしゅ》の決定、世話役代表の依頼。
- □ 通夜・葬儀の日程、場所、規模、予算などを具体的に決める。
- □ 葬儀費用の見積もりをとる。
- □ 死亡届の提出と火葬許可証の交付手続き。
- □ 遺影《いえい》写真の手配。
- □ 戒名《かいみょう》(仏名)の依頼。
- □ 枕飾《まくらかざ》りの依頼。
- □ 各世話係の依頼。
- □ 現金の用意。

## ③ 通知

- □ 親族、友人、仕事関係者などに死亡、通夜・葬儀日程の通知。
- □ 隣近所、町内会へのあいさつ。

## ④ 通夜の準備

- □ 自宅の場合は祭壇を飾る場所の準備。
- □ 喪服の用意。
- □ 通夜の席次《せきじ》、焼香《しょうこう》順の確認。
- □ 弔問客《ちょうもんきゃく》の受け付け、接待の準備。
- □ 会葬礼状《かいそうれいじょう》、返礼品の手配。
- □ 通夜ぶるまいの準備。
- □ 僧侶の接待の準備。
- □ 枕勤《まくらづと》めをし、死装束をそろえて納棺《のうかん》。

## ⑤ 通夜

- □ 通夜の焼香《しょうこう》。弔問客《ちょうもんきゃく》の応対。
- □ 弔問客の焼香後、喪主《もしゅ》のあいさつ。
- □ 僧侶の接待、通夜ぶるまいでのあいさつ。
- □ 供物《くもつ》、供花《きょうか》、弔電《ちょうでん》の整理。

## ⑥ 葬儀の準備

- □ 弔辞《ちょうじ》の依頼。
- □ 供花、供物の並べ方のチェック。
- □ 葬儀の席次、焼香順の確認。
- □ 各世話係との打ち合わせ。
- □ 弔電《ちょうでん》を整理し、世話役に渡す。
- □ 葬儀社と進行の打ち合わせ。
- □ 火葬場《かそうば》へ行く人の確認と車の手配。
- □ 会葬礼状《かいそうれいじょう》と返礼品の手配。
- □ 遺骨迎え、精進落《しょうじんお》としの準備。
- □ 僧侶へのお礼の準備。
- □ 心《こころ》づけ、世話役へのお礼の用意。

## 7 葬儀・告別式 出棺

- □ 葬儀・告別式を行う。
- □ 最後の対面。棺《ひつぎ》のくぎ打ち。
- □ 出棺《しゅっかん》。喪主または遺族代表が会葬者《かいそうしゃ》に謝辞を述べる。

## 8 火葬

- □ 火葬許可証を火葬場係員に渡す。
- □ 納めの式、火葬、骨《こつ》揚《あ》げ。
- □ 埋葬許可証の受け取り。

## 9 遺骨迎え・精進落とし

- □ 遺骨、位牌《いはい》、遺影《いえい》を後飾《あとかざ》りに安置し、還骨法要《かんこつほうよう》を行う。
- □ あわせて初七日《しょなのか》法要を行う場合もある。
- □ 喪主のあいさつ。
- □ 精進落としの宴を開き、僧侶、世話役をもてなす。
- □ 喪主あるいは遺族代表があいさつし、世話役に礼を述べる。
- □ 葬儀後の法要の打ち合わせ。
- □ 僧侶へのお礼、世話役へのお礼。

## 10 葬儀後の事務処理

- □ 葬儀の事務引き継ぎ。
- □ 葬儀社への支払い。
- □ 各種名義変更・解約手続き。
- □ 年金、健康保険などの手続き。

## 11 四十九日法要

- □ 本位牌の用意。
- □ 法要の日程、場所等の決定、関係者への案内。

## 12 香典返し

- □ 香典帳の整理、香典返《こうでんがえ》しのリスト作成。
- □ 香典返しの品の選定、忌《き》明《あ》けのあいさつ状の準備。
- □ あいさつ状と香典返しを送る。

## 13 納骨

- □ 四十九日《しじゅうくにち》とあわせて行う場合は石材店、墓地の管理者に連絡。
- □ 墓がない場合は墓の用意。納骨の前に「開眼《かいげん》式」を行う。

## 14 遺品整理と遺産相続

- □ 遺品を整理する。
- □ 相続人の確定、遺産相続。
- □ 必要であれば相続税の申告(死後10カ月以内)

## 15 一周忌

- □ 2カ月前から準備を始める。
- □ 僧侶に相談し、日程、場所を決める。
- □ 関係者への案内。
- □ 一周忌《いっしゅうき》の法要を行う。

臨終に際しての近親者への連絡の範囲と知らせ方

# 危篤《きとく》・死亡の連絡

## 危篤の連絡はつながりの深い人に

医師から危篤《きとく》を告げられたら、まず、息のあるうちに会わせたい人に、至急連絡をとります。

一般に、危篤を知らせる範囲と順位は次のとおりです。

**①家族や近親者**

血縁の濃い親族。3親等くらいまで。たとえば別居している両親、子、兄弟姉妹、祖父母、孫、配偶者の親や兄弟姉妹、おじ、おば、甥《おい》、姪《めい》など。

**②特につながりの深い友人・知人**

**③勤務先、学校、関係団体などで、つきあいの深い人など**

ただし、これはあくまでも目安です。本人が会いたがっている人、家族が知らせたい人に連絡することが大事です。親戚でも日ごろからそれほど親しくしていない場合は、特に知らせる必要はありません。また、さまざまな事情で交流はとだえていても、本人と深いつながりのあ

### 危篤《きとく》を知らせる親族の目安

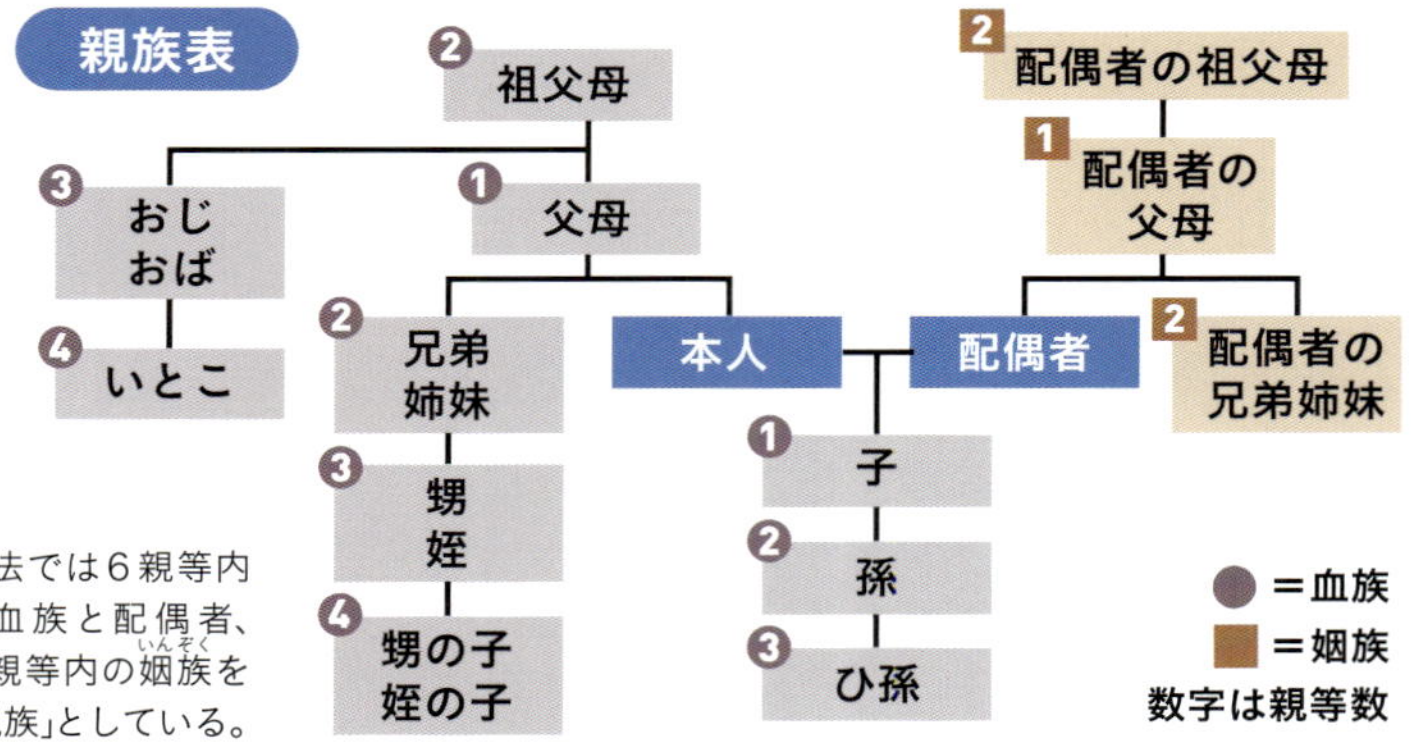


民法では６親等内の血族と配偶者、３親等内の姻族《いんぞく》を「親族」としている。

**Point**

### 現金の用意を

病院への支払い、葬儀関係の支払いなどのために、通夜や葬儀の前に、ある程度まとまった現金の用意をしておきましょう。金融機関では、名義人《めいぎにん》が死亡した事実がわかると口座が凍結《とうけつ》され、相続人全員の同意がないと現金を引き出したり解約したりできなくなります。「葬儀費用」として現金化できる場合もありますが、そのためには条件があります。口座が凍結される前に引き出す場合、相続トラブルにならないよう、何にいくら使ったのかの記録と領収証を保管しておきます。

る人、たとえば親、兄弟姉妹などには知らせたほうが悔いが残らないでしょう。

## 死亡を知らせる範囲と連絡のタイミング

死亡を知らせるのは、臨終《りんじゅう》に立ち会えなかった家族、近親者、故人と親しかった友人・知人、勤務先、学校、関係団体などです。すぐに知らせる必要がある人と、通夜・葬儀の日程が決まってから知らせる人とに分けます。

故人がエンディングノートなどに、知らせてほしい人のリストなどを記していたら、必ず連絡をします。

遺族がすべての関係者に直接連絡するのはたいへんなので、それぞれ代表者2人くらいに通知し、その人たちからほかの人への連絡を頼みます。

必要であれば、葬儀などでお世話になることもある、隣近所や町内会にも連絡します。

また、菩提寺《ぼだいじ》の僧侶、神官、牧師、神父など、葬儀でお世話になる宗教者へも連絡します。葬儀の日程などを決めるためには、宗教者の予定を聞いておく必要があります。

## 新聞に死亡広告を出す場合

故人の社会的地位や知名度が高い場合、社葬や団体葬の場合は、新聞に死亡広告を出すことがあります。死亡広告は葬儀社に依頼すれば代理店に連絡し、手配してくれます。

広告の掲載は、葬儀の前々日の朝刊に出すのが一般的です。料金は広告の大きさ、新聞社によって異なります。

Point

### 危篤・死亡の連絡は電話で

危篤《きとく》の連絡は、相手が目上であっても、深夜や早朝であっても電話でかまいません。どうしても連絡が取れない場合は、ファクシミリやメールなどを使います。「○○が危篤になりました。一目会っていただけませんか」と伝えたうえで、

**①危篤者のいる場所（駆けつけてきてほしい場所）の住所、電話番号、交通機関、道順、病院の科名、病室番号など**
**②病状**
**③いつごろ来てほしいのか**

などを伝えます。

死亡の連絡も電話でかまいません。通常のあいさつは省き、深夜や早朝であれば「深夜（早朝）に恐れ入ります」と失礼を詫び、「○○の長男の○○でございます。本日○時に父が亡くなりましたので、お知らせいたします」というように伝えます。

葬儀日程が決まってから連絡する場合は、「○○の弟の○○でございます。兄が本日○時に死去いたしました。通夜は○月○日○時から、告別式は○月○日○時から、ともに、○○会館で行いますのでお知らせいたします」というように伝えます。葬儀の方式（仏式、神式、キリスト教式、無宗教式、お別れ会など）についても、知らせておいたほうがよいでしょう。

# 死亡診断書と死亡届

## 医師から死亡診断書を受け取り、役所に届け出る

### 医師から死亡診断書を受け取る

人が亡くなった場合「死亡診断書《しぼうしんだんしょ》」が必要です。死亡診断書は、「死亡届」の用紙と一体になったもので、右半分が「死亡診断書」（死体検案書《したいけんあんしょ》）、左半分が「死亡届」になっています。

病院で亡くなった場合は臨終《りんじゅう》に立ち会った医師が、自宅で亡くなった場合は死亡を確認した医師が「死亡診断書」を書きます。

医師から死亡診断書を受け取ったら、氏名や生年月日などに誤りがないか、確認しましょう。

事故死や変死、自殺の場合は警察医や監察医による検死《けんし》が必要なので、警察に連絡します。この場合、死亡診断書ではなく「死体検案書」が交付されます。

死亡診断書（死体検案書）は、葬儀後

■死亡届と死亡診断書

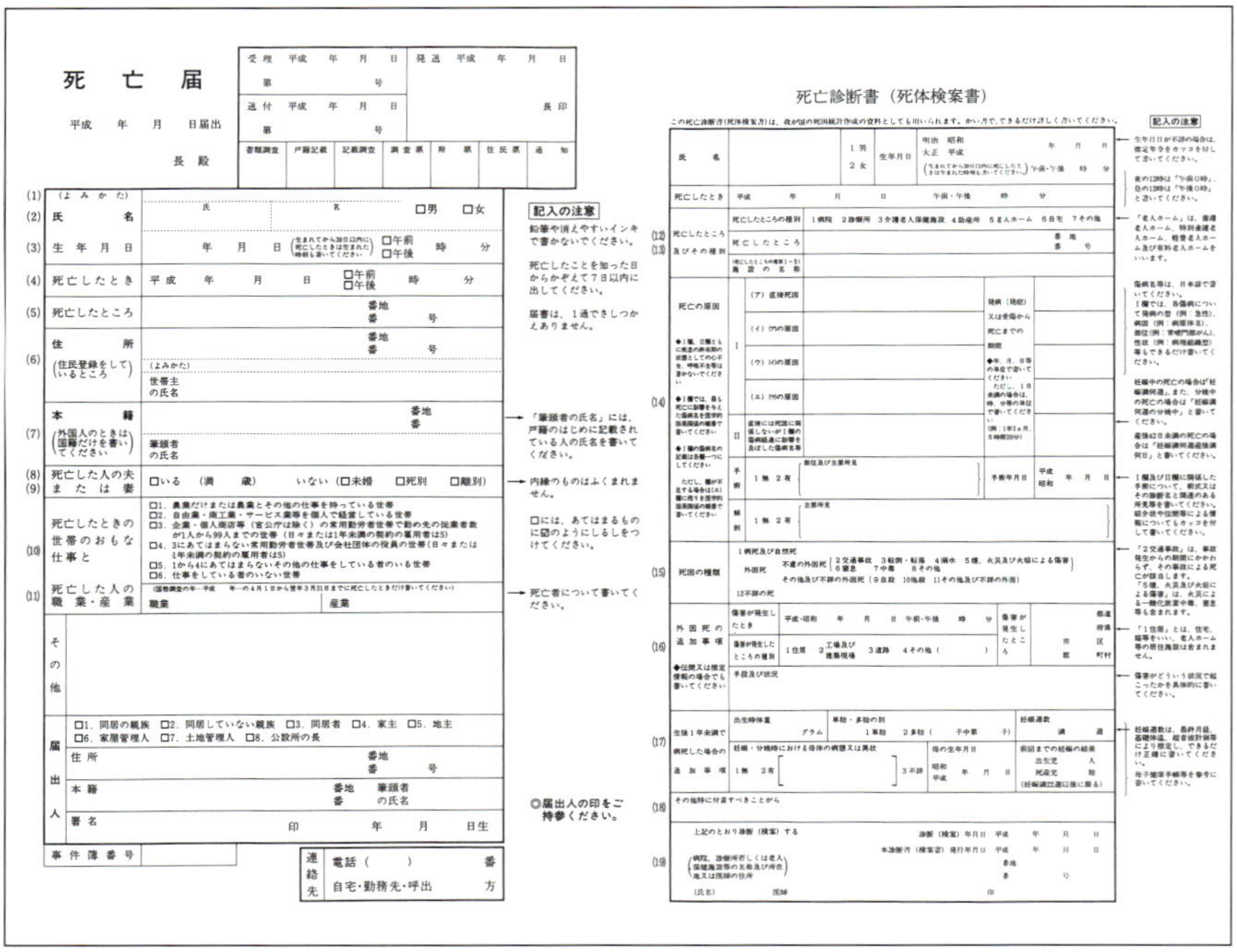
死亡届

死亡診断書（死体検案書）

記入の注意

鉛筆や消えやすいインキで書かないでください。

死亡したことを知った日からかぞえて7日以内に出してください。

届書は、1通でさしつかえありません。

「筆頭者の氏名」には、戸籍のはじめに記載されている人の氏名を書いてください。

内縁のものはふくまれません。

□には、あてはまるものに☑のようにしるしをつけてください。

死亡者について書いてください。

◎届出人の印をご持参ください。

1枚の用紙の右側が「死亡診断書（死体検案書）」、左側が「死亡届」になっている。死亡診断書（死体検案書）は、医師が記入し署名・押印する。死亡者の氏名は本籍どおりでないと受理《じゅり》されないので注意が必要。死亡届には届出人が署名・押印《おういん》する。

の諸手続きや相続税の申告等に必要になるので、役所に提出する前にコピーを取っておきましょう。

## 死亡届は死後7日以内に提出する

医師から死亡診断書を受け取ったら、死亡届に必要事項を記入して、死亡した日（死亡を知った日）から7日以内に役所へ提出しなければなりません。死亡届の提出は義務です。

死亡届を提出しないと火葬に必要な「死体火葬許可証《したいかそうきょかしょう》」が交付されず、葬儀ができないので、実際には死亡した当日か翌日には提出するのが一般的です。

届け出る人は**①同居の親族、②親族以外の同居者、③家主、家屋《かおく》管理人、土地管理人等、④後見人《こうけんにん》、保佐人《ほさにん》、補助人、任意後見人**の順です。同居していない親族も届出人になれます。提出は葬儀社など、代行者《だいこうしゃ》でもかまいませんが、その場合は届出人と代行者の印鑑が必要です。最近は葬儀社が代行することが多いようです。

提出先は**①死亡した人の本籍地《ほんせきち》、②届出人の現住所、③死亡した場所**、のいずれかの市区町村役所の戸籍係《こせきがかり》です。提出は24時間受け付けています。

## 死体火葬許可証の交付を受ける

戸籍係での死亡手続き後、その場で「死体火葬許可証申請書」を提出し、「死体火葬許可証」の交付《こうふ》を受けます。死体火葬許可証は火葬の際に火葬場に提出します。

火葬終了後、証印を押されて返却され、それが「埋葬許可証《まいそうきょかしょう》」になります。「埋葬許可証」は、埋葬（納骨《のうこつ》）のときに必要な重要な書類なので、大切に保管しておきましょう。

Point

### 自宅で亡くなった場合

明らかに治療中の病気が原因で亡くなった場合は、主治医（かかりつけ医）と連絡を取り、来てもらって死亡の確認と死亡診断書の作成をお願いします。ただし死亡診断書を書いてもらうには、直近に主治医の診療を受けている必要があります。

突然死や事故死、自殺の場合や、かかりつけの医師がいない場合、かかりつけの医師がいても来てくれない場合は110番に電話をして警察医を依頼します。

いずれの場合も、医師が確認をすませるまでは、遺体に手をふれないようにします。



■死体火葬許可証

別記様式第四号

第　号死体火葬許可証

| | |
|---|---|
| 死亡者の本籍 | |
| 死亡者の住所 | |
| 死亡者の氏名 | |
| 性別 | |
| 出生年月日 | |
| 死因 | 「一類感染症等」「その他」 |
| 死亡年月日時 | |
| 死亡の場所 | |
| 火葬の場所 | |
| 申請者の住所氏名及び死亡者との続柄 | |

平成　年　月　日　市町村長㊞

（注）死因欄中第一条第四号に規定する感染症の際は「一類感染症等」に○印を付すること。
そうでないときは「その他」に○印を付すること。

死亡届と同時に手続きする。火葬の際、納骨の際に必要になる大事な書類。

亡くなってすぐに行うしきたり、病院からの搬送

# 末《まつ》期《ご》の水、遺体の引き取り

## 末《まつ》期《ご》の水のとり方

新しい水を入れた茶碗とともにお盆の上に置き、配偶者、子、故人の両親、兄弟姉妹、孫、配偶者の兄弟姉妹の順に唇を湿らせる。

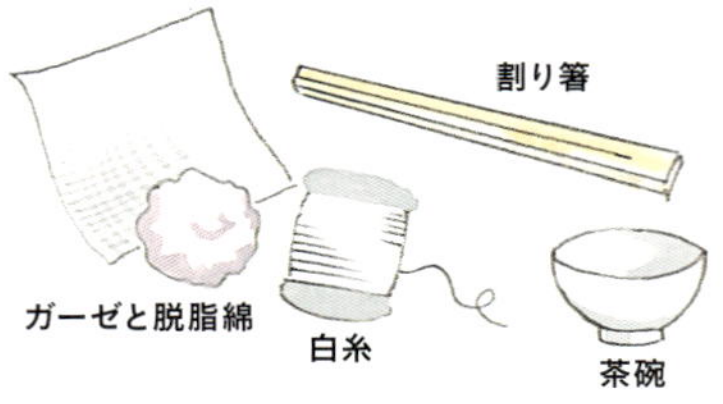


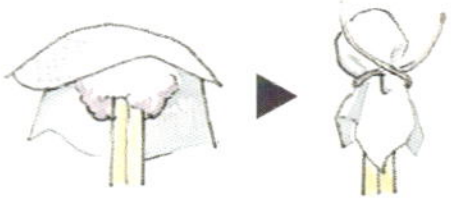

脱脂綿を箸の先に巻き、ガーゼでくるんで白糸でしばる。

### 臨終に立ち会った人による末期の水

臨終《りんじゅう》を告げられると、集まっている近親者が血縁の濃い順に「末期《まつご》の水」をとります。末期の水は「死に水」ともいい、死者が生き返ることを願う気持ちと、あの世で渇きに苦しまないようにとの願いを込めた風習とされています。

本来は息を引き取るまぎわに行われるものでしたが、現在は臨終後に行われることがほとんどです。また、末期の水は仏式の儀式でしたが、現在はカトリック以外、宗教を問わず行われています。

自宅で亡くなることの多かった時代には、割り箸の先に脱脂綿《だっしめん》とガーゼを糸でしばってつけたものや、新しい筆の穂先を茶碗の水に浸して軽く唇を湿らせたもので、水をとらせました。

地方によっては、しきみの葉や鳥の羽を使ったり、二枚貝の殻に水を入れて飲ませるところもあります。

病院で死亡する人が8割を超える現代では、看護師が湿らせた脱脂綿を用意してくれることが多いようです。病院で行わなかった場合は、自宅や遺体の安置《あんち》場所に搬送《はんそう》してから行います。

### 遺体を清めたあとに死化粧を施す

末期の水のあとは、故人の最後の姿を清らかにするために遺体《いたい》を清めます。これを「湯灌《ゆかん》」といい、故人の現世での苦しみや迷いを遺族によって洗い清める、という意味があります。

かつては「さかさ水」（たらいに先に水を入れ、あとから湯を注いでつくるぬるま湯）で全身を洗い清めました。

現在では、ガーゼや脱脂綿をアルコールに浸して全身を軽くふく「清拭《せいしき》」が一

般的です。遺体を清めたら、耳、鼻、口、肛門などに脱脂綿を詰めます。

遺体の目が開いているときは、まぶたをそっとなでて閉じ、口があいていたら下あごから支えて閉じます。両手は胸の上、みぞおちのあたりで組ませます。

こういった処置は、病院で亡くなった場合は看護師が行います。自宅で亡くなったときは葬儀社が行います。

病院では清拭後、浴衣に着替えさせることが多いようです。本人が生前、希望していた服がある場合は、このときに着せることもできますし、納棺の前に着せることもできます。

遺体を清めたら、「死化粧《しにげしょう》」を施します。髪をととのえ、つめが伸びていたら切りそろえ、男性はひげをそり、女性は薄化粧をして紅をさします。

ほおがこけていれば綿《わた》（含み綿という）を入れます。遺髪や遺爪を望むときは、この際に切っておきます。ただし、死者に刃物を当てることを嫌ったり、死化粧そのものを行わない風習の地方もあります。その場合は風習に従います。

病院で亡くなった場合は、このあと、霊安室に運ぶことが多いようです。

## 葬儀社による現代の湯灌や死化粧

最近は自宅や斎場で納棺前に、湯灌《ゆかん》を行ってくれる葬儀社や専門の業者もあります。自宅の場合は湯灌用の浴槽を運び込んで、故人の全身を洗い清め、洗髪もしてくれます。

病院によっては死化粧をエンゼルケアと呼び、看護師が行ってくれることもあります（料金がかかることもあります）。

また、生前の元気なときに近い顔立ちに見せてくれるプロのメイクを依頼することができる葬儀社や専門業者もふえています。

ただし、亡くなったときの状況や病気によっては、湯灌やメイクができないこともあります。また、感染などについては十分な注意が必要です。

**Point**

### 遺体《いたい》の引き取りの手配

病院で亡くなった場合は、いったん霊安室《れいあんしつ》に安置《あんち》されますが、病院の霊安室に安置できるのは半日ほどです。まず、自宅に運ぶか、通夜・葬儀を行う場所に直接運ぶかなど、搬送《はんそう》先を決めなければなりません。葬儀社の霊安室に運ぶ場合もあります。

葬儀を依頼する葬儀社が決まっている場合は、すぐに連絡をして寝台車で運んでもらいます。

葬儀社が決まっていない場合は、病院が出入りの葬儀社（搬送業者）を紹介してくれます。葬儀社を病院に紹介してもらうと、葬儀まで頼まなくてはと心配する人もいますが、搬送だけでも依頼できます。依頼するときに「搬送だけお願いします」とはっきり断りを入れましょう。

赤ちゃんや胎児の場合はタクシーや自家用車で連れて帰ることもできます。

### 病院への支払いとお礼

病院への支払いは遺体の搬送時か翌日に行うことが多いようです。できるだけ早くすませるようにしましょう。世話になった医師や看護師へのお礼は、後日あらためて出向くほうがよいでしょう。病院によっては、お礼の金品は受け取らない取り決めがあります。その場合も感謝の気持ちだけは伝えたいものです。

# 喪《も》主《しゅ》、世話役の決定

通夜・葬儀の主宰者である喪主、葬儀を仕切る世話役

## 葬儀の主宰者である喪主を決める

喪主《もしゅ》は葬儀の主宰者であり、遺族を代表して弔問《ちょうもん》を受ける重要な立場です。多くの場合、故人《こじん》と最も縁の深い人が喪主になります。

一般には故人の配偶者、配偶者がいなければ子ども（長男、長女）、配偶者も子もいない場合は親、兄弟姉妹などが務めます。

喪主が未成年のときは、故人の近親者が後見人を務めます。また、故人に近親者がいない場合は、末長く故人の供養《くよう》ができる故人と縁の深い友人・知人が喪主になることもあります。故人が喪主を指定していた場合、その人に依頼します。

喪主は通夜、葬儀を通じて故人のそばにいて弔問を受けますが、弔問客を出迎えたり見送ったりはしないしきたりです。

## 世話役代表と各世話係の依頼

一般的な葬儀では、遺族にかわって、葬儀の実際を取り仕切ってもらう世話役《せわやく》が必要です。

まず、葬儀の総指揮をお願いする世話役代表（大規模な葬儀では葬儀委員長）を、親戚、親しい友人・知人の中から喪《そう》家《か》の事情にくわしい人を選んで依頼します。そのうえで、葬儀の規模や形式に応じて、受付、会計、進行、台所・接待などの係を担当してもらう世話役を依頼します。受付や会計は現金を扱うので2名以上とし、1名は親族の中から選ぶのがよいでしょう。

故人や喪主の勤務先に世話役を依頼する場合もあります。

葬儀社との打ち合わせには、世話役代表にも加わってもらいます。

**Point**

### 世話役《せわやく》の服装

世話役は遺族側の立場です。世話役代表は通夜ではブラックスーツを、葬儀・告別式では喪主と同格の装いにします。モーニングコートが正式礼装ですが、喪主がブラックスーツであればブラックスーツにします。

それ以外の世話役は通夜、葬儀とも男性はブラックスーツ、女性は喪服を着用します。

## 葬儀の世話役と係

### ■世話役代表

喪主、葬儀社、僧侶などと葬儀全般について打ち合わせをし、各世話役に指示をする。通夜、葬儀には遺族側として参列する。大規模な葬儀では葬儀委員長に。

### ■会計係

遺族から預かった現金の出納管理。会計簿を作り、すべての出入金の記帳をする。受付から香典を預かり、喪主に渡す。

### ■台所・接待係

接待用の茶菓、通夜ぶるまいの用意をする。遺族や世話役の食事の用意も。弔問客や僧侶などの接待をする。

### ■進行係

葬儀の進行について世話役代表、葬儀社などと打ち合わせる。弔電を整理する。葬儀・告別式の司会（葬儀社に任せることが多い）。

### ■受付・携帯品係

通夜・葬儀の受付での弔問客の対応。香典を預かり、香典帳に記入する。供物《くもつ》・供花《きょうか》の記帳もする。会葬礼状・返礼品を渡す準備もする。携帯品係は弔問客の手荷物などを預かる。

### ■その他

最寄り駅での道案内や道順表示をはるなどの係が必要なこともある。規模が大きい葬儀では、記帳受付係、携帯品係、自動車係、返礼品係、文書係、記録係、僧侶係、接待係など、こまかく分けることも。

## 寺院、神社、教会への連絡

### ■菩提寺《ぼだいじ》への連絡

菩提寺があり、仏教で葬儀を行う場合は、死亡後、なるべく早く菩提寺に連絡をして、通夜や葬儀の日程、読経《どきょう》をお願いする僧侶の人数などを相談します。あわせて戒名《かいみょう》（仏名《ぶつみょう》・法号《ほうごう》）をお願いします。通夜、葬儀、仏名のお礼（お布施《ふせ》）の金額も確認しておきましょう。

菩提寺が遠方にある場合も、近くの同じ宗派の寺院を菩提寺から紹介してもらいます。

菩提寺がない場合は葬儀社に宗派を伝え、僧侶を紹介してもらいます。

菩提寺があるのに連絡をせずに、葬儀社から紹介された僧侶に葬儀をお願いし、戒名をつけてもらうと、菩提寺に納骨《のうこつ》ができなくなることもあるので気をつけましょう。

### ■氏神《うじがみ》への連絡

神道で葬儀を行う場合は、故人が氏子《うじこ》となっている神社（氏神）の神官に連絡し、通夜、葬儀の日程を相談します。氏神がわからない場合は、葬儀社に葬儀をつかさどる神社（神官）を紹介してもらいます。

神道では葬儀は神社では行わず、自宅か葬儀会場で行うので、式場の相談もします。

### ■教会への連絡

故人の所属教会に連絡し、通夜・葬儀を依頼し、日程を相談します。臨終に神父や牧師が立ち会っている場合は、そのときに相談をします。

# 葬儀方針と葬儀社の決定

## 通夜・葬儀の形式、規模、予算、式場を遺族で決める

### 遺族側で葬儀の主な方針を決めておく

葬儀社に依頼する前に、遺族側で葬儀のだいたいの方針について決めておきます。ポイントは以下の4つです。

①葬儀の形式（仏式、神式、キリスト教式、無宗教式など）
②葬儀の規模
③予算（通夜から葬儀までの全体の費用・52～53ページ参照）
④通夜・葬儀の場所（自宅、寺院、斎場など）

### 葬儀の形式、規模は故人の意思も考慮する

日本では葬儀の9割が仏式で行われていますが、仏式でも宗派によってしきたりが違うので、宗派の確認が必要です。

故人の宗教が家の宗教と違っていたり、同じ宗教でも宗派が違っている場合もあります。故人が生前、自分の宗教による葬儀を希望していた場合は、故人の意思に従います。

ただ、故人の宗教で行う場合、あとで家の墓に納骨できない問題（寺院墓地などの場合）が起こることもあります。また、葬儀後の法要などの追悼《ついとう》儀礼も同じ方式で行うことになるので、慎重に検討する必要があります。

故人が無宗教葬を希望していた場合も、その意思を尊重します。

葬儀の規模は故人の社会的地位、交際範囲、意思、喪家の意向、経済的条件などを考え合わせて決めます。かつては、本家《ほんけ》・分家《ぶんけ》の関係、地域の慣習などが、葬儀の規模を左右する大きな要因となっていましたが、現在は故人と喪家の意向が優先されるようになっています。

経済的に無理をしてまでも規模の大きな葬儀にする必要はありません。家族だけで、ゆっくり故人との最後の時間を過ごしたいのであれば、家族葬（56～59ページ参照）を選ぶ方法もあります。

### 通夜・葬儀の場所は自宅以外が増加している

通夜・葬儀の会場は、かつては自宅が主でしたが、最近は自宅以外で行うことが多くなっています。自宅以外では、マンションや団地などの集合住宅の場合は集会所や公民館などを利用するケースや設備のととのった専門の斎場《さいじょう》（セレモニーホール）を利用するケースがふえています。

一般的な葬儀や家族葬を自宅で行う場合、祭壇を設け、僧侶を招いて読経《どきょう》してもらうのであれば、最低6畳のスペースがいります。告別式では弔問客が焼香《しょうこう》するスペースも必要です。

### 葬儀社選びのポイント

葬儀社には全国的に名前の知られている大手の企業もあれば、地元で長い間、葬儀社を営んでいる小規模の葬儀社、インターネットのウェブサイトのみで店舗を持たない業態など、さまざまな業者があります。葬儀社を選ぶ際のポイントをあげました。

❶地元での実績があり、習慣や事情を熟知しているか。これまでの葬儀の実例などを見せてくれるか。

❷きちんとしたパンフレットや価格表があり、その価格表にもとづいて、明確な見積もりを即座に作成できるか。「○円プラン」といったものは、追加になる料金なども説明してくれるか。

❸受付や社員の言葉づかいや応対の仕方。こまかい質問や不安にていねいに答えてくれるか。

❹希望する内容の葬儀を行ってくれるか。家族葬など、新しい葬儀にも対応できるか。

経済産業大臣の認可を受けた「全日本葬祭業協同組合連合会」（全葬連）という業界団体に加盟しているかどうかも、一つの目安です。

## 良心的で信頼できる葬儀社を選ぶ

葬儀社は病院からの遺体の搬送《はんそう》から、通夜・葬儀の準備、進行など、依頼すればいっさいを引き受けてくれます。葬儀全体が葬儀社によって左右されるので、料金体系が明確で、応対がていねいな業者を選ぶことが大切です。

余裕があれば、近所の人や親戚、知人などの葬儀経験者から、料金、応対、満足度などを聞きます。

葬儀料金は、セット料金（基本料金）と別途注文の別料金の組み合わせになっているところが多いので、セット料金には何が含まれているのか、別料金にはどんな内容があるのかなどが明確になっているかを確認します。

最初に電話をかけたときの応対の仕方、説明のていねいさ、こちらの要望にどの程度こたえてくれるのかなども、葬儀社選びのポイントです。また、仏式以外の葬儀形式（神式やキリスト教式など）や家族葬の場合、経験、知識が豊富かどうか、見積もりが明確に出せるかどうかも確認します。

できれば3社くらいに電話をして見積もりをとり、比較検討します。インターネットから見積もりを依頼できる葬儀社もあります。

葬儀に費用をかけたくないときは「区民葬」や「市民葬」など、低料金で葬儀が行える各自治体のサービスを利用することもできます（53ページ参照）。

おおのやホール（東京都小平市）

写真協力／メモリアルアートの大野屋

通夜・葬儀の日程、式場、内容を決め、遺影を選ぶ

# 葬儀社との打ち合わせ

## 通夜・葬儀の日程、式場を決める

葬儀社が決まったら、すぐに担当者を呼んで打ち合わせに入ります。担当者にはあらかじめ決めておいた葬儀の方針を伝え、葬儀社のアドバイスを得ながら、通夜・葬儀の詳細を決めていきます。

通夜・葬儀の日程は、僧侶（神官・牧師・神父）などの都合と、自宅以外の場合は斎場《さいじょう》の選定、火葬場を使える時間を確認したうえで決めます。

一般には、死亡した当日の夜に納棺《のうかん》して家族による仮通夜《かりつや》、翌日に弔問客《ちょうもんきゃく》を迎えての本通夜《ほんつや》、翌々日に葬儀・告別式という日程になります。葬儀全体の簡略化に伴い、死亡当日に納棺・通夜、翌日に葬儀・告別式というケースもふえています（ただし、火葬・埋葬は死後24時間以上経過しないと不可）。また、斎場が予約できずに、日程が後ろにずれることも多くあります。

地域によっては、葬儀・告別式の前に火葬し、遺骨によって葬儀・告別式を行う（骨葬《こつそう》）ところもあります。

## 葬儀プランを立ててもらい見積もりをとる

希望する葬儀の規模、雰囲気、予想される弔問客数、予算を伝え、葬儀プランを立ててもらいます。カタログや写真などを見せてもらうとよいでしょう。内容が決まったら葬儀料金の見積もりを必ず出してもらいます。そして、葬儀社がやってくれる仕事と、遺族側が担当する仕事を確認します。

葬儀を斎場で行う場合は、斎場の予約も葬儀社に依頼します。

遺族側の世話役は、どの仕事を受け持ったらいいのか、できれば世話役も交え

### 葬儀日程の例

| | 日程例① | 日程例② | 骨葬の場合 |
|---|---|---|---|
| 死亡当日 | 身内で通夜（仮通夜） | 弔問客を迎えての通夜（本通夜） | 身内で通夜（仮通夜） |
| 2日目 | 弔問客を迎えての通夜（本通夜） | 葬儀・告別式<br>火葬 | 弔問客を迎えての通夜（本通夜） |
| 3日目 | 葬儀・告別式<br>火葬 | | 火葬<br>葬儀・告別式 |

## 葬儀社がしてくれる仕事（例）

- ■病院から自宅、自宅から斎場《さいじょう》などへの遺体の搬送《はんそう》
- ■枕飾《まくらかざ》り、納棺《のうかん》
- ■祭壇の設営、あと片づけ
- ■遺影《いえい》の準備
- ■通夜、葬儀・告別式のプランニング、進行管理
- ■斎場の紹介
- ■僧侶、神官、神父・牧師の紹介
- ■死亡届の手続き代行
- ■死亡広告の手配
- ■式場の外の準備
- ■会葬礼状《かいそうれいじょう》、返礼品、通夜ぶるまいの料理、弁当などの手配
- ■喪服の貸し出し
- ■供花《きょうか》、供物《くもつ》、花輪の手配、飾りつけ
- ■火葬場の手配
- ■霊柩車《れいきゅうしゃ》、マイクロバス、ハイヤーの手配
- ■駐車場の確保、道路使用許可申請の手続き代行
- ■後飾《あとかざ》りの設営

て打ち合わせをします。遺族側で用意する必要があるものも聞いておきます。

喪服がない場合は、貸し衣装の手配を依頼します。

### 遺影用の故人の写真を選んで渡す

遺影《いえい》用の写真を葬儀社に渡します。遺影として使う写真は、故人が気に入っていたものの中から、人柄がしのばれるようなものを選びます。できるだけ最近のもので、正面を向いているものがよいでしょう。

写真は不要な部分を消したり、衣服をさしかえたりすることもできます。

明るい雰囲気の額も人気がある

写真協力／メモリアルアートの大野屋

**Point**

### 友引《ともびき》とは？

一般に友引の日には葬儀を避ける傾向があります。「友引」というのは「六曜《ろくよう》（六輝《ろっき》）」の「先勝《せんしょう》・友引・先負《せんぶ》・仏滅《ぶつめつ》・大安《たいあん》・赤《しゃっ》口《く》赤口《しゃっこう》」の一つ。日の吉凶を占う中国の暦で、日本には14世紀に伝わりました。もともとは武将が戦いを占うために使ったもので、「友引」は「引き分けで勝負なし」という意味です。

文字の連想から「友を引く」という意味にとられ、この日に葬式を出すと親しい人が冥界《めいかい》へ引き寄せられるという迷信から葬式を避けるようになりました。友引の日を休業にしている火葬場もあります。

葬儀一式の費用、宗教者への支払い、接待飲食費、式場費など

# 葬儀にかかる費用

## 葬儀にかかる費用の内訳を把握する

葬儀にかかる費用は大きく分けると、次のようになります。

**①葬儀一式の費用**

通夜・葬儀の祭壇設営、棺《ひつぎ》、霊柩車《れいきゅうしゃ》、骨壺《こつつぼ》、会葬礼状《かいそうれいじょう》、返礼品、火葬料（自治体によっては無料のところもある）、ハイヤー、マイクロバスの費用。

**②宗教関係者への支払い**

仏式の場合は僧侶へのお礼（通夜、葬儀・告別式から初七日《しょなのか》までのお経、戒名《かいみょう》などの費用）、御膳《おぜん》料など。神式の場合は神官へのお礼、キリスト教の場合は教会への献金、神父、牧師へのお礼など。

**③接待飲食費**

通夜ぶるまい、精進《しょうじん》落《お》としの料理、酒類など。

**④香典返しの費用**

忌明《きあ》け、あるいは葬儀当日の香典返《こうでんがえ》しの費用。

**⑤式場の使用料**

自宅以外で通夜、葬儀を行った場合の式場使用料。

**⑥その他の雑費**

運転手や火葬場《かそうば》の係員への心づけ、親戚の宿泊費、飲食費など。

葬儀社に支払う費用は①の葬儀一式の費用だけの場合と、業者に依頼した内容によって③の飲食費や⑤の式場使用料なども、業者経由で支払う場合があります。

葬儀社の葬儀料金は、一般的に葬儀一式のセット料金（基本料金）と別途注文の別料金の２本立てになっています。セット料金にはいくつかの料金ランクがあります。

見積書を受け取ったら、何がセット料金で、何が別料金なのか、一つ一つチェックをしましょう。

### 葬儀費用の全国平均

日本消費者協会が調査した葬儀にかかった費用の全国平均は、葬儀一式、飲食接待、寺院関係を合わせたものが約１８９万円でした。実際には、このほかにも諸費用がかかる場合がほとんどです。

| | |
|---|---|
| 葬儀一式費用 | 122.2万円 |
| 飲食接待費 | 33.9万円 |
| 寺院の費用（お経料、戒名料） | 44.6万円 |
| 葬儀一式、飲食接待、寺院の費用の合計 | 188.9万円 |

（一財）日本消費者協会　平成26年調査より

## 葬儀費用の例

（メモリアルアートの大野屋の例　2016年7月現在）

仏式プラン90　90万円（祭壇サイズ　横幅2.1m）

一般的な斎場向きの伝統的な仏教式白木《しらき》祭壇を使用した例。セット価格90万円（税別）の中には、下の表の品目が含まれている。葬儀社によりセット料金に含まれている品目は異なるので、料金を比較するときには内容を確認する必要がある。

このほか別料金としてかかる主なものには、霊柩車《れいきゅうしゃ》料金（実費。地域、等級、走行距離によって異なる）、火葬料（実費。地域、等級によって異なる）、収骨容器（骨壺）、会葬返礼品（会葬者の数によって異なる）、通夜等の料理代金、マイクロバス、ハイヤー、式場使用料などがある。

### ■ 仏式プラン90に含まれる品目と価格（税別）

| | | | |
|---|---|---|---|
| 祭壇価格 | 360,000円 | 後飾り | 20,000円 |
| 御棺 | 150,000円 | 消耗品 | 20,000円 |
| ドライアイス（初回分） | 8,000円 | 式場看板 | 30,000円 |
| 白木位牌 | 5,000円 | 案内看板 | 25,000円 |
| 遺影写真 | 25,000円 | 高張提灯 | 30,000円 |
| 写真花額 | 25,000円 | 庭飾り・看板下花等 | 30,000円 |
| 会葬礼状（100枚） | 12,000円 | 受付用品 | 10,000円 |
| 祭壇アレンジ花 | 40,000円 | 司会進行 | 30,000円 |
| 打菓子・菊花糖 | 6,000円 | 火葬場案内・諸手続き | 10,000円 |
| 祭壇供物 | 12,000円 | 運営管理費 | 40,000円 |
| 枕飾り | 12,000円 | 計 | 900,000円 |

### 費用をかけない自治体の葬儀

全国の自治体の中には住民の福祉を目的として地元の葬儀社と提携して、区民葬や市民葬といった形で、低価格の葬儀サービスを提供しているところがあります。

葬儀サービスを希望する場合は市区町村の役所に葬儀サービスを行っているか確認をしましょう。

東京23区の「区民葬」の場合、所轄の区役所窓口に死亡届を提出する際に申し出ると、その場で葬祭料金、霊柩運送料金、火葬料金、収骨容器料金（一式）の利用権が交付されます。

いずれも、いくつかのランクに分かれています。葬祭料（祭壇、棺《ひつぎ》料金）は9万1000円から29万5800円までの8ランクから選べます。

火葬料金は5万3100円、収骨容器は9800円または1万9900円です。式場費や生花などは別料金です。

また、祭壇を使用せずに棺だけの利用もできますが、その場合は人件費がかかります。葬儀は区民葬儀取扱店として登録されている葬儀社が行います。

# 通夜・葬儀弔問客に渡す返礼品の選定と礼状の用意

# 返礼品・会葬《かいそう》礼《れい》状《じょう》の手配

## 通夜、葬儀・告別式の返礼品と会葬礼状

最近は、告別式に出席するかわりに通夜に弔問《ちょうもん》する人がふえています。通夜ぶるまいに出ない弔問客に渡すことから始まった通夜の返礼品ですが、最近では通夜の弔問客全員に、会葬《かいそう》礼状《れいじょう》とともに、会葬御礼として渡すことがほとんどです。

返礼品は葬儀社に依頼するのが一般的です。品物としてはブランド物のハンカチや、お茶や酒とのりのセットなどのほか、プリペイドカードや商品券も使われています。1000～1500円程度のものが多いようです。

葬儀・告別式の返礼品も、通夜と同じものを用意することが一般的です。

返礼品は予想される弔問客の人数よりも多めに手配します。返礼品の料金は葬儀のセット料金には含まれていないの

■会葬礼状（文例）

亡母花子の葬儀および告別式に際しましては
ご多忙中にもかかわらず　ご会葬いただきまして
心よりお礼申し上げます
そのうえ　ご丁重なるご厚志を賜りまして
厚く御礼申し上げます
さっそく拝眉のうえ　御礼申し上げるべきところですが
略儀ながら書状をもってご挨拶申し上げます

平成　年　月　日

喪主　田中太郎
外　親戚一同

# 返礼品・会葬礼状の手配

で、注文する数によって料金が変わります。弔問客の人数がなかなか予想しにくいときは、故人が最近受け取った年賀状の枚数を目安とすることもあります。

家族葬の場合は、会葬礼状や返礼品を用意しない場合もあります。

## 会葬礼状は、予想の人数より多めに注文する

会葬礼状は、本来は葬儀・告別式の会葬者に、後日あらためて送るものでしたが、現代では、通夜、葬儀の当日、受付か式場出口で渡すことがほとんどです。

会葬礼状には清めの塩を添えて渡すのが一般的ですが、宗教によっては死をけがれとしないため、塩を添えないこともあります。

礼状の文面は、葬儀社に定型文が用意されていますが、喪主が自由に書いてもかまいません。

最近は、故人の言葉や写真を印刷するなど、オリジナルの会葬礼状もあります。その場合は定型よりも費用がかかります。ただし、葬儀の日程によっては、オリジナルの作成が間に合わないこともあります。

会葬礼状も、会葬者の予想人数よりも多めに注文します。

会葬礼状の料金は業者によっても違いますが、葬儀のセット料金の中に規定の枚数分の料金が含まれて、それ以上は別料金となることが多いようです。

セット料金に含まれている場合は、その枚数と追加の場合の料金を確認しましょう。

**Point**

### 葬儀当日に香典返しを行う場合もある

本来は四十九日の忌明《きあ》けに行う香典返しを、葬儀当日に行うこともあり、「当日返し」「即日返し」などと呼ばれています。香典返しは、いただいた金額の3割から5割を贈るのが一般的ですが、当日返しは香典の金額に関係なく一律に品物を返すので、いただいた香典が高額だった人には、忌明け後に別の品物を送ることもあります。

当日返しをする場合、会葬礼状に「香典返し」であることを記載することもあります。

## 神棚と仏壇の扱い

家族が亡くなった場合、家に神棚があるときは扉を閉め、前面に白紙（半紙など）をはり、「神棚封《ふう》じ」をします。扉のない神棚は前面に白紙をはってご神体を隠します。死のけがれが神棚に入らないようにするためで、白紙は遺族ではない人にはってもらいます。

神棚封じの期間は仏教では四十九日の忌明《きあ》けまで、神道では五十日祭《ごじゅうにちさい》までです。

仏壇の扉を閉めるかどうかは宗派や地方の風習によります。閉める場合は四十九日の忌明けまで扉は開けません。浄土真宗は扉を開けておきます。

# 家《か》族《ぞく》葬《そう》を選ぶとき

## 家族を中心に、ごく親しい人たちで故人を見送る葬儀の形

### 家族葬の基本は家族中心の小規模な葬儀

最近は、家族や自分の葬儀は「家族《かぞく》葬《そう》」で、と考えている人がふえてきました。

家族葬は「家族やごく親しい人で見送る小規模な葬儀」といえますが、そのスタイルはさまざまです。子や孫だけの身内だけでシンプルに故人を送る葬儀もあれば、親戚やごく親しい人には知らせて数十人で行う家族葬もあります。

また、少人数でも僧侶を依頼して読経《どきょう》をしてもらい、参列者が焼香《しょうこう》する儀式を取り入れる場合も多くありますが、宗教的な儀式はいっさい行わない場合もあります。

家族葬を行う場合は、どのような葬儀にしたいのか、具体的な希望を葬儀社に伝える必要があります。希望を実現させるためには、できれば生前から具体的なプランを準備しておくことが望ましいでしょう。

写真協力／メモリアルアートの大野屋

家族葬専用の式場「フューネラルリビング」

### 故人の社会的な立場や年齢も考慮に入れる

家族葬を選択するにあたっては、「だれの葬儀なのか」ということも大きくかかわってきます。亡くなったのが家族の場合は、故人が家族葬を望んでいたのか、ということも考えに入れたいものです。

自分の葬儀を家族葬で行ってもらいたい場合は、生前予約をしたり、エンディングノートや文書に書くなどして、残された家族に意思が明確に伝わるようにしておきましょう。家族葬を反対する家族や親族が出てきたときにも役立ちます。家族の了承を得ておくことも必要です。

たとえば亡くなった人が90代と高齢で、葬儀に参列できる友人・知人も少ないような場合は、家族葬を選んでも問題はないかもしれません。しかし、亡くなった人がまだ若く、故人との最後の別れを希望する友人・知人がおおぜいいる場合は、その人々が故人とのお別れができなかったのを残念に思うこともあります。

故人や遺族の思いは大事ですが、故人が生涯をかけて築いてきた社会的なつな

## 家族葬のメリット・デメリット

### メリット

● ゆっくりと別れを惜しむことができる
家族だけなので、故人に語りかけたり、故人についての思いを語り合ったりが、存分にできる。

● 看護などで疲れた遺族の体をいたわることができる
精神的に混乱しているだけでなく、肉体的にも疲れている遺族にとって、おおぜいの弔問客《ちょうもんきゃく》を迎えて行う大規模な葬儀は負担が大きい。

● 納得のいく費用のかけ方ができる
斎場や祭壇にかける費用もしきたりや慣習にとらわれず、自分で納得のいく金額にできる。

● 一般的な葬儀にくらべて気をつかうことが少ない
通夜・葬儀の進行や弔問客の迎え方、手伝いの人などへの応対などに気をつかわなくてよい。

### デメリット

● 親戚づきあいに、ひびが入ることもある
世間体を重んじる親戚からは反対されたり、声をかけなかった親戚や知り合いから責められることもある。

● あとから自宅に弔問に訪れる客がいる
亡くなったことを知って、ばらばらと自宅に弔問に訪れる人がいるのが負担になることも。断る場合も、1人ずつ対応しなければならないのが負担になることもある。ただし、弔問客一人ひとりとゆっくり対話ができることをメリットととらえる人もいる。

● 無宗教で行う場合は、戒名、墓などの問題があることも
僧侶を呼ばないで行うと、菩提寺《ぼだいじ》に墓がある場合は納骨ができない、あとから戒名《かいみょう》をつけてもらえない、などの問題が起こることもある。

がりにも配慮が必要でしょう。

### 親戚づきあいへの配慮も必要

家族や親戚の中に、しきたりや形式を重んじる人、立派なお葬式こそ故人のため、と考える人がいるかもしれません。このような人がいる場合、家族葬に反対される場合もあります。反対を押し切って葬儀を行った結果、その後の親戚づきあいにひびが入ることも考えられます。
また、親族には知らせずに家族だけで葬儀を行い、終わってから親戚に知らせた結果、「なぜ、知らせなかったのか」と責められる場合もあり、注意が必要です。

Point
### 密葬《みっそう》とは？

「密葬＝ひっそりと行う葬儀」と考える人が多いようですが、本来は年末年始に死亡したり、感染症で死亡し、すぐに火葬する場合など、身内だけで行う葬儀を密葬といいます。
密葬を行った場合は、後日、本葬を行います。本葬あっての密葬なのです。

# 家族葬のプランニング

## 予算、会場選び、内容を具体的に決め、葬儀社を選ぶ

### 予算決めと会場選びが重要

家族葬《かぞくそう》のプランを考えるときに、まず考えたいのが、何を優先するか、です。「身内だけで静かに過ごせる会場でゆっくりと別れの時間を過ごしたい」「にぎやかなことが好きだったから、好きな音楽をかけて、みんなでお酒を飲みながら思い出を語り合いたい」などといった希望であれば、周囲を気にせずに家族葬が行える会場選びが重要になってきます。

家族で静かに過ごしたくても、同時に複数の葬儀が行われるような斎場《さいじょう》や、隣の音が聞こえるような会場では思いどおりの家族葬は実現できません。

「とにかくお金はかけず簡素に、でも心を込めて送りたい」と考える人もいるでしょう。葬儀社に依頼する前に、どのくらいの費用をかけるかも考えておきます。予算の総額、費用をかけたい項目、省いていい部分など、希望をしっかりと葬儀社に伝えてプランを作成してもらいましょう。

写真協力／メモリアルアートの大野屋

「花で送る家族葬」の祭壇。バラ、カーネーションなど、従来の葬儀には使用されなかった花も使う。写真は10人程度の葬儀用のもの。

### 複数の葬儀社に相談して比較検討を

故人の人生や趣味、仕事などをしのぶことができる写真や愛用の品を祭壇や棺《ひつぎ》のそばに飾ったり、最後のお別れでは孫たちが手紙を読んだり、子や孫が楽器を演奏したり、時間に追われる一般の葬儀ではできないことも家族葬では可能です。

希望どおりの葬儀を実現するためには葬儀社選びが大事です。できればいくつかの葬儀社に事前相談をして比較検討し、見積もりを出してもらいましょう。「家族葬」という名前のプランがついていても、葬儀社によって解釈に違いがあるので注意が必要です。

### トラブルを防ぐために注意しておきたいこと

**①葬儀に参列する「家族」の範囲**

故人の子、孫などの家族としての最小単位でのみ葬儀を行うのか、その他の親族にも参列してもらうのか、故人とごく親しかった友人には知らせるか、など。

親戚に関しては、参列してもらわない予定でも、「亡くなったこと」「どのような家族葬を行うのか」、そして家族葬を行う理由（故人の意思、家族の状況など）は、葬儀前に伝えるほうがよいでしょう。

**②宗教者を依頼するかどうか**

僧侶を依頼しなければ、読経《どきょう》や戒名《かいみょう》のお布施《ふせ》の分の費用は抑えられますが、菩提寺《ぼだいじ》がある場合は戒名がないと納骨《のうこつ》ができないこともあります。

**③香典を受け取るか**

親族や親しい人を呼ぶ場合は、供物《くもつ》や香典を受け取るかどうかも決めておきます。受け取らないと決めていても、近い親戚からの香典は断れなかったということも多いようです。

香典を受け取らない場合、葬儀費用の負担が重くなります。

Point

### 葬儀後の死亡通知

葬儀後、友人・知人など、どのくらいの範囲まで、亡くなったことを知らせるかも、決めておきましょう。死亡通知は手紙かはがきで、なるべく早い時期に出したほうがいいでしょう。死亡通知には、「死亡した日、親族のみで葬儀を行ったことの通知と知らせなかったことへのお詫び、生前の厚誼《こうぎ》への感謝」などをつづり、喪主《もしゅ》や家族の連名で出します。

死亡通知を受けて、弔問《ちょうもん》を申し出る人も予想されます。その対応をどのようにするかも考えておいたほうがよいでしょう。「供物・香典」を辞退するのであれば、記載します。

後日、お別れの会を考えているのであれば、その案内も添えます。

**■死亡通知状（例）**

かねてより病気療養中でありました、夫○○が、去る平成○年○月○日、永眠いたしました。享年○歳でした。故人の強い希望により、葬儀はごく身内にて執り行いました。生前のご厚誼に心より感謝いたしますとともに、ご通知が遅れましたことをお詫び申し上げます。

なお、誠に勝手ながら御供物、ご香典につきましては故人の遺志により固くご辞退申し上げます。

## お別れの会・しのぶ会

家族葬を行ったあと、故人の友人・知人、お世話になった人などを招いて、「お別れの会」を開くこともふえています。

お別れの会は、遺族代表（喪主）が主宰者となり、死後2週間から1カ月後くらいに行うことが多いようです。

場所は斎場のほか、寺院の会館やホテルの宴会場、レストランなどが多く使われます。

また、友人・知人が主宰者になって、「送る会」や「しのぶ会」などを開くこともあります。この場合は、会費制で行われることもあります。

「お別れの会」や「しのぶ会」では、祭壇に遺骨や遺影を飾り、献花などで故人とのお別れの式を行い、その後、食事をしながら故人をしのびます。会場によっては遺骨を持ち込めないこともあります。

# 遺体の安置と枕《まくら》飾《かざ》り

## 仏式では納棺までは北枕に寝かせ、「枕飾り」をする

### 納棺まで北枕に安置する

病院で亡くなり、直接、通夜を行う会場に運ぶ場合は、すぐに納棺《のうかん》をすることもありますが、自宅で亡くなったり、病院から自宅に戻った場合は、遺体は納棺までは頭を北、足を南に向けて布団に寝かせて安置《あんち》します。間取りの都合などで北枕《きたまくら》にできないときは、西枕にするか仏壇に頭を向ける方向に安置します。

敷布団は薄いものを1枚敷き、新しいものか清潔な白いシーツを用意します。掛け布団は薄いものを1枚、上下を逆にかけます。枕はなくてもかまいません。

故人の手を胸元で組ませ、数珠《じゅず》は手にかけるか手のそばに置き、顔には白布をかけます。

掛け布団の上や枕元に「守《まも》り刀《がたな》」として魔除けの刀を置きます。かみそり、ナイフ、はさみなどが使われますが、最近では葬儀社が用意する木刀を使うことが多くなりました。刃先は足のほうに向けます。なお、浄土真宗では守り刀を供えるしきたりはありません。

■枕飾り

### 枕元には「枕飾り」をし線香を絶やさない

遺体の枕元には「枕飾《まくらかざ》り」をします。白木や白い布をかけた台を用意し、三具《みつぐ》足《そく》（香炉《こうろ》、燭台《しょくだい》、花立《はなた》て）を置きます。香炉には線香を1本、燭台にはろうそくをともし、火を絶やさないようにします。花立てには、しきみを1枝供《そな》えます。しきみは仏に供える花として昔から用いら

■遺体の安置の仕方

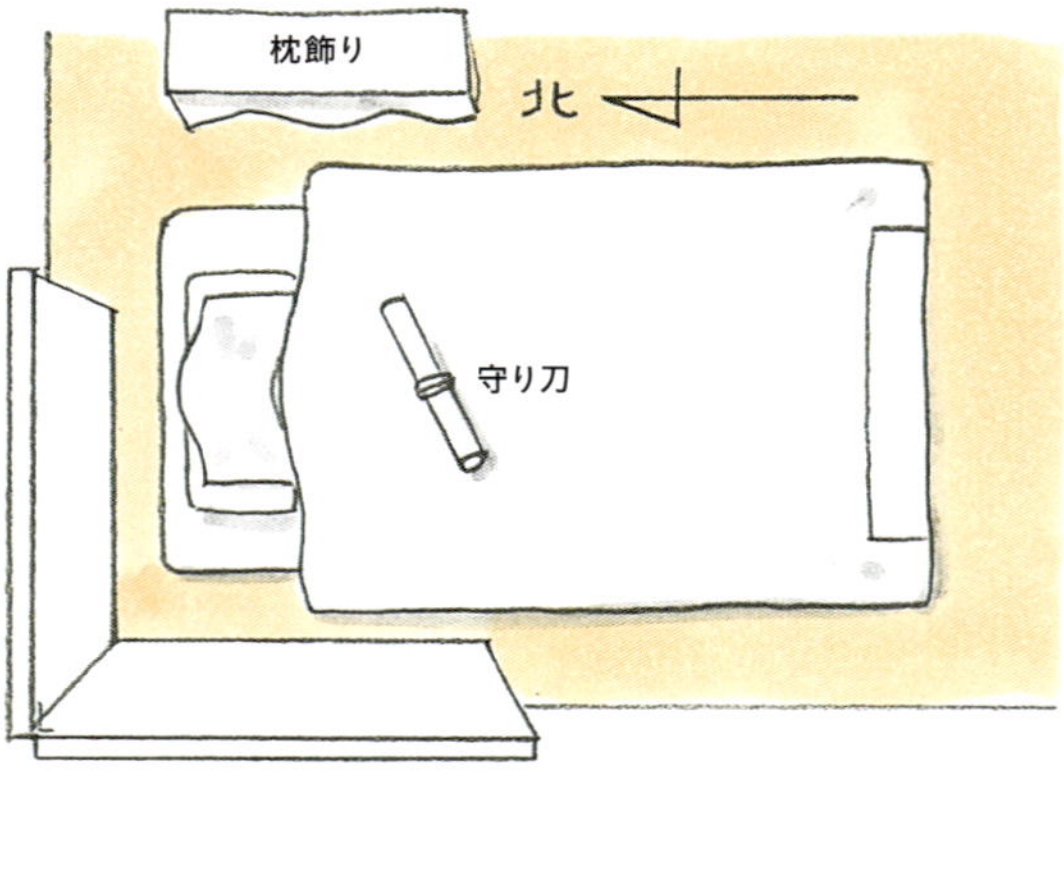

れてきましたが、ないときは菊、白百合、水仙などの花1輪を供えます。そのほかに仏壇の鈴《りん》、湯飲み茶碗かコップに入れた水、枕飯《まくらめし》、枕だんごなどを飾ります。ただし、浄土真宗では鈴、水、枕飯は飾らないのが一般的です。

枕飾りの小机や三具足などは、葬儀のセット料金に含まれていることが多く、葬儀社が用意してくれます。用意に時間がかかるときは仏壇の三具足を利用します。また、枕元にさかさびょうぶを立てるしきたりもありますが、最近では省略されることがほとんどです。

## 枕飾りのあとは僧侶に枕経をあげてもらう

枕飾りをしたら、僧侶にお経（枕経《まくらぎょう》）をあげてもらいます。この間、遺族は僧侶の後ろに控えています（枕勤め《まくらづとめ》）。服装は、まだ喪服を着る必要はありませんが、地味な服に着替え、結婚指輪以外のアクセサリーははずします。

枕経は死後、すぐにあげてもらうお経ですが、通夜・葬儀のために葬儀社を通じて依頼した僧侶の場合は省略することも多くなっています。

## 戒名《かいみょう》（仏名《ぶつみょう》）の依頼

「仏名」は仏の弟子になったことを意味してつけられる名前で、本来は生きている間につけてもらうものでした。仏教では、亡くなると人は仏の弟子になるとされ、仏名をつけられます。

仏名は宗派によって呼び方が違い、天台宗、真言宗、曹洞宗《そうとう》などでは「戒名」、浄土真宗では「法名《ほうみょう》」、日蓮宗では「法号《ほうごう》」と呼びます。仏名は、死後すぐに菩提寺《ぼだいじ》の僧侶に依頼して、できれば納棺までに、おそくとも葬儀までにはつけてもらい、白木の位牌《いはい》に書いてもらいます。

菩提寺が遠方にあり、葬儀は別の寺院に依頼する場合も、仏名は菩提寺に依頼します。

菩提寺や宗派がわからない場合は、俗名のまま葬儀をすませて、あとで菩提寺や宗派を確認してつけてもらいます。相談しないで仏名をつけると、菩提寺に墓がある場合は納骨を受け入れてもらえないこともあります。

### 仏名の構成

仏名はもともと2文字だけで構成されていましたが、社会的貢献度や信仰心の篤《あつ》さなどに対して院号や道号、性別や大人か子どもかを区別する位号などが加わり、現在のような長さになりました。宗派によって多少の違いはありますが、一般的には次のような構成になっています。（カッコ内は女性）

● **大人**
□□○○信士《しんじ》（信女《しんにょ》）
△△院□□○○居士《こじ》（大姉《だいし》）
△△院殿《いんでん》□□○○大居士（清大姉《せいだいし》）

● **子ども（7～15歳くらい）**
○○童子（童女）

● **幼児**
○○孩子《がいし》（孩女）

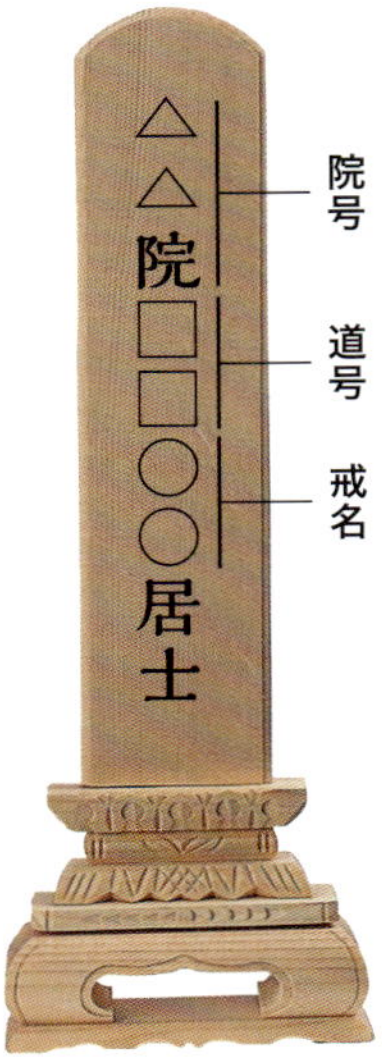

# 納棺《のうかん》と通夜《つや》の準備

## 祭壇ができたら近親者で納棺を行い、通夜の準備を

### 祭壇ができたら通夜の前に納棺を

故人との縁の深い人が集まり、故人に別れを告げ、冥福《めいふく》を祈るのが通夜です。本来は夜を通して故人に付き添い、最後のときを過ごすためのものでした。

現在では、一般の弔問客《ちょうもんきゃく》が日中の葬儀・告別式よりも出席しやすい通夜に弔問することが多くなったこともあり、午後6～7時から2時間程度に時間を限って、読経《どきょう》、焼香《しょうこう》を行う「半通夜《はんつや》」が一般的です。

枕勤め《まくらづとめ》のあと、通夜の前に祭壇の準備ができた時点で納棺《のうかん》（遺体を棺《ひつぎ》に納める）を行います。

納棺の前に着せる服が「死装束《しにしょうぞく》」です。かつては白い「経《きょう》かたびら」を着せ、手足に手甲脚絆《てこうきゃはん》をつけ、白たび、わらじを左右逆にはかせ、六文銭《ろくもんせん》（三途《さんず》の川の渡し賃）の入った頭陀袋《ずだぶくろ》を首から下げて、手に数珠《じゅず》を持たせるのが一般的でした。ただし、同じ仏教でも死装束は必要ないとされている宗派もあります。

現在では、遺体を清めたあと、浴衣や故人が好んでいた服を着せ、その上に、納棺時に葬儀社が用意した布あるいは紙製の略式の経かたびらをかけることが多くなっています。

写真協力／日比谷花壇

枕花。故人と親しい人から贈られることが多い。

■通夜の席次（例）

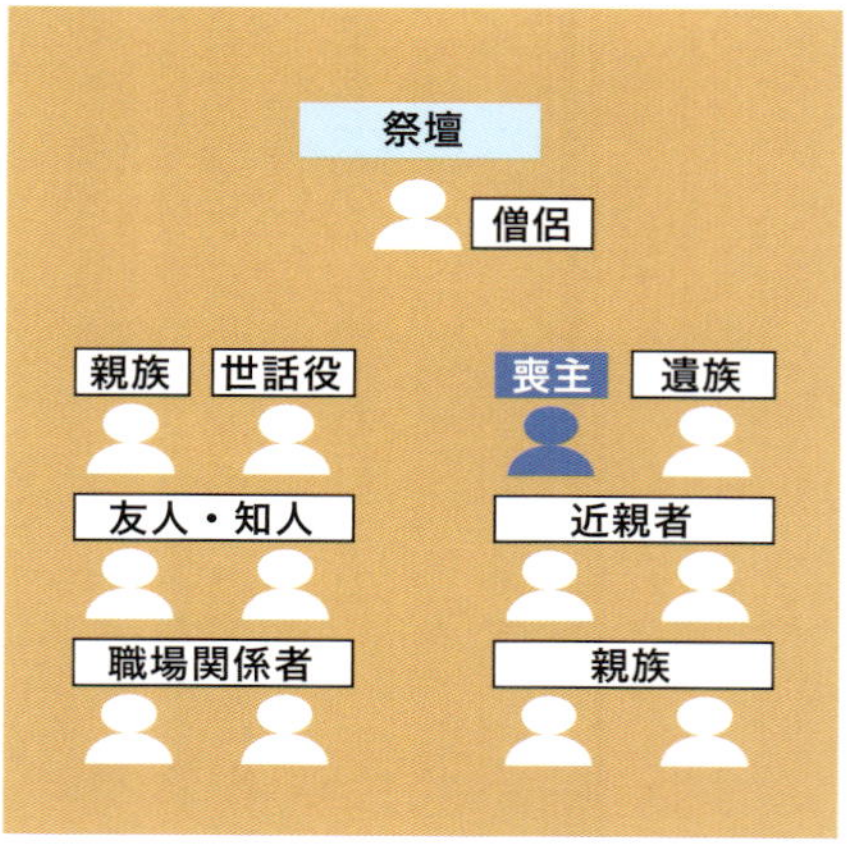


### 納棺は葬儀社の指導で行い、故人の愛用品を入れる

納棺は近親者の手で行いますが、現在は葬儀社の手を借りて行うことが多くなっています。とはいえ、葬儀社にすべてまかせてしまわず、遺族もかかわりたいものです。

棺に納めたあと、故人が愛用していた服や着物をかけるときは、死装束の上からかけます。かつてはすそが頭のほうにくるように逆にする習わしでしたが、さかさにしなくてもかまいません。

また、棺の中に故人の愛用品や愛読書などを入れますが、金属製やガラス製のものなどは入れるのを控えます。

## 喪服を用意し、通夜の席次・焼香順を確認する

亡くなった直後に、遺族が正式な喪服《もふく》を着る必要はありませんが、なるべく地味な服装に着替えます。女性は結婚指輪以外のアクセサリーをはずします。

そして、できるだけ早く、通夜・葬儀を通じて着用する喪服を用意します。喪主・遺族をはじめ、親族、世話役代表など、喪家《そうか》側の立場の人は、通夜、葬儀・告別式を通じて正式礼装《せいしきれいそう》（10～15ページ参照）を身につけます。ただし、男性の場合、モーニングコートは昼間の正式礼装なので、通夜にはブラックスーツを着用します。

通夜の席次や焼香順を確認しておきます（62ページの図参照）。

**Point**

### 通夜の席次と焼香の順序

通夜の席順は、喪主が棺のそばにつくという以外、はっきりとした決まりはありませんが、席順に従って焼香するので、席を決めるときは配慮が必要です。一般的には、祭壇に向かって右側に喪主、遺族、近親者が血縁の濃い順に座ります。左側には世話役代表（葬儀委員長）、友人・知人、職場関係者が座ります。祭壇の正面後方が一般弔問客の席になります。

焼香の順序にも決まりはありません。かつて家制度が残っていた時代には、家を継ぐ長男が重く見られ、たとえば、父親の葬儀では喪主である長男が最初に焼香し、次に喪主の妻、故人の妻、喪主の兄弟姉妹とつづきました。

現代では、故人の妻が喪主になることが多く、喪主が最初に焼香し、つづいて長男夫婦、長男の子どもたち、長男の兄弟姉妹とその子のように、家族単位で行うのが一般的です。結婚して姓が変わった兄弟姉妹も、故人と縁の深い順に焼香しますが、このときもその配偶者、子どもと家族単位でつづきます。

## 僧侶へのお礼の用意

通夜が終了し、僧侶が控室に戻ったら茶菓《さか》でもてなします。通夜ぶるまいの準備ができたら案内して、上座に着いてもらいます。

僧侶が通夜ぶるまいを辞退する場合は、「御膳料《おぜんりょう》」と「御車代《おくるまだい》」を包んで渡します。御車代は、喪家が送迎用の車を用意した場合は渡さなくてもかまいません。どちらも白封筒を使います。

通夜の分の「御布施《おふせ》」（お礼）を渡すこともありますが、一般には葬儀が終わってから、すべてのお布施を一括して渡します。

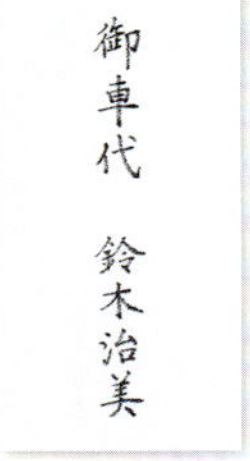


**御車代**
白封筒に入れ、表書きは「御車代」。金額は5000～1万円。

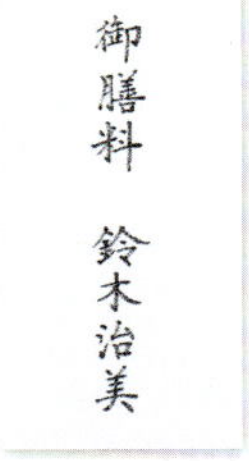


**御膳料**
白封筒に入れ、表書きは「御膳料」。金額は1万円くらい。

# 通《つ》夜《や》を執《と》り行う

## 読経、喪主、遺族の焼香、弔問客の焼香、通夜ぶるまい

### 通夜の受付は開始の30分前から

僧侶には、通夜の始まる30分前には到着してもらえるよう、世話役が迎えに行き、到着したら、控室に案内して茶菓《さか》でもてなします。世話役代表は僧侶に祭壇の飾り方などを確認してもらい、説経《せっきょう》や法話《ほうわ》の有無についてや、通夜ぶるまいを受けてくれるかどうかを確認します。

通夜の弔問客《ちょうもんきゃく》の受付は、通夜開始30分前から始めます。喪主、遺族は身支度をととのえたら、通夜の始まる15分前には着席して、僧侶の入場を待ちます。

### 通夜は僧侶の読経のあと焼香とつづく

通夜は参列者一同が着席したあと、僧侶が入場し、読経《どきょう》、焼香《しょうこう》、喪主のあいさつの順で進行します。僧侶が入場し、読経が始まると、30〜40分つづきます。参列者は故人の冥福《めいふく》を祈りながら、静かに聞きます。

読経が終わると僧侶が、まず焼香します。つづいて喪主、遺族、近親者が席順に、そして一般の弔問客が祭壇に進んで焼香します（焼香の仕方は20ページ参照）。焼香は読経の途中から行うこともあります。いずれも僧侶からの「ご焼香をどうぞ」という案内に従います。弔問客は焼香の前後に遺族に対して黙礼《もくれい》しますが、遺族は座ったまま黙礼でこたえます。会場が狭いときは、香炉《こうろ》を回して焼香する「回し焼香」を行うこともあります。

読経のあとで、僧侶が法話や説教をすることがあります。全員の焼香が終わると、僧侶が「通夜の法要を終わります」と告げ、退席し、通夜の式次第が終了します。

### 僧侶が退席したあと喪主があいさつする

僧侶が退席したあと、喪主は弔問客にあいさつをします。あいさつは「参列へのお礼」「死去の報告」「生前のご厚誼《こうぎ》への感謝」を手短に言葉にし、通夜ぶるまいの席に誘います。最後に「翌日の葬儀の案内をする」というのが一般的です。

控室に戻った僧侶は茶菓でもてなします。翌日の葬儀についての打ち合わせを

したら、通夜ぶるまいの席に案内します。

## 故人の供養と弔問のお礼の通夜ぶるまい

通夜ぶるまいの席は、故人への供養《くよう》とともに、弔問へのお礼のしるしとして設けられます。かつては夜ふけまでの酒宴になることもありましたが、最近は簡単に1～2時間程度ですませることがほとんどです。

通夜ぶるまいには、「お清《きよ》め」の意味で日本酒やビールなどの酒を用意しますが、弔問客に一とおり行き渡る程度の量でよいでしょう。食べ物もかつては精進料理《しょうじんりょうり》を用意しましたが、最近は刺し身や寿司なども出されます。

通夜ぶるまいの料理を葬儀社に手配してもらう場合は、弔問客の人数を予想して依頼しますが予想人数の半分の量でいいでしょう。通夜ぶるまいを行わないときは、弔問客にその旨を述べて、お詫びをします。

通夜ぶるまいの予定時間を少し過ぎたら、喪主か親族代表、または世話役代表がお開きのあいさつをします。通夜がとどこおりなくすんだお礼を述べ、「この辺でお開きにさせていただきます」などと、手短にあいさつします。

■喪主の通夜のあいさつ(例)

本日はお忙しい中をお越しいただきまして、まことに恐れ入ります。故人《こじん》にかわりまして御礼申し上げます。父は昨日、午後2時20分、息を引きとりました。享年《きょうねん》86歳でした。生前のご厚誼《こうぎ》に対しまして深く感謝申し上げます。

ささやかではございますが、別室にお食事を用意しましたので、故人の供養《くよう》のためにも召し上がっていただきたいと存じます。なお、葬儀・告別式は明日、午前11時より、当会館で執り行います。

本日はありがとうございました。



## 通夜の進行例

1. **受付の開始** 通夜の始まる30分前には設置する。
2. **僧侶の到着** 祭壇の飾り方、供物の位置などを僧侶に確認してもらう。控室に案内し、通夜の打ち合わせを行う。
3. **一同着席** 開始15分前には喪主をはじめ遺族、近親者、世話役代表などは着席し、僧侶の入場を待つ。
4. **僧侶入場・読経《どきょう》・焼香《しょうこう》** 僧侶が入場し、祭壇の前に座り、読経、焼香。
5. **遺族・参列者の焼香** 喪主以下、遺族・参列者が席順に焼香する。弔問客が多いときは、読経の途中から焼香を始めることも。
6. **僧侶退席** 焼香のあと、僧侶による「法話」「説教」がある場合も。
7. **喪主のあいさつ** 僧侶が退席したあと、喪主が遺族を代表して弔問客にあいさつする。
8. **通夜《つや》ぶるまい** 喪主は弔問客を通夜ぶるまいの席に誘う。

# 葬儀・告別式の前に

## 葬儀の打ち合わせ、弔辞、弔電、供物・供花のチェックを

### 葬儀の打ち合わせと弔辞の依頼・弔電の整理

通夜が終わったら、喪主《もしゅ》、世話役は、葬儀社と葬儀の式次第について、こまかい打ち合わせをします。火葬後の法要《ほうよう》や精進落《しょうじんお》としについても決めておきます。

弔辞《ちょうじ》の順番も確認します。弔辞は故人と親しかった友人、あるいは職場の同僚や直属の上司など、2～3名に依頼します。3～5分で読める長さが適切です。依頼先には400字詰め原稿用紙で3枚程度までであることを伝えます。

届いている弔電《ちょうでん》には遺族が目を通し、葬儀で紹介するものを選び、順序を決めます。一般に、弔電を披露する時間は5分程度で、全文を披露できるのは多くても5～6通です。名前や肩書など読み違えがないように、仮名《かな》をふるなどします。

司会者は葬儀社に依頼するケースがほとんどですが、故人と縁の深かった人にお願いする場合もあります。

喪主や世話役代表など、だれがどの場面で、どのような内容のあいさつをするかについても打ち合わせをします。

出棺のときに、遺族のだれが棺を運ぶかも、決めておきます。

遺族や近親者以外で、火葬場に同行してもらいたい人がいれば、あらかじめ了承を得ておきます。ハイヤーやマイクロバスなどの手配をし、だれがどれに乗るのかも決めておきます。また、火葬場に同行する人には精進落としの席にも出てもらうのが一般的です。

### 席次と焼香順は、通夜のときと同じ

葬儀場の席順は、基本的には通夜のときと同じです。喪主、遺族は祭壇に向かって右側に着き、つづいて近親者、親族

■告別式の席次（例）

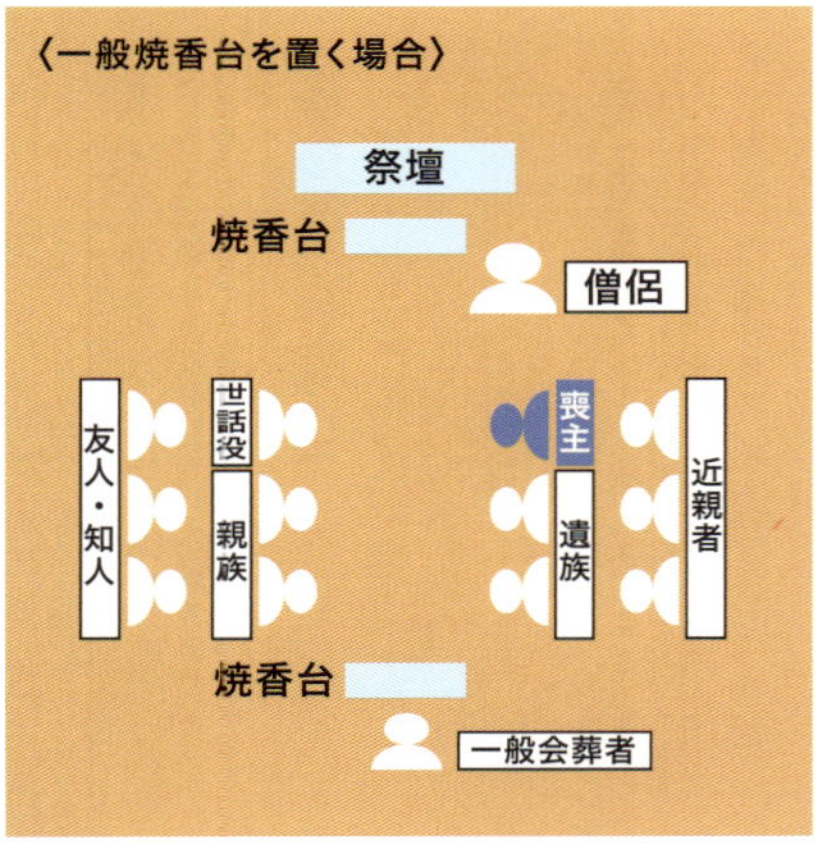


■葬儀の席次（例）

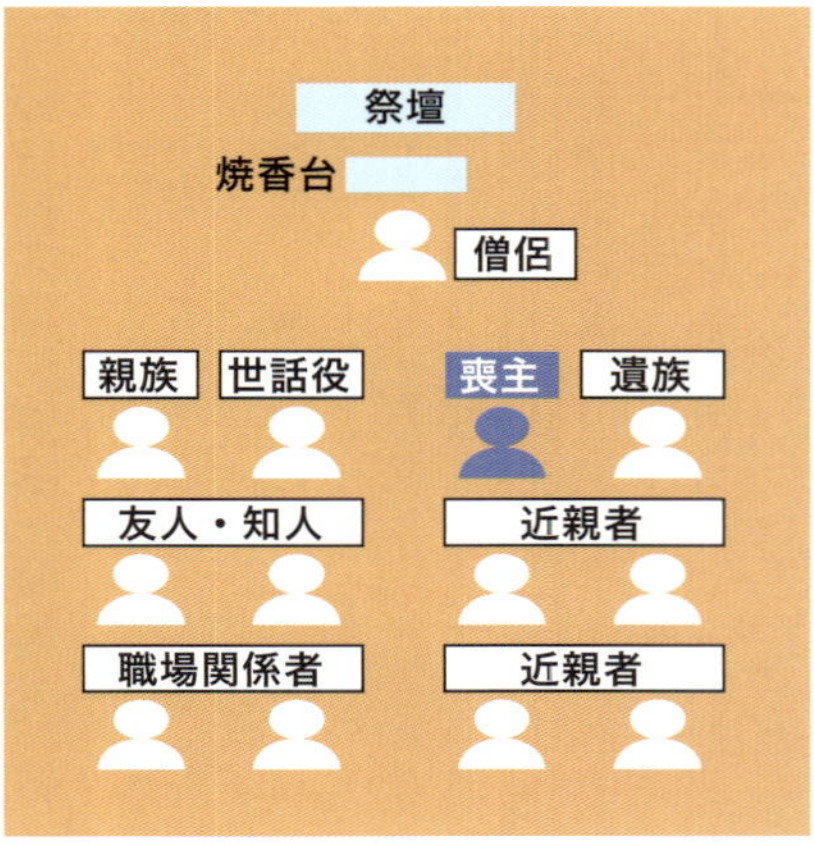

が血縁の濃い順に座ります。葬儀委員長、弔辞《ちょうじ》奉読者《ほうどくしゃ》は左側の前列に着き、後ろに一般会葬者《かいそうしゃ》がつづきます。左右に分かれない場合は、祭壇に近いほうから、喪主、遺族、近親者、世話役、一般会葬者の順に座ります。

焼香《しょうこう》は通夜同様、席次の順に行いますが、地域によっては名前を読み上げる指名焼香のところもあります。

## 贈られた供物・供花は遺族がチェックを

葬儀社を通じて贈られた祭壇に供える供物《くもつ》、供花《きょうか》には贈り主の名札をつけることが一般的です。葬儀社が用意する供物帳に、贈り主の名前を記入してから飾りますが、名前の文字にまちがいがないか、チェックします。

供物・供花は、近親者から届いたものは故人との血縁の濃い順に、また、友人・知人、仕事関係者などからのものは関係が深い順に、棺《ひつぎ》に近いところから祭壇の両側に並べます。花輪は玄関に近いところから、つながりの深い順に並べます。

実際に供物や供花を並べるのは葬儀社や世話役ですが、並べる順序については、必ず喪主がチェックする必要があります。

祭壇の供物や供花の名札をはずして、入り口の芳名板に名札だけを並べる場合もあります。

### Point

### 葬儀前に確認すること

葬儀の司会や進行は葬儀社が行うので、喪家《そうか》では以下のことを確認しておきます。

- □ 葬儀・告別式の席次《せきじ》と焼香《しょうこう》順
- □ 弔辞《ちょうじ》の依頼先と内容、順序
- □ 紹介する弔電《ちょうでん》と順序（全文紹介するもの、名前のみのもの）
- □ 会葬のお礼のあいさつをする人
- □ 遺影《いえい》、位牌《いはい》を持つ人
- □ 会葬礼状《かいそうれいじょう》の数
- □ 火葬場《かそうば》に同行してもらう人
- □ 火葬場に向かう車の手配
- □ 火葬場に向かうとき、だれがどの車に乗るか
- □ 僧侶へのお礼（金額、いつ渡すか）
- □ 心づけの用意
- □ 世話役へのお礼
- □ 精進落《しょうじんお》としの席数、手配
- □ 精進落としであいさつをする人
- □ 精進落としで献杯《けんぱい》をしてもらう人（友人、親族代表など）
- □ 自宅に残る人
- □ 香典を預かる人

## 心《こころ》づけの用意

葬儀当日は、葬儀式場・火葬場《かそうば》の係員、霊柩車《れいきゅうしゃ》や火葬場への送迎のハイヤー、マイクロバスの運転手などに「心づけ」を渡すことが慣習となっています。ただし、公営の火葬場では受け取ることが禁じられているので渡しません。心づけの相場は葬儀社に聞いておきます。

お金は半紙《はんし》で包むか、白封筒や市販の小型の不祝儀袋に入れます。

■心づけの目安

| | |
|---|---|
| 霊柩車の運転手 | 3000～5000円 |
| ハイヤーの運転手 | 2000～5000円 |
| マイクロバスの運転手 | 3000～5000円 |
| 式場の係員 | 3000～5000円 |
| 火葬場の係員 | 3000～5000円 |

# 葬《そう》儀《ぎ》・告《こく》別《べつ》式《しき》を執《と》り行う

故人を成仏させる儀式と故人に別れを告げる告別式

## 葬儀は故人を成仏させるための儀式

葬儀と告別式は、本来、別の意味を持っています。葬儀は遺族、近親者が故人をあの世へ送り、成仏《じょうぶつ》させる儀式です。告別式は、故人と親交のあった人たちが、最後の別れを告げるものです。

本来は葬儀後、いったん僧侶は退席し、あらためて入場して告別式を行いますが、最近では葬儀に引きつづいて告別式を営むことが多く、この2つをまとめて営むこともあります。

当日は、喪主、世話役、葬儀社で、もう一度、式次第の確認を行い、各世話係は、それぞれの持ち場の点検をします。

葬儀・告別式は時間どおりに行うことが大切です。弔問客《ちょうもんきゃく》の数が予定よりも多くなることも考えられるので、その場合は、どこで時間を調整するかも決めておきます。

式場の準備や飾りつけは葬儀社が行いますが、祭壇の飾りつけや供物《くもつ》・供花《きょうか》の並べ方は、喪主や世話役が確認します。

## 葬儀では僧侶が死者に「引導」を渡す

式次第は宗派や規模によっても多少の違いはありますが、葬儀・告別式の進行は69ページのようになっています。

喪主をはじめ、遺族、近親者、世話役など、葬儀に出席する人は、葬儀開始の10分前には着席し、僧侶の入場を待ちます。

僧侶が入場し、司会者の開式の辞のあと、読経《どきょう》が始まります。このとき、死者を悟りの世界へ導くための「引導《いんどう》」が渡されます。引導とは、死者を仏の道に導き入れることですが、引導を渡す作法は宗派によって違います。葬儀に加わる僧侶の中で最も位の高い僧侶を「導師《どうし》」と

## 葬儀・告別式の進行例

### 葬儀の進行

**1 参列者の着席**

喪主、遺族、親族は定刻の10分前に式場に入り、席に着く。つづいて葬儀委員長、世話役、一般会葬者が着席する。

→ **2 僧侶の入堂**

参列者が着席したら、世話役が僧侶を控室に迎えに行き、式場に案内する。僧侶が入堂（入場）するときは、一同は起立するか軽く頭を下げる。

→ **3 開式の辞**

司会者は、「ただいまより故○○○○殿の葬儀を執り行います」とあいさつする。

→ **4 読経《どきょう》・引導《いんどう》**

読経が始まる。宗派によって異なるが30〜40分くらい。

→ **5 弔辞《ちょうじ》の拝受・弔電《ちょうでん》の紹介**

司会者が、弔辞を依頼した人の氏名を「○○○○殿」と呼び上げ、弔辞が捧げられる。弔電は全文を紹介するのは数通にし、あとは氏名だけを読み上げるか、枚数を紹介する。弔辞の拝受、弔電の紹介を行わない場合もある。

→ **6 焼香《しょうこう》**

僧侶が焼香したあと、読経のうちに僧侶、あるいは司会者の合図によって、喪主から席次の順に焼香する。

→ **7 閉式の辞（僧侶の退堂）**

喪主と遺族は起立し、司会者が葬儀の終わりを告げる。引きつづき告別式に入る。休憩をとる場合はいったん、僧侶は退堂する。

### 告別式の進行

**1 僧侶の入堂・開式の辞**

僧侶が再び入堂。着席後、司会者が開式のあいさつをする。

→ **2 一般会葬者《かいそうしゃ》の焼香《しょうこう》**

遺族は会葬者のほうに向き、焼香をすませた会葬者に黙礼する。

→ **3 僧侶退堂**

会葬者の焼香が終わると僧侶は退堂する。接待係は、控室で茶菓で僧侶をもてなす。

→ **4 喪主のあいさつ**

喪主や遺族代表が簡単に会葬のお礼を述べる。このあいさつを省き、出棺の際のあいさつだけのこともある。

→ **5 閉式の辞**

司会者が閉式の辞を述べて、告別式は終了する。出棺準備へとつづく。

呼び、この導師が引導を渡します。葬儀で、最も重要な部分です。

葬儀と告別式を分けないで行う場合は、僧侶の焼香《しょうこう》につづいて、喪主、遺族、近親者が焼香したあと、一般会葬者の焼香に移ります。喪主、遺族は一人一人に黙礼をします。

会葬者の焼香が終わると僧侶は退席するので、会葬者は一礼して見送ります。椅子席のときは起立します。

その後、司会者は閉式の辞を述べ、一般会葬者に「出棺《しゅっかん》の用意ができますまで、控室でお待ちください」と案内します。閉式の辞の前に、喪主か遺族代表が会葬者に対してお礼のあいさつを述べることもあります。

# 出棺《しゅっかん》に際して

## 故人との最後の対面、出棺のあいさつ、出棺

### 告別式後、故人との最後の別れをする

告別式が終わると、葬儀社の手を借りて、近親者や友人が棺《ひつぎ》を祭壇から下ろし、頭が北を向くように置きます。棺の蓋《ふた》をあけて、遺族、近親者、親しい友人、知人など、故人と縁の深い順に最後の対面をします。

別れに際しては、祭壇に供《そな》えられていた生花の花の部分をつんだものを棺に入れ、遺体のまわりを花で飾ります。これが「別れ花」です。このとき、故人の愛用品や家族の写真などを棺の中に入れることもありますが、めがねなど、金属製やガラス製のものは火葬のときに遺骨を傷つけるおそれがあるので控えます。

最後の対面が終わると棺に蓋がされます。このとき、くぎが打たれることもあります。火葬場で荼毘《だび》に付す前に、棺についている小窓から、もう一度、故人の顔を拝むことができますが、故人の姿を見るのはこれで最後になるので、周囲に遠慮せずに存分に別れを惜しみます。

### 男性の手で棺を霊柩車に運ぶ

葬儀社の人によって、完全に蓋が閉められたら、棺《ひつぎ》を霊柩車《れいきゅうしゃ》まで運びます。遺族、近親者、親しい友人の男性6人ほどの手で棺をかかえ、遺体の足のほうを先にして運ぶのが一般的なしきたりです。

式場から霊柩車まで離れているときは、喪主が位牌《いはい》を持って先頭に立ち、喪主に次ぐ遺族が遺影を持ってつづき、棺を先導します。

かつては死者の霊が戻ってくるのを妨げるために、さまざまな風習がありました。

自宅から出棺する場合、通常の出入り口である玄関を避けて、縁側から運び出すところもあります。故人が使っていた茶碗を割る風習がある地域もあります。火葬場《かそうば》へ向かう前に、喪主または親族代表が、出棺の見送りをしてくれる会葬者《かいそうしゃ》に対して、お礼のあいさつをします。

# 会葬者へのお礼のあいさつ

■ **出棺のあいさつ（例）**〈喪主が故人の長男の場合〉

私は故人《こじん》の長男の○○でございます。本日は、ご多用中ところ、故○○○○の葬儀・告別式にお運びいただきまして、まことにありがとうございました。

父は、ここ数年、入退院を繰り返しておりましたが、一昨日、容態が急変いたしまして、家族の見守るなか、眠るように息を引き取りました。

生前はひとかたならぬご厚誼《こうぎ》にあずかり、深く感謝いたしております。今後とも、私共遺族に対しましても変わらぬご支援、ご厚誼を賜りますよう、お願い申し上げます。

本日は最後までお見送りいただきまして、ありがとうございました。

出棺前のあいさつは、
①自分と故人との関係
②会葬のお礼
③生前、故人がお世話になったことに対する感謝の思い、
④これからの遺族への支援のお願い

などの言葉をつづけます。さしさわりがなければ、故人の病名や死因、闘病中や死に際しての様子などを伝えてもよいでしょう。

喪主があいさつに立つのであれば、あいさつが行われている間、喪主の代理が位牌《いはい》を持ち、それに次ぐ遺族が遺影を持ち、遺族全員が会葬者のほうを向いて並びます。あいさつが終わったら、遺族は会葬者に深く一礼します。

喪主が年若い場合や老齢などの場合は、親族の代表が喪主にかわってあいさつに立ちます。そのときは「残されました家族にも、なお、いっそうのご助力を賜りますよう、親族一同、お願い申し上げます」などといった、遺族への支援をお願いする言葉を述べます。

**Point**

## 棺《ひつぎ》の「くぎ打ちの儀式」

最後のお別れがすむと「くぎ打ちの儀式」が行われます。これは棺の蓋に葬儀社が半分打ち込んだくぎを、喪主、遺族、近親者、友人、知人の順に、こぶし大の小石でコツコツと軽く2回ずつたたいていくものです。

人が死ぬと七日目には「三途《さんず》の川」を渡るといわれます。くぎ打ちの儀式は、死者が無事に三途の川を渡り、浄土《じょうど》へたどりつくようにとの願いを込めて行われるとされています。ただし、くぎ打ちを行わない地域や、宗派もあり、くぎ打ちを必要としない棺《ひつぎ》もあり、省略されることもあります。

# 火葬に際して

## 火葬場への移動、控室でのもてなし、納めの式と骨揚げ

### 霊柩車を先頭に喪主が乗るお供車がつづく

火葬場へは、遺族、近親者のほか、故人と特別に親交のあった人が同行します。同行してもらいたい人には、あらかじめお願いをしておきましょう。

火葬場へは、霊柩車《れいきゅうしゃ》が先頭になります。霊柩車の助手席には葬儀社の人が乗ります。霊柩車につづく車には、位牌を持った喪主、僧侶、遺影を持った遺族代表が乗ります。

そのあとの車には、遺族、近親者、友人・知人が、血縁の深い順に乗るのが一般的です。霊柩車につづく車はハイヤー、その後ろはマイクロバスとすることが多いようですが、霊柩車につづく車がマイクロバスの場合は、運転手の後ろに喪主、その隣に遺族代表、以下、血縁の深い順に座ります。

■火葬場へ向かう車中の席順
〈僧侶が同乗する場合〉

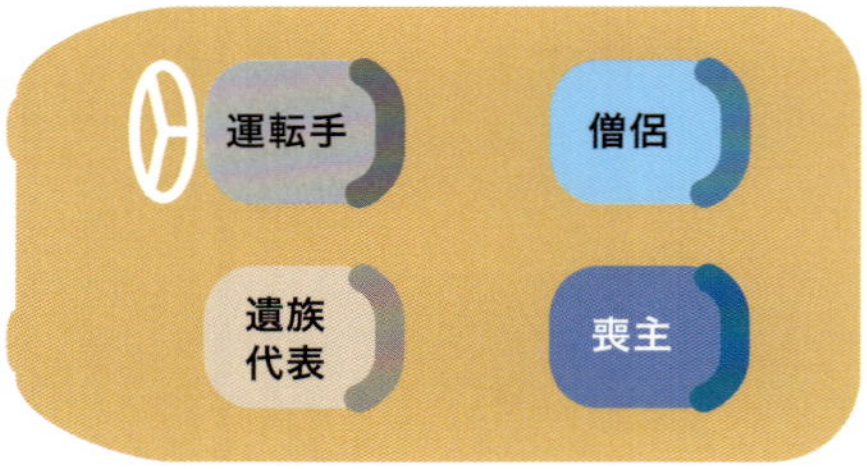


僧侶が同乗する場合は、後部座席の運転手の後ろに僧侶が乗る。同乗しない場合は運転手の後ろに喪主が乗る。

### 控室で待つ間の茶菓や軽食を用意する

火葬許可証《かそうきょかしょう》がないと火葬ができないので、必ず持参します。事前に葬儀社の人に預けて、持っていってもらい、火葬場の係の人に渡してもらうのが一般的です。

心づけ（67ページ参照）も忘れず持参します。火葬場の係員には火葬の前に渡します。霊柩車やハイヤー、マイクロバスの運転手には、火葬場に出発する前か、帰ってきてから渡します。

火葬には約1時間かかるので、同行者は控室で待ちます。その間、茶菓《さか》や軽食などが必要です。火葬場で用意できるかどうか、葬儀社に確かめて、世話役の人に手配してもらいましょう。

### 火葬場の炉の前で納めの式を行う

火葬場に到着したら、係の人に火葬許可証を渡します。棺《ひつぎ》は霊柩車からおろし、炉の前に安置します。火葬場によっては、すぐに炉に入れる場合もあります。

炉の前には祭壇用の小机があるので、持ってきた位牌《いはい》と遺影《いえい》を飾ります。そのほかの香炉《こうろ》、燭台《しょくだい》、生花《せいか》、供物《くもつ》などは火葬場で用意してくれます。

この祭壇の前で「納《おさ》めの式」を行いま

す。僧侶の読経《どきょう》、焼香《しょうこう》につづき、喪主、遺族、近親者、会葬者が、故人と血縁の深い順に焼香、合掌《がっしょう》、礼拝します。棺の小窓をあけて、故人と最後の対面をすることもあります。「納めの式」を終えると、棺は炉に納められます。

火葬を待つ間、遺族は控室で僧侶と同行者を、茶菓などでもてなします。僧侶には上座に座ってもらいます。このとき、今後の法要について聞いておくといいでしょう。

■ 骨揚げの作法

骨揚げは2人1組で行う。それぞれが箸を持って1つのお骨を拾い、骨壺に納める。

## 遺骨は2人1組で骨壺に納める

火葬のすんだお骨《こつ》を骨壺《こつつぼ》に納めることを「骨揚《こつあ》げ」といいます。「収骨《しゅうこつ》」「拾骨《しゅうこつ》」「骨拾《こつひろ》い」ともいいます。

骨揚げは炉の前で行います。竹の箸を使って2人1組になり、それぞれが箸《はし》を持ち、一つのお骨をいっしょにはさんで骨壺に納めます。これには、この世からあの世への「橋渡し」（箸渡し）の意味があります。

1組で1～2片を納めたところで、次の人に箸を渡し、次の人も同様にお骨を拾います。拾い上げる順序は、故人と関係の深い順、喪主から遺族、近親者、友人とつづきます。骨を納めるのにも順番があり、下半身から上半身へと拾い、最後にのど仏を故人と最も縁の深い人が拾います。

骨揚げが終わると、係員が骨壺を白木の箱に入れ、錦袋《きんたい》をかけてくれます。このとき、箱の中に「埋葬許可証」をいっしょに入れてくれます。納骨の際に必要な書類なので、なくさないようにしましょう。

遺骨は喪主が両手でかかえて持ち、喪主につづく遺族が位牌《いはい》と遺影《いえい》を持って、喪主の車を先頭に帰宅（還骨法要《かんこつほうよう》を行う場所へ移動）します。

**Point**

### 分骨《ぶんこつ》するとき

菩提寺《ぼだいじ》の墓だけでなく、宗派の総本山に納めるときや、菩提寺が遠いので近くの墓にも納めたいというときは分骨《ぶんこつ》します。

分骨したいときは、前もって葬儀社に伝えておき、分骨用の骨壺や錦袋を用意してもらいます。分骨するお骨は骨揚げのときに火葬場の係員が分けてくれます。

また、火葬場で分骨証明書を発行してもらいます。

分骨用の小さめの骨壺を用意する。写真はメモリアルアートの大野屋オリジナル骨壺。

写真協力／メモリアルアートの大野屋

# 遺骨《いこつ》迎《むか》えと初七日《しょなのか》法要《ほうよう》

## 遺骨を安置する後飾り、遺骨迎えの法要、精進落とし

### 残った人で遺骨を迎える準備をする

火葬後はすぐには墓地には埋葬せず、自宅や葬儀会場に戻って法要《ほうよう》を行います。

火葬場から帰ってきた人は、家（会場）に入る前に水と塩で身を清めます。自宅の場合は、清《きよ》めの水は桶に入れ、ひしゃく、タオルを添えて玄関に置きます。塩は小皿に盛り、盆にのせておきます。

一同が戻ってきたら、家で留守番をしていた世話役《せわやく》や手伝いの人が、一人ひとりの両手にひしゃくで水をかけ、タオルをさし出してふいてもらいます。手洗いの清めが終わったら、胸、背中、足元に塩を軽く振りかけます。門前や玄関先に塩を帯状にまいておき、それを踏んでお清めをする場合もあります。手洗いを省略し、塩だけで行う場合もあります。

清めは死のけがれを家に持ち込まない、という意味合いから行われます。死をけがれと考えない浄土真宗やキリスト教では行いません。

■清めの水と塩

清めの塩を手に取り、胸、背中、足元に振りかける。

世話役や手伝いの人が一人ひとりの両手にひしゃくで水をかける。

## 後飾《あとかざ》りの祭壇

■後飾り（例）

四十九日の忌明《きあ》けまで、自宅で遺骨、位牌《いはい》、遺影《いえい》を安置する祭壇が「後飾《あとかざ》り」の祭壇です。「中陰壇」ともいわれます。後飾りは葬儀社の人が用意してくれます。

祭壇には香炉《こうろ》、燭台《しょくだい》などの仏具を置き、葬儀のときの生花《せいか》や供物《くもつ》を供えます。遺骨、位牌《いはい》、遺影が自宅に戻ってきたら、祭壇に安置します。

## 還骨法要の儀式と初七日

遺骨を迎えると「還《かん》骨《こつ》法《ほう》要《よう》（還《かん》骨《こつ》勤《ごん》行《ぎょう》）」の儀式を行います。遺族、会葬者が後飾りの祭壇の前に集まり、僧侶にお経をあげてもらいます。全員が焼香《しょうこう》して、葬儀はすべて終わります。

最近は還骨法要と死亡した日も含め7日目に行う「初七日《しょなのか》」の法要を、あわせて行うことが多くなっています。初七日は葬儀後、3～4日目にあたり、葬儀後数日で、再び会葬者に足を運んでもらい、法要を営むのもたいへんなことから、あわせて行うようになりました。

火葬場から自宅ではなく葬儀会場に戻り、還骨法要と初七日の法要をあわせて行うことも多くなっています。そのあと、自宅に戻り、遺骨を後飾りに安置します。

従来どおりの日程で初七日を行う場合は、親戚、友人、葬儀で世話になった人たちを招き、僧侶にお経をあげてもらったあと、茶菓《さか》でもてなします。

## 僧侶や世話役を精進落としでもてなす

精進《しょうじん》落《お》としは、僧侶や世話役など、葬儀で世話になった人たちを感謝の気持ちでもてなすために、喪家《そうか》側が設ける会食の席です。「お斎《とき》」「精進上《しょうじんあ》げ」ともいいます。精進落としの宴は還骨法要のあとに行います。

精進落としの宴では、僧侶、世話役の人たちに上座に着いてもらい、友人、知人がそれにつづきます。喪主、遺族は末席に着きます。一同がそろったら、会食に入る前に、喪主は世話になったお礼のあいさつをします。

僧侶が精進落としの席を辞退した場合は、「御車代《おくるまだい》」と「御膳料《おぜんりょう》」を渡します。「御車代」は僧侶が出席した場合にも渡します。

■精進落としの席次（例）

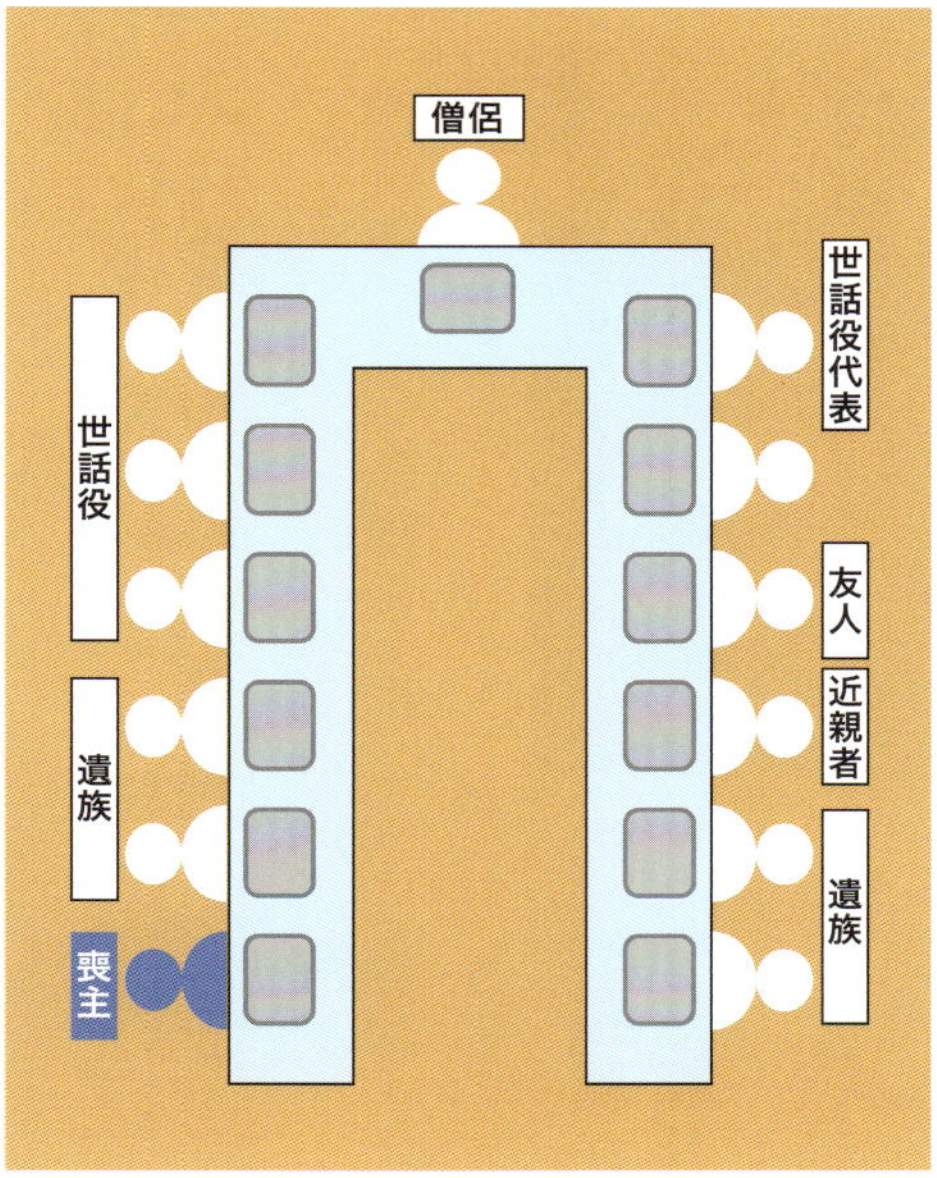


■精進落としの開会のあいさつ（例）

本日は亡き○○○○のために、いろいろとお心遣いをいただきまして、ほんとうにありがとうございました。とどこおりなく葬儀・告別式をすませることができました。故人もさぞ喜んでいることと存じます。ささやかではございますが、精進落としの席を用意いたしましたので、どうぞ、ごゆっくりお召し上がりくださいませ。

本日はありがとうございました。

## 神式の臨終後、枕飾り、通夜のしきたり

# 通《つ》夜《や》祭《さい》と遷《せん》霊《れい》祭《さい》

写真協力／メモリアルアートの大野屋

神式の葬儀「葬場祭」の祭壇の例

### 臨終から通夜までに行う枕飾りと枕直しの儀

神道の場合も臨終《りんじゅう》後の死に水、遺体の清め、死化粧は仏式と同じです。遺体は仏式同様、北枕《きたまくら》に寝かせ枕飾《まくらかざ》りをします。枕元にさかさびょうぶを立て、その前に案《あん》と呼ぶ８本脚の白木の台を置き、一対の灯明を立てます。その上に三方を置き、お神酒《みき》、常饌《じょうせん》（日常の食事。故人が好んだもの）、あるいは水、塩、洗米の３種を供《そな》えます。香はたかず、榊《さかき》を供えます。

守り刀を、枕元か、盆にのせて案の上に、刃を遺体に向けないように置きます。枕飾りをしたら、遺族や近親者が故人を囲んで安らかな眠りを祈ります。これを「枕直《まくらなお》しの儀」と呼びます。

神棚と先祖を祀る御霊舎《みたまや》（祖霊舎《それいしゃ》）に亡くなったことを報告し、それぞれ白紙（半紙）をはって封じます。

### 通夜・葬儀は自宅か斎場で行う

神式の場合も、喪主と世話役の決め方は仏式と変わりません。通夜・葬儀の場所は、神社では行わないので、自宅か斎《さい》場《じょう》で行います。葬儀社は、神式の葬儀の経験の豊富な葬儀社を選びます。

氏神《うじがみ》に連絡をして通夜・葬儀をつかさ

■枕飾り（例）

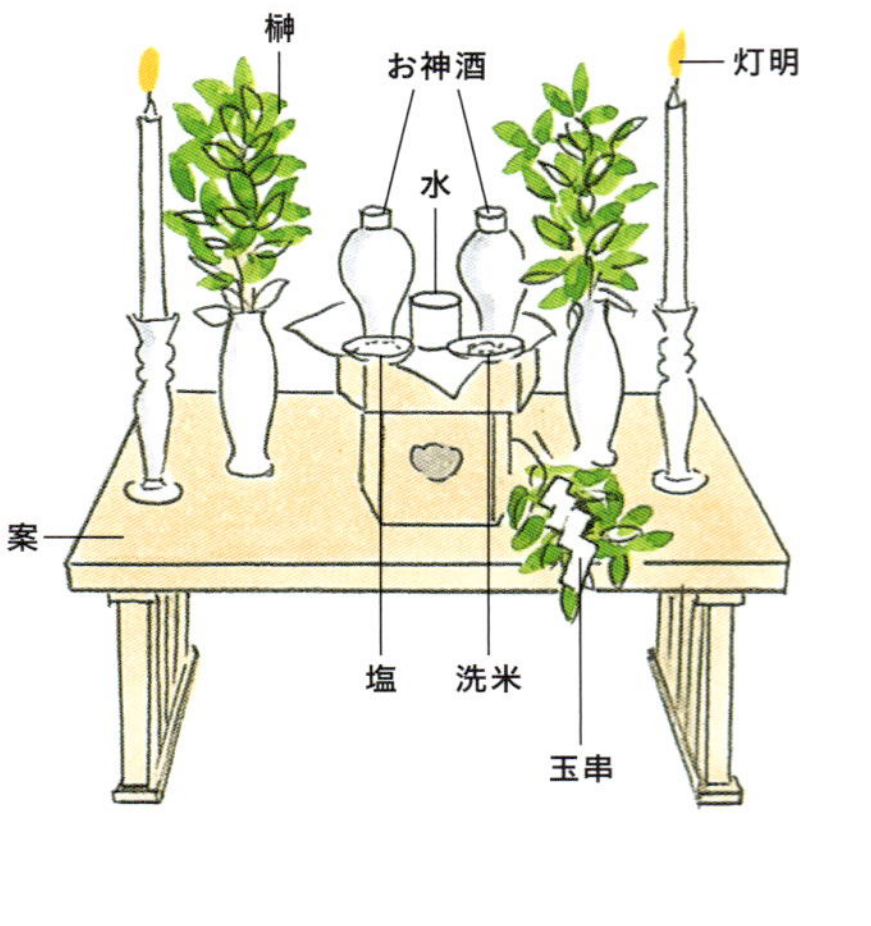

どる神官をお願いします。氏神がわからない場合は神官や葬儀社に紹介してもらいます。斎場は神官や葬儀社と相談して決めます。

　通夜の前に祭壇をしつらえ、納棺《のうかん》をし、棺《ひつぎ》を祭壇の前に安置《あんち》します。祭壇には遺《い》影《えい》と供物《くもつ》を飾り、喪主《もしゅ》から順に1人ずつ二礼二拍手一礼の拝礼をしのび手（22ページ参照）で行います。

## 仏式の通夜にあたる通夜祭を行う

　神式では、仏式の葬儀・告別式に相当する葬場祭《そうじょうさい》の前夜に、いわゆる通夜にあたる「通夜祭」を営み、引きつづきその夜のうちに「遷霊祭」を行います。本来、この2つは別々の儀式ですが、現在では通夜祭として通して行われます。

　通夜祭は、儀式をつかさどる神官である斎主《さいしゅ》と祭員《さいいん》、楽員をはじめ、喪主、遺族、近親者などの参列者が「手水《てみず》の儀」（79ページ参照）を行ってから祭壇前に着席します。喪主が一拝し、全員がこれにならって一拝したあと、斎主が祭詞《さいし》を唱え、楽員による誄歌《るいか》（しのび歌）が奏楽されます。斎主につづいて喪主から順に玉串《たまぐし》奉奠《ほうてん》（22ページ参照）を行って終わります。

　通夜祭のあとは通夜ぶるまい（「直会《なおらい》」）の席を設け、酒食で弔問客をもてなし、故人をしのびます。

## 故人の霊魂を霊璽《れいじ》に移すための遷霊祭

「遷霊祭」は「移霊祭《いれいさい》」とも「御霊《みたま》移し」ともいい、故人の霊魂を遺体から霊《れい》璽《じ》（仏式の位牌《いはい》にあたり、故人の姓名、生年月日、享年《きょうねん》〈死亡時の年齢〉が書かれている）に移すための儀式です。家じゅうの明かりを消した暗闇の中で、斎主が霊璽を棺《ひつぎ》に向けてかざし、故人の霊魂が霊璽に移るようにという遷霊詞を唱えます。霊璽は祭壇に安置した「仮霊舎」に納めます。

　その後、部屋の明かりをつけ、斎主、喪主以下一同が仮霊舎の前に着席し、まず斎主が一拝したあと、「献饌《けんせん》」（洗米、塩、水などを供えること）を行い、遷霊詞を奏上します。つづいて玉串《たまぐし》を捧げ、拝礼して終わります。この儀式により、故人の霊は家の守護神になります。

### 柩《きゅう》前《ぜん》日《にっ》供《く》の儀《ぎ》

　納棺から発柩（出棺）までの間、「柩前日供の儀」といって、毎日、朝夕に常饌《じょうせん》（故人が好んで食べたものや洗米、塩、水など）を案《あん》にのせて柩《ひつぎ》（棺）の前に供え、二礼二拍手一礼の拝礼をします。

　拝礼は、喪主、遺族の順に行い、次にもう一度、喪主が拝礼し、最後に一同があわせて拝礼します。朝夕が無理なら朝だけでも行います。

■霊璽《れいじ》

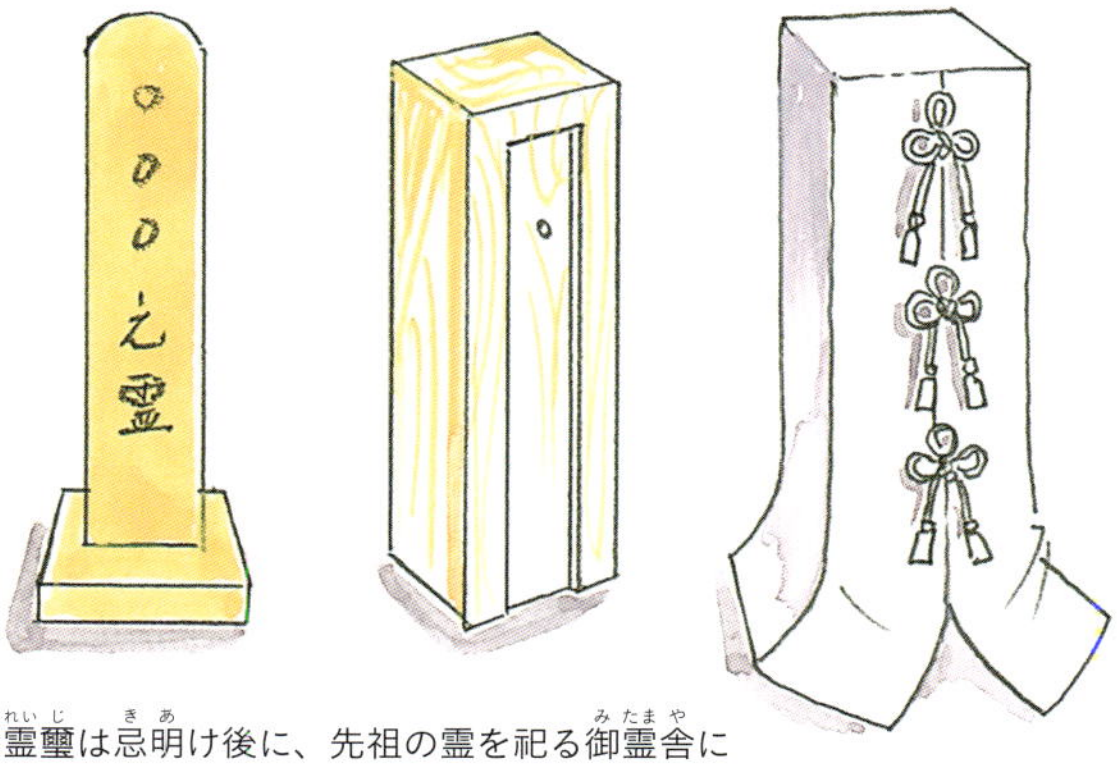


霊璽《れいじ》は忌明《きあ》け後に、先祖の霊を祀る御霊舎《みたまや》に納めるまでは、仮霊舎に祀っておく。

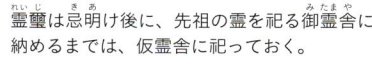

神式の葬儀「葬場祭」のしきたりと進行、遺骨迎え

# 葬《そう》場《じょう》祭《さい》・告別式

## 葬場祭・告別式の準備

神式の葬儀「葬場祭」は神社では行わず、自宅か斎場に神官を招いて執り行います。祭壇には、遺影《いえい》、灯明《とうみょう》、榊《さかき》、幣帛《へいはく》（供物《くもつ》）、神饌《しんせん》などを飾り、祭壇の奥に棺《ひつぎ》を安置します。受付か玄関の前には、手《て》水《みず》の儀に使う桶とひしゃくを用意します。

■葬場祭の席次（例）

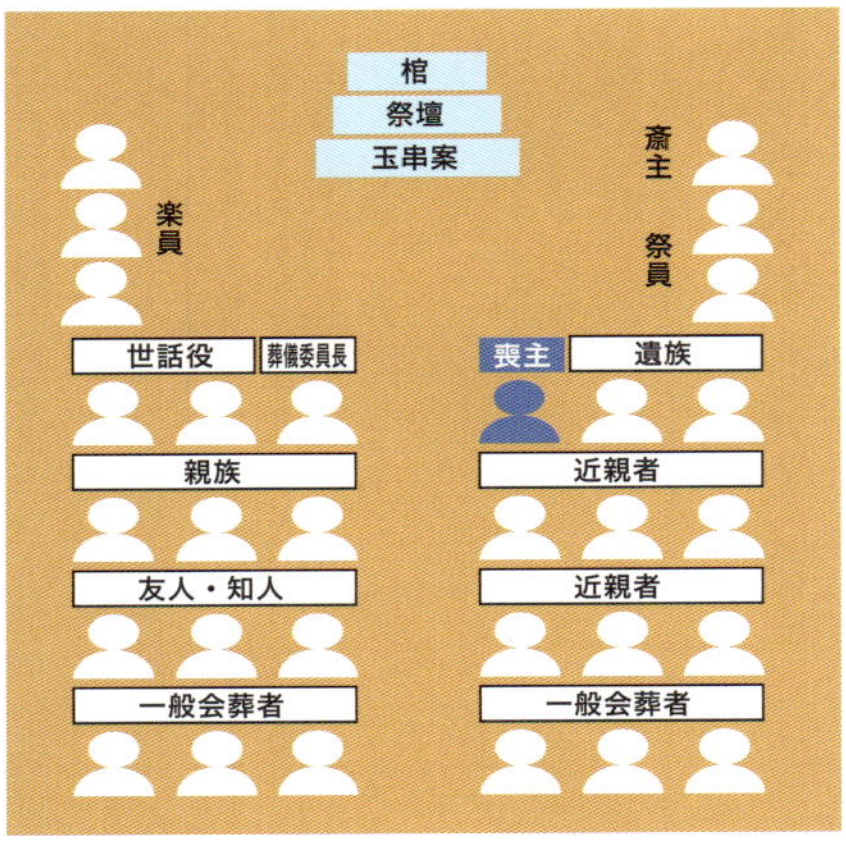


葬場祭の席次は、祭壇脇の一段高いところの左右が、斎主、祭員と楽員の席になります。その下、祭壇に向かって右側に喪主、遺族、近親者が座り、左側に世話役、友人・知人など、その後ろに一般会葬者が着きます。手水を使ってから、まず、楽員、一般会葬者が入場、着席し、斎主、祭員が着席、ついで喪主、遺族が着席するとされています。

## 葬場祭・告別式の一般的な進行

葬場祭の式次第は、地方の慣習によっても違いがあり、また、最近はいろいろな面で簡素化されています。一般的には次のように進行します。

**①開式の辞**

司会者が開式のあいさつをする。

**②修祓《しゅばつ》の儀**

斎主が葬場、供物、祭員、参列者一同を祓《はら》い清める。一同は起立して深く頭を下げ、これを受ける。

**③奉幣《ほうへい》・献饌《けんせん》**

楽員が楽を奏でるなか、副斎主が神饌と幣帛を供える（お神酒《みき》の蓋《ふた》を取る）。

**④斎主による祭詞《さいし》奏上**

斎主が祭詞を奏上する。故人の死を悼《いた》むとともに、故人の略歴や業績、人柄などを述べる。参列者は軽く頭を下げる。

**⑤楽員による誄歌《るいか》奏楽**

**⑥弔辞《ちょうじ》拝受・弔電《ちょうでん》紹介**

**⑦玉串奉奠《たまぐしほうてん》**

斎主が玉串を捧げたあと、喪主、遺族、近親者、一般会葬者の順に玉串を捧げる。

**⑧幣帛・撤饌《てっせん》**

楽員が奏するなか、祭員が幣帛・饌を撤する（お神酒の蓋を閉じる）。

**⑨斎主一拝**

斎主が一拝し、一同もならう。

**⑩閉式・神官退場**

司会者が閉式のあいさつを、神職は退場する。

⑪ **遺族あいさつ**

告別式後の最後のお別れ、出棺の際の喪主のあいさつは、仏式とほぼ同じです。

## 神式の遺骨迎え

### 「火葬祭」と「後祓《あとばら》いの儀」

火葬場で炉に棺を納める儀式を神式では「火葬祭」といいます。棺を炉の前に安置し、持参した供物などを机上に供え、斎主が祭詞を奏上したあと、一同が玉串を捧げて拝礼します。

骨揚げの作法は仏式と同様です。

火葬場から遺骨を迎える前に、自宅では、家に残った世話役や親族が祭壇を片づけて、家の内外を掃き清めたうえ、手水で清め、神官によって仮霊舎や関係者一同のお祓いをしてもらいます（後祓《あとばら》いの儀）。

その後、新たに祭壇を設け、榊《さかき》や供《きょう》花《か》を飾り、清めの水と塩を用意します。

■神式の後飾り（例）

神道では本来、火葬後はそのまま墓地に埋葬しますが、最近では、一度、自宅に持ち帰り、五十日祭までに納骨することも多いようです。

### 「帰家《きか》修祓《しゅばつ》の儀」と「帰家祭」

火葬場から戻ると、斎主、参列者一同は、家に残っていた神官にお祓いをしてもらい、手水を使い、塩をまいて清めてから家の中に入ります（帰家修祓の儀）。

このあと、葬儀がとどこおりなく終わったことを報告する「帰家祭」を行います。仮霊舎に霊璽《れいじ》や遺骨、遺影を飾り、お祓いや献饌《けんせん》を行い、斎主の祭詞奏上、一同の拝礼、玉串奉奠《たまぐしほうてん》で終わります。

帰家祭のあと、世話役や手伝いの人にお礼とねぎらいの気持ちで「直会《なおらい》」の席をもうけ、食事やお酒をふるまいます。神官には上座に座っていただきます。

神道では肉や魚なども禁じられていないので、直会では肉料理や魚料理も出されます。神官には、もてなしの有無にかかわらず、「御膳料」を渡すのが一般的です。

葬儀の翌日、神官を招いて墓前か自宅で「翌日祭」を行うのが本来ですが、身内だけですませたり省略したりすることも多くなりました。

**Point**

### 手水《てみず》の儀

「手水《てみず》の儀」は、身のけがれを清める意味で行う、神道の大事な儀式の一つです。ひしゃくで水をすくい、左手、右手の順に水をかけて清めたら、左手に水を受けて口に含み、軽くすすいだのち、懐紙で口と手をふきます。地方によって多少の違いがあります。

再び持ちかえて左手に水を受けて口をすすぐ。

右手にひしゃくを持ち、左手、右手の順に清める。

キリスト教の臨終の儀式、納棺、通夜、葬儀のしきたり

# カトリックの通夜・葬儀

## 臨終の儀式、「病者の塗油」

カトリックでは、死んで肉体が滅んでも、霊魂は神の御許《みもと》に召されて永遠の生命が始まると考えられています。人間は罪深い存在とされているので、死に臨んで、これまで犯した罪を神にわびて許しを願い、神の御許で永遠の安息が得られるように祈る儀式を行います。

信者の死期が近いと医師が判断したら、まだ意識のあるうちに神父（司祭）を枕元に呼んで「病者の塗油《とゆ》」（塗油の秘蹟ともいう）という儀式を行います。儀式は黒または白の布をかけた小机に、十字架、ろうそく、聖水、聖油壺、綿、タオルなどをととのえて行います。神に対してゆるしを願う回心《かいしん》の祈り、聖書の朗読が行われ、臨席者一同も神父に従って祈ります。つづいて、神父は、信者の頭に按手《あんしゅ》し、ひたいと両手に聖油を塗り、神の恵みが受けられるように祈ります。ついで聖体拝領《せいたいはいりょう》と祝福が行われます。

写真協力／メモリアルアートの大野屋

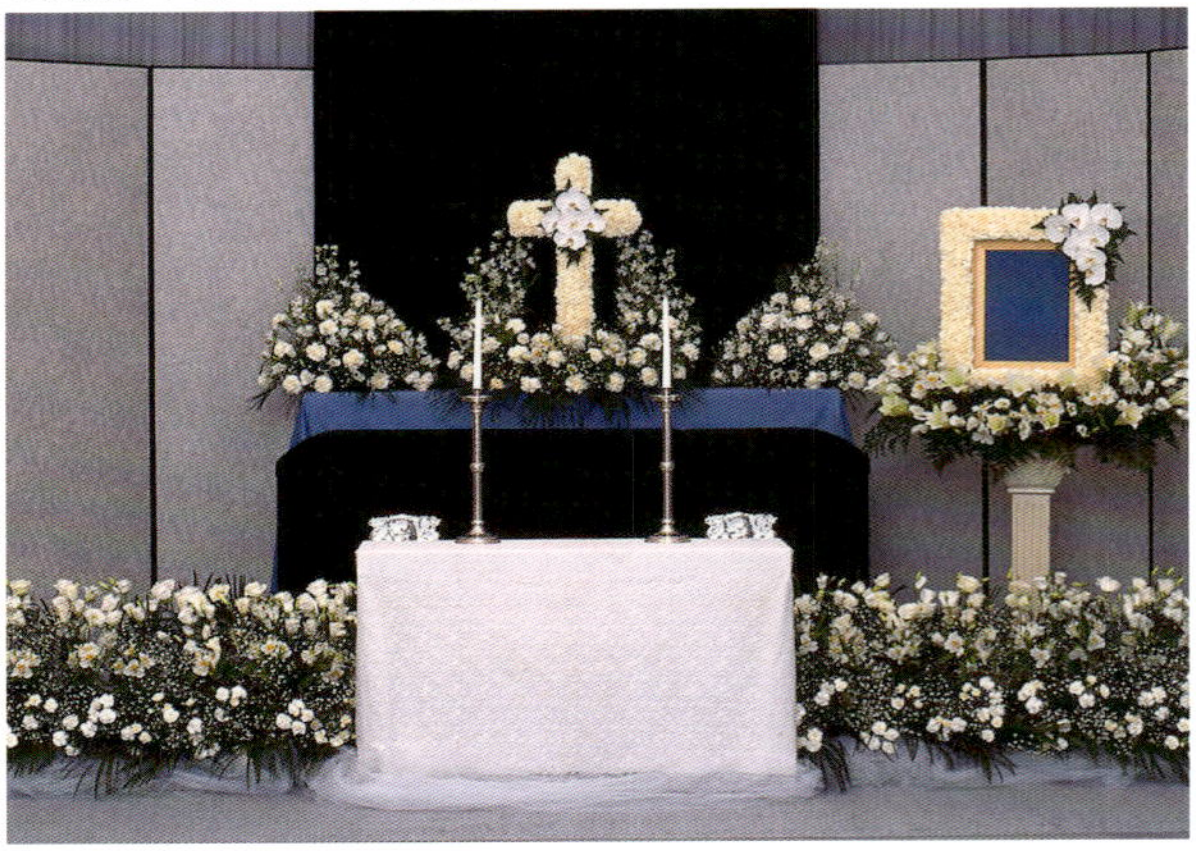

キリスト教式祭壇の例

## 遺体の安置と通夜の前の納棺

臨終後は遺体を清め、死化粧を施し、着替えさせます。胸の上で手を組ませ、故人が愛用していたロザリオを持たせます。納棺は通夜の前に行う場合と、通夜のあとに行う場合がありますが、前者が一般的です。

納棺の前には遺体を遺族、近親者が囲み、神父が納棺の言葉を捧げます。聖書の朗読、聖歌斉唱、祈りとつづき、遺族の手で遺体を棺に納め、遺体のまわりを白い花で埋め、祭壇に安置します。

## 故人をしのび祈るための「通夜の儀」

カトリックでは、本来、通夜の習慣はないので、特別なしきたりはありません。日本では「通夜の儀」「通夜の集い」「通

夜の祈り」として、自宅や教会で、神父とともに祈りを捧げます。

遺体を安置した部屋に小机を置き、遺影、十字架、燭台《しょくだい》1組、香《こう》、聖水《せいすい》、生花などを、神父の指示によって飾りつけます。その後、参列者一同が聖歌を斉唱し、神父の聖書朗読・説教とつづいたあと、全員で祈ります。参列者全員が献香や献花をして終わります。

遺族代表があいさつをし、参列者を茶菓でもてなすこともあります。

■葬儀の席次(例)

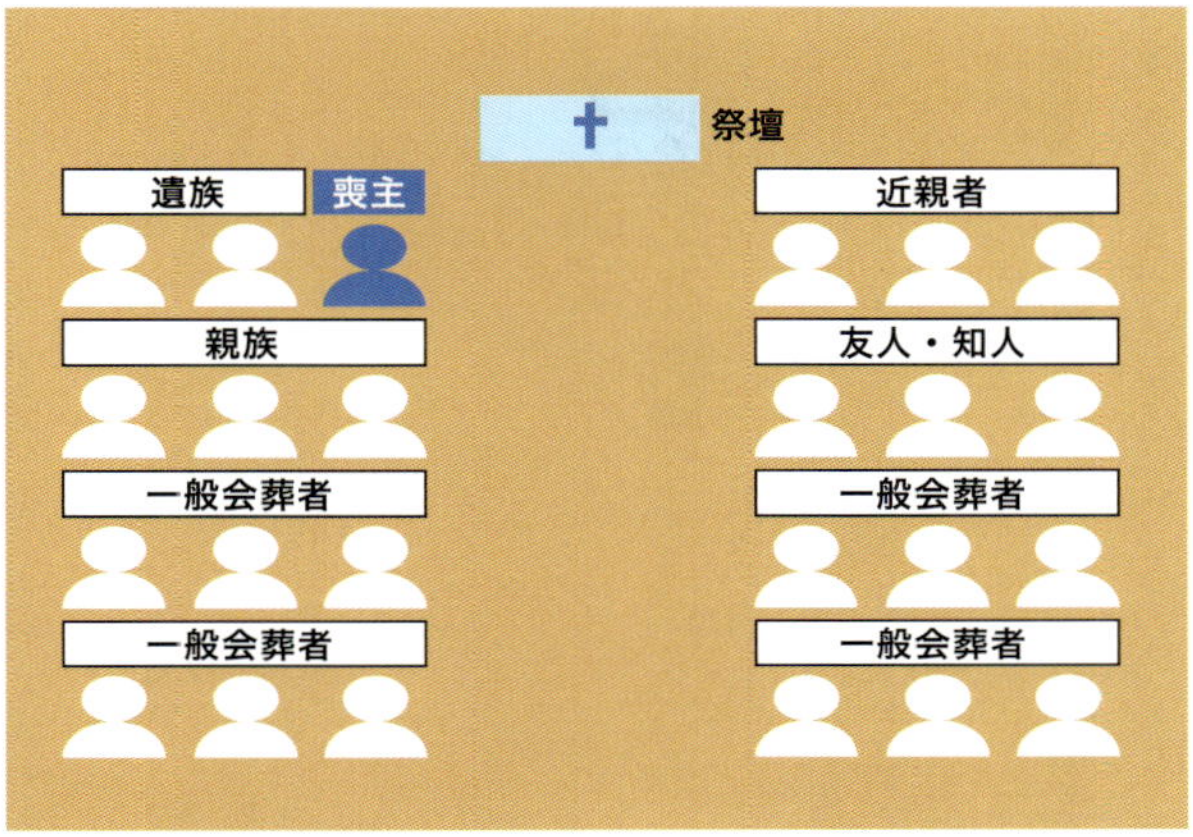


## 故人の永遠の安息を祈る葬儀

カトリックの葬儀は、故人を神にゆだね、永遠の安息を得られるように祈る儀式で、ミサと告別式がつづけて行われます。葬儀はたいてい故人が所属していた教会で行います。葬儀社はキリスト教の経験の豊かな業者を選ぶか、教会に紹介してもらいます。

葬儀には式次第や葬儀で歌う聖歌の歌詞、祈りの言葉などを書いたプリントを用意し、会葬者に入り口で渡します。

葬儀は、棺が教会に到着して安置されるまでの「入堂式」、聖書の朗読や説教の「言葉の典礼」、儀式の中心をなす「感謝の典礼」「告別式」の順に行われます。

「感謝の典礼」では、キリストの肉体と血になぞらえるパンとぶどう酒を遺族が奉納し、神父が感謝の祈りを捧げます。次に祭壇に進み出た信徒が神父からパンを拝領します（聖体拝領）。この間、聖歌が歌われます。このミサの部分は、死者の霊魂を救うための大切な儀式です。「告別式」では神父による故人を追悼する説教があり、棺に聖水をかけ、香をたきます。

最後に聖歌を合唱し、献花、出棺へとつづきます。出棺は、仏式同様に最後の対面があり、神父による出棺の祈り、聖書朗読、聖歌斉唱が行われ、最後に喪主または遺族代表が会葬者に向けて、あいさつをします。

写真協力／日比谷花壇

供花は名札をはずして飾るのが一般的

**Point**

### 告別式は遺族側の進行で行う

葬儀ミサにつづく告別式は、遺族側の進行（葬儀社による進行）で行います。告別式は、聖歌斉唱、故人の略歴紹介、告別の祈り、弔辞、弔電紹介、会葬者による献花（献香）の順で行われます。

キリスト教の臨終の儀式、前夜式、葬儀のしきたり

# プロテスタントの通夜・葬儀

## 臨終の儀式「聖餐式」と納棺

プロテスタントは儀式よりも個人の信仰を最も大切に考えるので、儀式は簡略化されています。

信者が危篤《きとく》に陥ったら、すぐに所属教会の牧師を呼び、「聖餐式《せいさんしき》」を行います。聖餐式は死期の迫った信者に牧師がキリストの肉と血を意味するパンとぶどう酒を与え、安らかに天国に召されるように祈る儀式です。

洗礼《せんれい》を受けていない場合は聖餐式ではなく、牧師に臨終《りんじゅう》の祈りを捧げてもらいます。いずれの場合も家族や臨席者はいっしょに祈りを捧げます。

日本キリスト教会札幌北一条教会

## 納棺と通夜にあたる「前夜式」

医師から臨終を告げられたら、家族は「末期《まつご》の水」を含ませ、遺体を清め、「死化粧」を施し、故人の愛用していた服を着せて安置します。

納棺《のうかん》は死亡当日、もしくは翌日に行われ、牧師が立ち会います。教会によって手順は違いますが、次のような手順が多いようです。

牧師が故人の枕元で祈りを捧げたあと、遺族の手で棺に納めます。遺体のまわりを白い花で埋め、蓋《ふた》をした上から黒い布でおおい、通夜にあたる「前夜式」を行

Point

### 供花は名札をはずして飾る

名札のついた生花が届いた場合は、神の前ではだれもが平等だという意味から、名札をはずして飾ります。

はずす前に、だれから贈られたか、わからなくならないように、世話役は、贈り主の名前を、きちんと記帳しておきます。

う部屋に安置《あんち》します。小机に遺影《いえい》と白い花などを供えます。遺族一同が席に着くと賛美歌《さんびか》を斉唱し、聖書朗読《せいしょうろうどく》のあと、祈りを捧げ、牧師の納棺の辞があり、再び賛美歌を斉唱し、祈りを捧げて終わります。

仏教の通夜にあたる「前夜式」は、納棺式と兼ねたり、納棺式に引きつづき行われます。棺《ひつぎ》を安置した部屋に、遺族、近親者、友人が集まり、牧師の前夜式宣告で始まります。故人が特に愛した賛美歌の斉唱、聖書朗読につづき、牧師が主の祈りを捧げ、再び聖書の朗読、牧師による祈祷があり、賛美歌《さんびか》を斉唱します。

つづいて牧師による死についての説教や、故人の人柄をしのぶ話があり、このあと参列者一同が献花《けんか》を行うこともあります。通夜ぶるまいは特にしませんが、簡単に茶菓で参列者をもてなし、故人をしのぶひとときを持ちます。

### キリスト教の遺骨迎えと遺骨の安置

キリスト教では、カトリックもプロテスタントも遺骨を迎えるための特別な儀式や後飾りの形式はありません。自宅に戻った遺骨は、小机に布などをかけた簡単な祭壇に、遺影《いえい》や燭台《しょくだい》、十字架、花などとともに安置することが多いようです。

安置後は世話になった人々を、お礼の意味で軽食や茶菓などでもてなします。

## 神への感謝と遺族を慰めるために行う葬儀

プロテスタントでは、死後は天に召され神につかえるものとなるので、祈りはあくまでも神に捧げられるものです。葬儀も仏教のように故人の冥福を祈ったり供養をしたりするためではなく、神への感謝と遺族を慰めるために行われます。

弔辞《ちょうじ》も故人に対してではなく、遺族を慰《なぐさ》めるために行うので、故人への呼びかけはせず、遺族のほうを向いて読みます。信者以外に弔辞を依頼する場合は、その旨を伝えます。

プロテスタントにはいくつもの宗派があり、葬儀の内容も違うので、葬儀社も交えて教会や牧師と打ち合わせをする必要があります。葬儀社はキリスト教の葬儀の経験豊富な業者を選ぶか、教会に紹介してもらうとよいでしょう。

葬儀の式次第や賛美歌、祈りの言葉を印刷したプリントを用意します。教会では一般会葬者《かいそうしゃ》は先に着席して棺の到着を待ちますが、最近は、葬儀前に棺を祭壇に安置しておくことが多いようです。

葬儀の式次第は聖書による祈りが主です。そのほか、宗派によって内容は違いますが、オルガンの奏楽から始まり、賛美歌斉唱、聖書朗読、祈祷《きとう》、説教、故人の略歴紹介、弔辞、遺族と参列者一同に神の祝福があるよう祈る祝祷などを行います。

祝祷後の告別式では弔辞奉読、献花、遺族代表のあいさつなどを行います。

# 葬儀後の事務処理とお礼

**葬儀事務の引き継ぎ、各支払い、世話になった人へのお礼**

## 葬儀事務の引き継ぎは当日か翌日にはすませる

葬儀が終わったら、世話役《せわやく》や手伝いの人たちに依頼していた葬儀事務の引き継ぎを行います。できれば精進落としの終わったあとか、翌日中にはすませます。

世話役からは、

**①会葬者名簿、弔問客《ちょうもんきゃく》の名刺**
**②香典と香典帳**
**③供物《くもつ》・供花《きょうか》の記録帳**
**④弔辞《ちょうじ》・弔電《ちょうでん》**
**⑤会計の収支記録、請求書、領収書など**

を受け取ります。

会計係とは収支記録と残金の照合をし、領収書と合っているか確認します。葬儀に関する費用は相続税の控除の対象となるので、領収書は必ず受け取ります。香典は香典帳と現金の照合をします。

## 葬儀社への支払いは内容の確認をしてから

葬儀社からの請求書は明細書と見積書をよく照らし合わせて、内容の確認をしてから支払うようにしましょう。

特に見積もりにはなかった追加サービスや、弔問客の人数によって追加注文をした項目などは、チェックをし、不明な点は説明を求めましょう。

**Point**

### 世話役《せわやく》へのお礼

世話役代表や葬儀委員長には、後日出向いてお礼を述べますが、葬儀当日に「御車代」を渡すこともあります。一般の世話係にも、ていねいにお礼を述べて、「御礼」として現金を包みます。プリペイドカードなどでもよいでしょう。

後日、世話役代表や葬儀委員長にあいさつに出向くときには、お礼として金品などを持参することも多いようです。現金の場合は白封筒に入れ、「御礼」とします。目上のかたで現金が失礼にあたる場合は、商品券や仕立て券つきのワイシャツ生地などを持参することもあります。

## 寺院・神社・教会へのお礼は当日か翌日に

　最近は葬儀の当日に、謝礼を渡すことも多くなっていますが、本来、寺院や神社、教会へは葬儀の翌日か翌々日にはお礼のあいさつに出向きます。葬儀の謝礼は、規定料金を設けていることも多いので、確認のうえ、規定がある場合はその金額を包みます。ない場合は「どのくらいでしょうか」と、直接尋ねます。具体的な金額を提示してくれない場合は、葬儀社、世話役《せわやく》、檀《だん》家《か》や氏子《うじこ》総代、教会なら信者の長老に相談します。

　規定がない場合は、葬儀の規模、宗教者の人数や地位、寺院、神社、教会などの格、故人の地位、遺族の経済状況などを考慮に入れて包む金額を決めます。

　お礼には喪主《もしゅ》と遺族代表の2人で出向くのが望ましく、服装は喪服かそれに準じる地味なものにします。

## 世話になった人への喪主のあいさつ回り

　自宅で葬儀を行った場合はいろいろと迷惑をかけた隣近所にもあいさつに出向きます。特に世話になった相手には菓子折りなどを持参します。

　故人が在職中であった場合は、職場へあいさつに出向き、故人の私物を持ち帰ります。出向く前に総務課に電話をかに、死亡退職に伴う必要な手続きなどについても問い合わせておくとよいでしょう。

　手土産は必要ないとされますが、菓子折りなどを持っていくことも多いようです。葬儀などで手伝いをお願いした場合は、持っていきましょう。総務課と、本人が所属していた部署の分を用意します。服装は準喪服か地味な平服を着用します。

　通夜、葬儀には参列せず、弔電《ちょうでん》や供花、供物、香典を贈ってくれた人には、礼状を送ります。

### お礼の包み方・渡し方

　お礼は奉書紙《ほうしょがみ》に包むか、白封筒に入れます。表書きは宗教に合わせ、筆または筆ペンを使います。ふくさなどに包み、小さな盆や菓子折りにのせて渡します。

　寺院へのお礼は、戒名のお礼、通夜、葬儀を通じてのお経のお礼など、そのつど渡すこともありますが、葬儀後一括して渡す場合は、まとめて包んで「御礼」もしくは「御布施」と表書きします。

　神社へのお礼は斎主とその他の神官、楽員、それぞれ別に包み、「御礼」もしくは「御神饌料」と表書きします。

　教会へのお礼は「献金」として包み、神父や牧師、オルガン奏者や聖歌隊には別に「御礼」を包むことが多いようです。

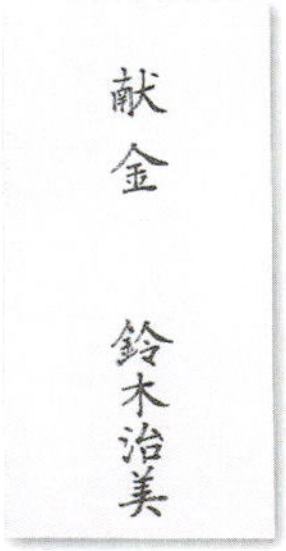


**教会へのお礼**
白封筒に入れ、「献金」「御花料」とする。神父、牧師、オルガン奏者などには「御礼」とする。

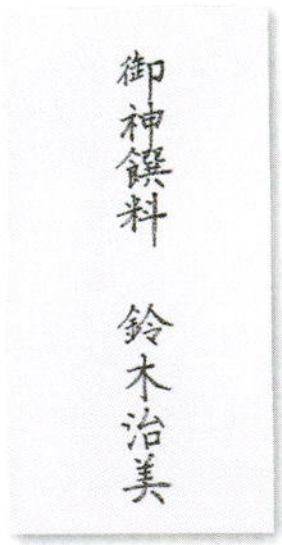


**神社へのお礼**
奉書紙に包むか白封筒に入れ、「御神饌料」「御礼」とする。

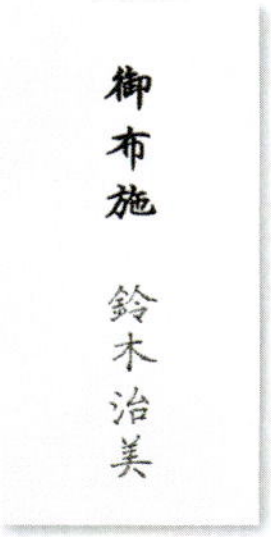


**寺院へのお礼**
奉書紙に包むか白封筒に入れ、「御布施」「御礼」とする。

四十九日を目安に送る香典返しとお礼状のしきたり

# 香《こう》典《でん》返《がえ》しと忌《き》明《あ》けのあいさつ状

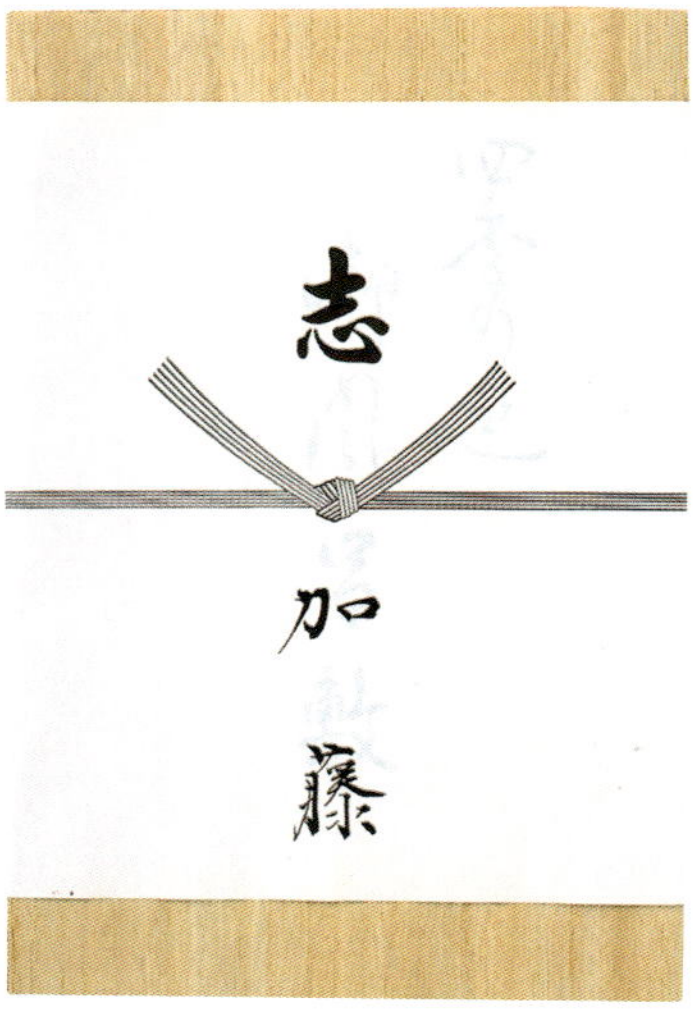


## 香典返しは忌明けを迎えるころに送る

香典は、本来はお返しの必要のないものですが、現在は香《こう》典《でん》返《がえ》しを送るのが一般的です。

仏式では、通常、三十五日か四十九日の忌《き》明《あ》けを迎えたころ、神式では五十日祭の忌明けを迎えたころに送ります。キリスト教では、もともとは香典返しの習慣はありませんでしたが、仏式や神式にならって、「御花料」をいただいた人には、死後1カ月後の昇（召）天記念日や記念式に、記念の品を送ることが通例となっています。

## 金額はいただいた額の3～5割が一般的

香典返しの金額の目安は、いただいた金額の3～5割です。香典の額には開きがあるので、香典の額に応じて、いくつかに分けて品物を選ぶ方法もあれば、金額にかかわらず一律のものを贈る方法もあります。特に高額の香典をいただいた人には、目安にはこだわらずに、少し高価なお返しをすればよいでしょう。

品物は、以前はあとまで残らないものが一般的でしたが、最近では多様化しています。お茶、のり、菓子、タオル、シーツ、毛布、せっけん、などのほか、品物を選べるカタログギフトもよく使われています。

Point

### 香典を寄付するとき

故人の遺志や遺族の希望で香典を寄付する場合もあります。寄付をして香典返しをしない場合は、忌《き》明《あ》けのあいさつ状に、寄付をしたことを報告し、寄付先などを記して送ります。寄付先からの礼状があれば、そのコピーを同封してもよいでしょう。

一部を寄付して香典返しをする場合も同様です。

## かけ紙と表書きは宗教に合わせて

かけ紙は、仏式では黒白かグレーの結び切りの水《みず》引《ひき》を印刷したものに、表書きは「志」または「忌明志」とするのが一般的です。関西では黄白の水引に「満《まん》中陰志《ちゅういんし》」とすることもあります。

神式では銀一色または黒白の結び切りの水引に、表書きに「志」または「偲草《しのびぐさ》」「しのび草」とします。

キリスト教での表書きには「昇天記念」（カトリック）、「召天記念」（プロテスタント）のほか、「感謝」「志」なども使われます。

## あいさつ状も宗教に合わせたものに

香典返しには、会葬のお礼と忌が明けたことを報告するあいさつ状を添えて贈ります。あいさつ状は奉書紙《ほうしょがみ》1枚に薄墨で書いたものを奉書の一重の封筒に入れるのが一般的です。最近は、洋型のカードを洋封筒に入れるタイプもあります。

文面は、デパートや専門業者に何種類かの文例があり、故人の名前や戒名、日付、喪主名などを入れて印刷するだけになっているので、宗教に合わせて選びます。喪主が自分で書いた文面を印刷することもできます。

なお、あいさつ状に句読点がないのは、毛筆でしたためていた名残です。



■**忌明《きあ》けのあいさつ状（文例）〈仏式〉**

謹啓
先般 夫○○儀 永眠の際にはご丁重なご弔詞をいただきその上お供物まで賜りまして誠に有難く厚くお礼申し上げます
本日
○○○○○居士
七七忌の法要を営みましたつきましては供養のしるしまでに心ばかりの品をお届け申し上げました
どうぞお納めくださいますようお願い申し上げます
先ずは略儀ながら書状を以って謹んでご挨拶申し上げます
謹白
平成○年○月○日
○○○○子

## 形見《かたみ》分《わ》け

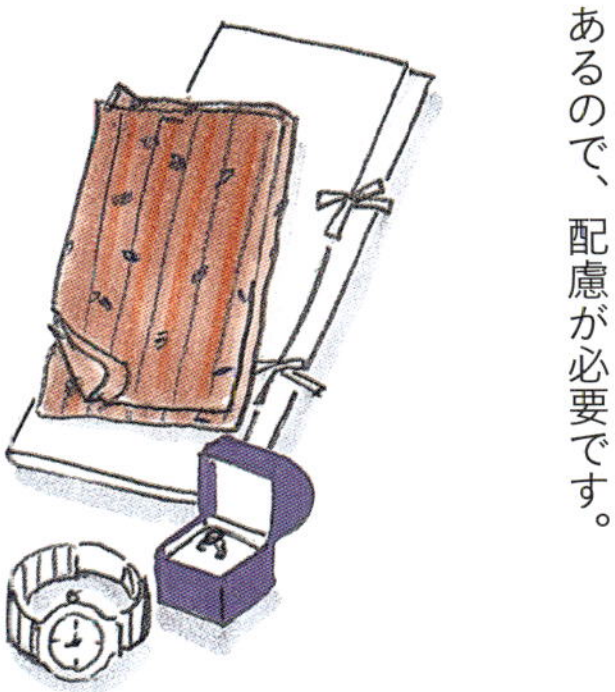

故人が生前愛用していたものを、遺族や近親者、親しかった友人などに分けるのが形見分けです。ふつう、故人から見て目上の人には行いません。何をだれに渡すかは、故人の遺言があれば、それに従います。

形見分けは四十九日を目安に行いますが、それより早くてもかまいません。

形見分けとして選ばれることが多いものは、衣類、装身具、蔵書、趣味用品、コレクションの品などです。形見分けの品は包装せずに、そのまま渡すのがしきたりです。物に対する価値観は人それぞれなので、「このようなものをお渡ししたいのですが、いかがでしょうか」と尋ねてからにするとよいでしょう。

あまりに高額なものは、贈与（遺《い》贈《ぞう》）として贈与税がかかる場合があるので、配慮が必要です。

# 納《のう》骨《こつ》

## 四十九日もしくは一周忌を目安に納骨式を行う

### 一周忌までに納骨をすませるのが一般的

納骨《のうこつ》の時期に決まりはありません。仏式では四十九日の法要とあわせて行うことが多いようですが、葬儀当日に初七日《しょなのか》と四十九日の法要をあわせて行って、墓地への埋葬をすませてしまう地域も多くみられます。

一般的には初七日から四十九日までの7日ごとの供養の日（91ページ参照）のうち、いずれかを選べばよいとされています。墓がない場合は、一周忌《いっしゅうき》を目安に墓を用意して納骨します。遅くとも三回忌《さんかいき》までには納骨をすませましょう。

### 納骨式の日程を決め、石材店に依頼を

仏式では僧侶に依頼して「納骨式」を行います。納骨式はあまりおおげさにはせず、故人の近親者と、ごく親しい友人・知人などを招いて行います。墓を新しく建てるときは、納骨式の前に「入魂式《にゅうこんしき》」（103ページ参照）を行います。

納骨式の日程は僧侶と相談のうえ決めます。忌明けの四十九日の法要の日に納骨を行う場合は、寺院の本堂などで法要を行い、そのあと墓地に出向いて納骨式を行います。葬儀の際に、葬儀社に僧侶を紹介してもらった場合は、また葬儀社に依頼することもできます。

納骨の際には、納骨室の蓋をあけるの

### 納《のう》骨《こつ》の時期

| | 時期 | 納骨の仕方 |
|---|---|---|
| 仏式 | 初七日から四十九日までの7日ごとの法要の日が多い。 | 法要後、墓前にて僧侶による納骨式を行う。事前に石材店（納骨室の蓋をあける準備などのため）、霊園や寺院に連絡をしておく。遺骨、遺影、位牌を持参する。埋葬許可証と認め印が必要。 |
| 神式 | 10日目から五十日祭までの10日ごとの霊祭の日が多い。 | 霊祭のあと、墓前にて「埋葬祭」を行う。事前に石材店、霊園に連絡しておく。遺骨、遺影のほか、神饌や玉串など、神官と打ち合わせのうえ必要なものを用意する。埋葬許可証と認め印が必要。 |
| キリスト教式 | カトリックでは7日目の追悼ミサの翌日か、1カ月後。プロテスタントでは1カ月後の召天記念日が多い。 | 墓前での聖書朗読や神父（牧師）による祈祷、聖歌（賛美歌）斉唱などのあと納骨。献花が行われることもある。事前に石材店と霊園に連絡しておく。埋葬許可証と認め印が必要。 |

写真協力／メモリアルアートの大野屋

町田いずみ浄苑フォレストパーク

で、事前に墓地の管理事務所と石材店に連絡して準備をしてもらいます。石材店には墓石か墓誌への戒名の彫刻も依頼します。

## 卒塔婆供養の依頼と会食、引き物の用意

浄土真宗以外では、納骨式当日、施主や参列者が供養に卒塔婆《そとば》を立てるしきたりがあります。前もって寺院に卒塔婆供養をしたい人の人数と氏名を伝えて依頼します。

卒塔婆料は寺院により規定があるので確認し、まとめて奉書紙に包むか白封筒に入れて「御塔婆供養料」と表書きし、当日、僧侶に渡します。

納骨式のあとは僧侶と参列者を招き、自宅や寺のほか、料亭やレストラン、ホテルなどで、会食の宴を設け、引き物を渡すのが一般的です（92ページ参照）。

## 納骨式の当日は「埋葬許可証」を忘れずに

当日は遺骨、遺影《いえい》、位牌《いはい》とともに、「埋葬許可証」と認め印を忘れず持参します。遺骨は故人の配偶者か、配偶者がいない場合は故人と最も血縁の深い人が運びます。遺族は喪服を着用します。

納骨式では施主または遺族の代表が遺骨を納骨室に納めたら、卒塔婆を立て、墓前に祭壇を置きます。僧侶の読経《どきょう》のあと、一同が焼香して冥福を祈ります。

式のあとの会食の席では、施主は参列に対するお礼のあいさつをします。

僧侶へのお礼は奉書紙に包み「御布施《おふせ》」と表書きします。僧侶が宴席を辞退する場合は「御膳料《おぜんりょう》」を、僧侶に寺院以外の墓地に来てもらった場合は「御車代《おくるまだい》」を包みます。

**Point**

### 白木《しらき》の位牌《いはい》は寺に納める

仏教（浄土真宗を除く）では位牌は、故人と先祖をしのぶための大切なものです。

白木の位牌は、通夜のときに用意して戒名を書いてもらいます。葬儀後は後飾りの祭壇に祀っておき、四十九日の忌明け後、納骨のときに菩提寺《ぼだいじ》に納めます。それまでに、本位牌（塗り位牌）を仏具店で購入し、表に戒名《かいみょう》と没年月日、裏に俗名《ぞくみょう》と享年《きょうねん》を入れてもらいます。戒名の入った本位牌は、僧侶に入魂供養をしてもらい、忌明《きあ》け後に仏壇に安置します。

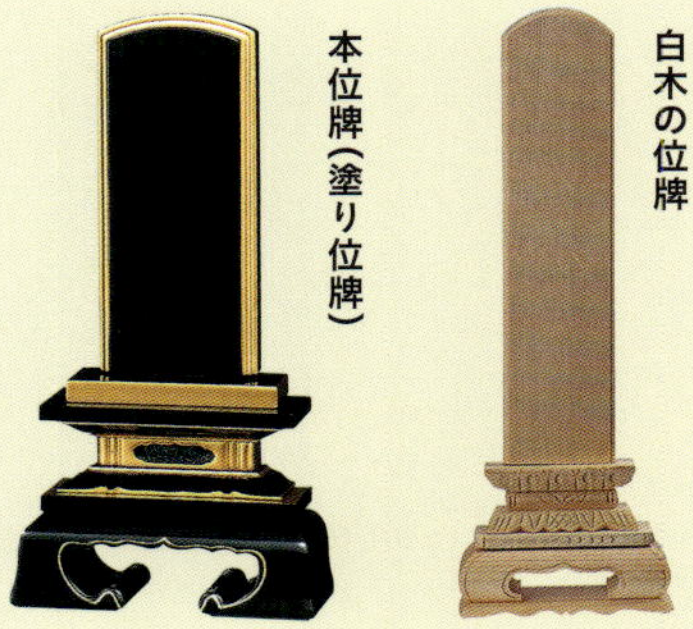

# 葬儀後の法要

初七日、四十九日、一周忌など仏式法要のしきたり

## 死者の冥福を祈り、霊を慰める法要

法要は法事ともいい、死者の冥福を祈り、その霊を慰めるために行う儀式です。仏教では人が亡くなってから7週間（49日間）は「中陰《ちゅういん》」といい、死者が現世と冥土《めいど》の間をさまよっているといわれます。その間に供養することで、死者の霊が無事に極楽浄土《ごくらくじょうど》に行き、成仏できることを願います。本来は7日目ごとに追善供養《ついぜんくよう》を行います。

最初の初七日《しょなのか》法要は遺骨迎えとあわせて行うことが多く、それ以降の四十九日より前の法要と、百か日の法要は内輪ですませるのが一般的です。

四十九日は「満中陰《まんちゅういん》」といい、一周忌までの法要の中で、最も重要な忌明《きあ》けの法要であり、遺族が近親者、友人、知人を招いて行います。三十五日を忌明けとする場合もあります。

## 一周忌、三回忌などの年忌法要

死亡した同月同日の命日を「祥月命日《しょうつきめいにち》」といい、毎月の死亡した日と同じ日を「月忌《がっき》」と呼びます。

年忌法要は祥月命日に行う法要で、死亡した翌年に行うのが一周忌、その1年後が三回忌で、二回忌はありません。三回忌以降は亡くなった年を含めて数えます。

一周忌、三回忌は四十九日の法要と同様、規模の大きい法要を営むことが多く、宗派にもよりますが、三十三回忌までで区切りをつける（「弔《とむら》い上げ」という）ことがほとんどです。

最近は高齢で亡くなる人もふえ、十七回忌で区切りをつけることも多くなっています。

### 神式の追悼儀礼

**死後50日までの毎十日祭《とおかさい》**

葬儀の翌日に行う霊祭の「翌日祭」は、現在はほとんど行われず、死後、10日ごとの毎十日祭が、十日祭、二十日祭……五十日祭とつづきます。

五十日祭は忌明けとなる重要な霊祭で、翌日には「清祓《きよはら》いの儀」を行い、神棚や御霊舎にはっておいた白紙を取り去ります。

また、五十日祭後には、故人の霊璽を祖先の霊を祀る御霊舎に移す儀式、「合祀《ごうし》祭」を行いますが、合祀祭と清祓いの儀を五十日祭とあわせて行うことが多いようです。

**死後1年目以降の式年祭**

100日目には百日祭があり、その後「式年祭」と呼ばれる命日に行う霊祭が、死後1年目の一年祭、三年祭、五年祭、十年祭とつづき、五十年

## 葬儀後の主な法要（仏式）

| | |
|---|---|
| **初七日★** しょなのか（しょしちにち） | 死後7日目（死亡日を含む）<br>※火葬後の遺骨迎えとあわせて行うことが多い。 |
| **二七日** ふたなのか（にしちにち） | 死後14日目 |
| **三七日** みなのか（さんしちにち） | 死後21日目 |
| **四七日** よなのか（しひにち） | 死後28日目 |
| **五七日（三十五日）** いつなのか（ごしちにち・さんじゅうごにち） | 死後35日目<br>※忌明けの法要、納骨を行うこともある。 |
| **六七日** むなのか（ろくしちにち） | 死後42日目 |
| **七七日（四十九日）★** なななのか（しちしちにち・しじゅうくにち） | 死後49日目<br>※忌明けの法要を行う。満中陰ともいう。 |
| **百か日** ひゃっかにち | 死後100日目 |
| **一周忌★** いっしゅうき | 死後満1年目<br>※近親者、知人を招き、寺、自宅などで供養。以降は祥月命日に法要を行う。 |
| **三回忌★** さんかいき | 死亡年を含めて3年目（死後満2年） |
| **七回忌★** しちかいき | 死亡年を含めて7年目 |
| **十三回忌★** じゅうさんかいき | 死亡年を含めて13年目 |
| **十七回忌** じゅうしちかいき | 死亡年を含めて17年目 |
| **二十三回忌** にじゅうさんかいき | 死亡年を含めて23年目 |
| **二十七回忌** にじゅうしちかいき | 死亡年を含めて27年目 |
| **三十三回忌★** さんじゅうさんかいき | 死亡年を含めて33年目<br>※一般には、「弔い上げ」として、ここで終わることが多い。 |
| **五十回忌** ごじゅっかいき | 死亡年を含めて50年目 |
| **百回忌** ひゃっかいき | 死亡年を含めて100年目 |

地方や家によって異なるが★以外は省略されることが多い

祭まで10年ごとに行います。

いずれも神社ではなく、自宅や墓前、斎場などに神官を招いて行います。遺族をはじめ、近親者、友人、知人などが集まり、祭式のあと「直会《なおらい》」と呼ばれる宴席を設けます。

### キリスト教式の追悼儀礼

キリスト教では、カトリックもプロテスタントも、追悼儀礼について特別な決まりはありません。カトリックでは、死亡した日から30日から50日の間に行われる納骨式の前に、ミサを行うことが多いようです。また、命日にミサを行ったり、命日近くの日曜日のミサのときに祈りを依頼することも多いようです。追悼ミサには遺族、近親者、友人、知人が参列します。ミサのあとは茶話会などを開いて故人をしのびます。

11月は「死者の月」とされ、死者のためのミサや墓参りをします。11月2日は「死者の日」とされ、死者のための特別なミサが行われます。

プロテスタントでは、死後1カ月目の召天記念日に記念式を行います。1年目の命日に記念式を行うこともあります。

# 法要を営む

## 四十九日、一周忌などの法要の準備と当日の手順

### 四十九日や一周忌など規模の大きな法要

法要《ほうよう》では僧侶に読経《どきょう》してもらい、式の終了後には会食の席（お斎《とき》）を設け、僧侶と招待客をもてなします。忌明《きあ》けの法要である四十九日や一周忌、三回忌など、規模の大きい法要を営むときは、万全の準備が必要です。できれば2カ月以上前から準備を始めましょう。

準備の手順は次のとおりです。

**①日程**

年忌法要は原則として祥月命日《しょうつきめいにち》に行いますが、日をずらす場合は、必ず命日よりも前にします。日程は寺院や僧侶と相談のうえ、決めます。

**②場所**

寺院、自宅、斎場など、どこで行うかを決めます。最近はホテルなども会場として使われます。

**③招く人を決める**

招く人の範囲と人数を決めて、1カ月前までに案内状を送り、出欠の返事をもらいます。近親者には電話での連絡で、かまいません。

**④引き物の手配**

引き物（手土産）の手配をします。引き物には黒白か銀色の結び切りの水引のかけ紙をし、表書きは「粗供養」「志」などとします。関西では「茶の子」も使われます。

**⑤会食の手配**

法要のあとの会食（お斎《とき》）の会場や料理を手配します。

**⑥寺院への謝礼**

寺院への謝礼は、奉書紙に包むか白封筒に入れ、表書きは「御布施《おふせ》」「御礼」とし、法要の前にあいさつをするときに渡します。

僧侶に自宅や霊園まで出向いてもら

### 寺院への謝礼

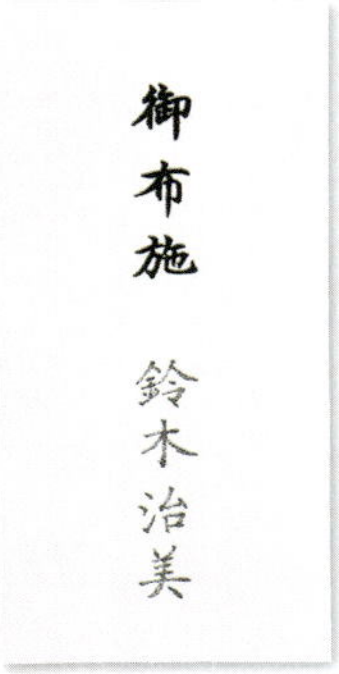


法要のお礼は奉書《ほうしょ》紙《がみ》に包むか白封筒に入れて、表書きは「御布施」「御礼」などとする。法要が始まる前に寺院に渡す。

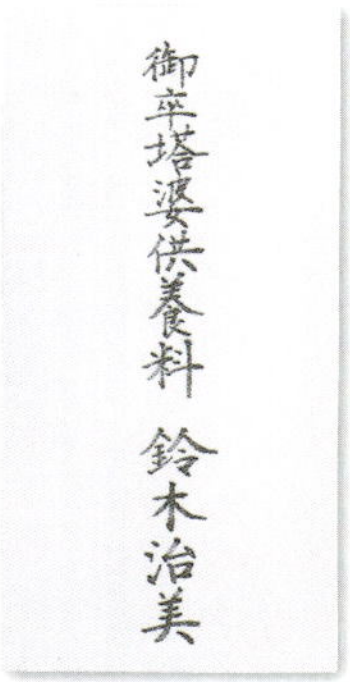


卒塔婆供養《そとばくよう》をするときは、数と名前を寺院に知らせておく。料金はまとめて白封筒に入れ、「御卒塔婆供養料」「御塔婆料」として包む。

う場合は、「御車代《おくるまだい》」を包みます。また、宴席に供応しない場合は、「御膳料《おぜんりょう》」を包みます。

そのほか、卒塔婆《そとば》供養《くよう》をする場合には、あらかじめ寺院に申し出て料金を確かめておきます。料金は「御卒塔婆供養料」あるいは「御塔婆料」として、お布施とは別に包みます。納骨を行うときは、納骨の準備もします（88ページ参照）。

## 法要当日の服装と法要の進行

施主《せしゅ》（遺族）側は三回忌までは正式な喪服を着用します。それ以降は地味な平服でかまいませんが、施主側が一般の参列者よりもくだけた服装にならないようにします。

施主側が平服の場合は、案内状には「平服でお越しください」などと、ひと言ふれておきましょう。

当日の進行は僧侶の指示に従います。読経《どきょう》の途中で僧侶から焼香《しょうこう》の合図があるので、施主側の代表者から、故人と血縁の深い順に焼香します。読経のあとは僧侶の法話《ほうわ》があります。そのあと、墓参りをすませ、法要後の会食の席に移ります。

会食の前には施主または遺族代表がお礼のあいさつをします。

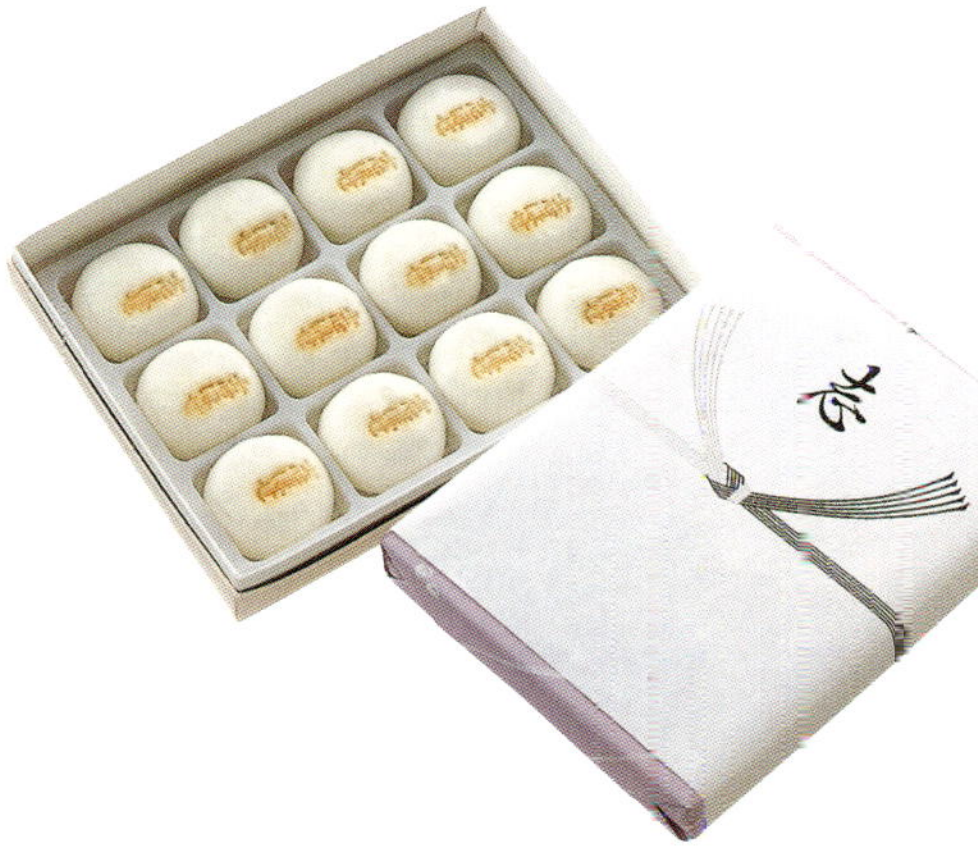


### Point
### 法要が重なったら

一年のうちに2つ以上の年回忌が重なるときは、法要をあわせて行うこともあります。「併修《へいしゅう》」あるいは「合斎《がっさい》」といいます。ただし、一周忌、三回忌は独立して行います。

併修を行う場合は、日取りは早いほうの命日に合わせます。案内状には、だれとだれの法要なのかを明記しましょう。

### ■四十九日法要の会食前のあいさつ（例）

本日は、ご多用中を、父〇〇の四十九日の法要にご列席くださいまして、ありがとうございました。

まだ悲しみはいえませんが、皆さまがたのお励ましを得て、日々、暮らしております。

粗餐《そさん》ではございますが、お時間の許す限り、ごゆっくりお過ごしくださいませ。また、亡き父の思い出話なども、お聞かせいただきたく存じます。

本日はまことにありがとうございました。

# 喪《も》中《ちゅう》の過ごし方

## 近親者を亡くしたときの過ごし方、年賀欠礼状

### 四十九日までが忌中。一周忌までが喪中

近親者が亡くなったとき、一定期間、喪《も》に服して身を慎むことを「忌服《きぶく》」といいます。かつては死のけがれの重い期間を「忌」、けがれが薄くなった期間を「喪」としていました。「忌中《きちゅう》」は遺族は慶事（おめでたいこと）には関わらず、家にこもって過ごしました。

現在でも一般には四十九日の法要までが「忌中」、一周忌までが「喪中《もちゅう》」とされますが、葬儀後は、平常な社会生活に戻るのが一般的です。

喪に服する近親者とは、配偶者と1親等（父母、子ども）、2親等（祖父母、兄弟姉妹、孫）の血族（40ページの「親族表」参照）が目安です。ただし、故人が姻族でも、1親等で同居していた場合は喪に服すこともあります。

### 喪中は慶事への出席を控えることも

喪に服している間は、原則として祝い事への出席は見合わせます。結婚式、祝賀会、落成式などに招待された場合も、忌明けまでは出席を控えます。しかし最近は、不幸の前から予定されていた慶事の場合は、出席することも多くなっています。

### お正月の過ごし方と喪中の贈答

喪中に迎えるお正月は、門松、しめ縄、鏡餅などの正月飾りはしないで、年末年始のあいさつ回り、初詣《はつもうで》なども控えます。ただし、故人が2親等であっても、同居していなかった場合は、普通にお正月を迎えたり、年賀状を出すことも多くなっています。

歳暮や中元などの贈答は、四十九日の忌明けまでは控えるのが普通ですが、それ以降は通常どおりでかまいません。忌明け以降だと、歳暮や中元の時期がずれてしまう場合は、「暑中お見舞い」「寒中お見舞い」などとして贈ります。

**Point**

### 年賀の欠礼状を出す

喪中は年賀状を出しません。そこで年賀の欠礼を詫びるあいさつ状を出します。この年賀欠礼状には、「だれがいつ亡くなったのか」を記し、年賀状の受け付けが始まる前、遅くとも12月の初めまでには先方に届くように送ります。

年末に不幸があって、時期的に欠礼状が間に合わなかったときは、年が明けて松の内が過ぎてから、寒中見舞いを兼ねて年賀欠礼を詫びるはがきを出します。

第3章

# 仏壇とお墓

仏壇の基本知識、先祖の祀《まつ》り方、お墓を建てるときの基本、
そして、近年、注目されている永代供養《えいたいくよう》墓や散骨《さんこつ》や樹木葬、
先祖のお墓の改葬の仕方なども紹介します。

# 仏壇の知識

## 仏壇の構造、仏具の置き方、宗派と本尊などの基本

### 仏壇の中心、本尊は宗派により異なる

仏壇は、位牌《いはい》を納めるためのもの、先祖を祀《まつ》るためのものと思いがちですが、仏壇の中心は先祖の位牌ではなく、あくまでも本尊《ほんぞん》です。

本尊は仏教の各宗派の根本的な考えをあらわしたものであり、仏壇の中心に安置されます。

本尊は菩提寺《ぼだいじ》（その家が属する寺）の宗派によって異なり、普通は立像《りつぞう》や座像《ざぞう》、掛《か》け軸《じく》などですが、絵像や名号《みょうごう》の宗派もあります。本尊の両側には、両脇侍《わきじ》（脇《きょう》侍《じ》）を飾ります。両脇侍も宗派によって異なります。

仏壇に先祖の位牌を祀るようになったのは、亡くなった人はすべて成仏するという仏教の考え方によります。ただし、浄土真宗では位牌は用いません。

### 仏壇の構造と仏具の置き方

本尊を安置する場所は須弥壇《しゅみだん》と呼ばれ、聖域を意味します。須弥壇は仏教の世界で中心にそびえ立ち、最も高い位置をあらわす須弥山《しゅみせん》をかたどっています。

仏壇はこの須弥壇を中心に構成されますが、宗派によって本尊の種類や数も違い、仏具の置き方も違うので、新たに購入する際は、自家の宗派に合ったものを選びます。

仏壇には本尊、両脇侍のほかに、位牌、過去帳《かこちょう》（先祖の仏名、死亡年月日、俗名などが書いてあるもの）を置きます。また、供物《くもつ》のための仏具や、読経《どきょう》や礼拝《らいはい》に欠かせない仏具が必要です。

一般的な仏具としては、燭台《しょくだい》、香炉《こうろ》、花立て、線香立て、茶湯器《ちゃとうき》、仏飯器《ぶっぱんき》（炊きたてのご飯を盛って供《そな》える器）、高坏《たかつき》

### 宗派と本尊《ほんぞん》・両脇侍（例）

| 宗派 | 両脇仏（向かって左） | 本尊 | 両脇仏（向かって右） |
|---|---|---|---|
| 天台宗《てんだいしゅう》 | 伝教大師《でんぎょうだいし》 | 釈迦牟尼如来《しゃかむににょらい》 | 智者大師《ちしゃだいし》 |
| 真言宗《しんごんしゅう》 | 不動明王《ふどうみょうおう》 | 大日如来《だいにちにょらい》 | 弘法大師《こうぼうだいし》 |
| 浄土宗《じょうどしゅう》 | 法然上人《ほうねんしょうにん》 | 阿弥陀如来《あみだにょらい》 | 善導大師《ぜんどうだいし》 |
| 浄土真宗《じょうどしんしゅう》（本願寺派《ほんがんじは》） | 蓮如上人《れんにょしょうにん》 | 阿弥陀如来《あみだにょらい》 | 親鸞上人《しんらんしょうにん》 |
| 浄土真宗《じょうどしんしゅう》（大谷派《おおたには》） | 九字名号《くじみょうごう》 | 阿弥陀如来《あみだにょらい》 | 十字名号《じゅうじみょうごう》 |
| 曹洞宗《そうとうしゅう》 | 常済大師《じょうさいだいし》 | 釈迦牟尼如来《しゃかむににょらい》 | 承陽大師《しょうようたいし》 |
| 臨済宗《りんざいしゅう》 | 普賢菩薩《ふげんぼさつ》 | 釈迦牟尼如来《しゃかむににょらい》 | 文殊菩薩《もんじゅぼさつ》 |
| 日蓮宗《にちれんしゅう》 | 鬼子母神《きしもじん》 | 大曼荼羅《だいまんだら》 | 大黒天《だいこくてん》 |

## 一般的な仏壇飾り（例）

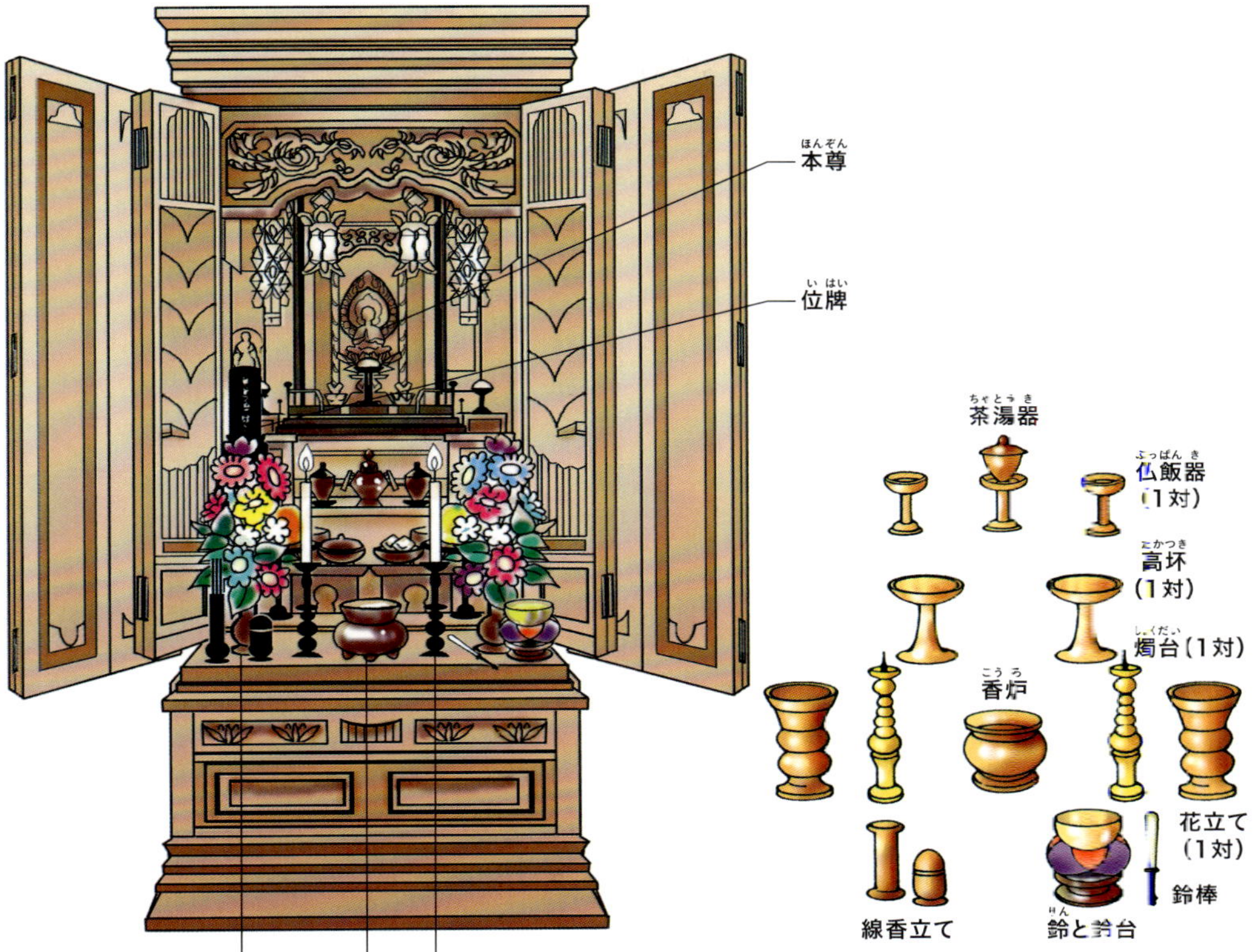


仏具の飾り方は仏壇の段数、宗派、地域によって違います。



（高脚のついた塗りの器。半紙を敷いて菓子や果物などの供え物を盛る）、読経に必要な教本、鈴《りん》、鈴台、鈴棒などがあります。

香炉（香）、花立て（花）、燭台（灯《こう》明《みょう》）は三具足《みつぐそく》といって宗派を問わず、仏具として欠かせないものです。法事などの正式な儀式を行うときは、燭台と花立てを一対にし五具足《ごぐそく》とします。

**Point**

### 香、花、灯明の意味

香には抹香《まっこう》と線香があり、その意味には、仏様のご馳走《ちそう》という意味と、礼拝する者の身を清める意味があるといわれています。花は、仏の慈悲心をあらわしているといわれています。左右一対が基本ですが、一つの場合は本尊に向かって左側に供えます。灯明（ろうそくの火）は、仏の知恵をあらわす光明にあたり、心の闇《やみ》に仏の知恵である光がさし込むことによって悟《さと》りを開き、暗闇を取り除く意味があります。左右一対が基本ですが、1本の場合は本尊に向かって右側に置きます。

# 仏壇の種類と安置の仕方

## 仏壇の基本的な大きさ、種類、仏壇の置き方

■仏壇の種類

唐木仏壇(上置き型)

塗り(金)仏壇
(半間仏間用)

写真協力／お仏壇のはせがわ

### 仏壇の大きさと材質による種類

一般に市販されている仏壇には、さまざまな大きさのものがあります。大きく分けると、タンスの上にも置ける小型の上置きタイプ、半間《はんげん》(約90センチメートル)で地袋《じぶくろ》つきの仏間用、半間の仏間用、一間(約1・8メートル)の仏間《ぶつま》用の大型タイプが。大きなものは高さが大人の背丈ほどもあり、幅も1メートルほどになります。

仏壇は大別して塗り仏壇(金仏壇ともいう)と唐木《からき》仏壇の2種類に分けられます。

塗り仏壇は、主に杉、松、ひのきなどを用い、漆《うるし》塗りに金箔《きんぱく》を施して華やかに仕上げてあります。関西や中部地方に比較的多い仏壇です。

唐木仏壇は、金箔を使わずに、黒檀《こくたん》、紫檀《したん》、鉄刀木《たがやさん》、桑《くわ》、けやき、桜、くるみといった、重くて耐久性のある材質を使い、木目を生かして作られています。塗り仏壇よりは小型なものが多く、主に関東地方を中心に使われています。

このほかに、最近では新素材を使った仏壇や、リビングにも置ける家具調の仏壇などもあります。

価格は大きさや材質などによってさまざまですが、安いものでは数万円くらいから、高いものでは数百万円、数千万円のものもあります。

### 仏壇を安置する場所

かつてはたいていの家に仏壇を安置する仏間がありましたが、いまでは仏間のない家がほとんどです。

仏壇を安置する場所については、いろいろな説があります。南・東・西向きがよいとされていますが、必ずしも向きに

こだわることはないでしょう。

家族が集まり、落ち着いて礼拝できる場所を選びましょう。気をつけたいのは、座って礼拝するときに本尊が目線の高さより、やや上になるように仏壇を置くことです。立って礼拝する場合には胸の高さより上になるようにします。また、湿気のある場所、直射日光の当たる場所は避けます。

神棚がある場合は、神棚と向かい合わない位置に置きます。

## 仏壇の置き方、いろいろ

● **南面北座説** 仏壇が北を背にして南を向くように置く考え方。大きな部屋なら直射日光が当たらず、風通しがよく湿気も防げる。

● **本山中心説** 仏壇に向かって正座合掌したとき、宗派の本山がある方向と同じになるように置く、というもの。

● **西方浄土説** 仏壇を東に向けて置くと、拝むたびに西方極楽浄土があるとされる西のほうに顔を向け礼拝できる、という説。

それぞれに長所があります。

# 仏壇を購入するとき

## ■安置場所を決める

仏壇を購入する時期に決まりはありませんが、お彼岸やお盆、法要などを機に求めることが多いようです。仏壇のない家で不幸があった場合は、四十九日の忌明《きあ》けの法要までに用意します。

仏壇は宗派によって本尊や飾り方が違います。購入前に菩提寺《ぼだいじ》に相談するか信頼できる仏具店を選び、相談のうえ購入しましょう。

あらかじめ安置する場所を決めておき、高さ、幅、奥行きなども正確に測ってから仏具店に出向きます。仏壇の大きさは予定の場所に置いたとき、扉を開くことができるかを考えて選びます。

## ■開眼供養《かいげんくよう》を営む

新しい仏壇は、菩提寺に依頼して仏壇に祀《まつ》る新しい本尊《ほんぞん》や位牌《いはい》に対して開眼供養（入魂供養）を営みます。これは御魂《みたま》入れとか入仏式とも呼ばれる儀式で、本尊や位牌が「尊像」に生まれ変わることを目的とします。仏壇に対しては本尊を安置する清浄な場所となるよう、お清《きよ》めの儀式を行います。仏壇を買いかえる場合、古い仏壇は、寺か仏具店に頼んで供養をしてから処分します。

四十九日の法要の前に求めた仏壇は忌明《きあ》けまで使用しません。葬儀のときの白木の位牌は寺に納め、本位牌（塗り位牌）を新たに求めて、寺で入魂供養をしてもらい、忌明け後に仏壇に安置します。位牌がふえて入りきらないときは、寺に依頼して戒名《かいみょう》を過去帳に移しかえるか、位牌札を複数入れられる繰り出し位牌に移しかえます。

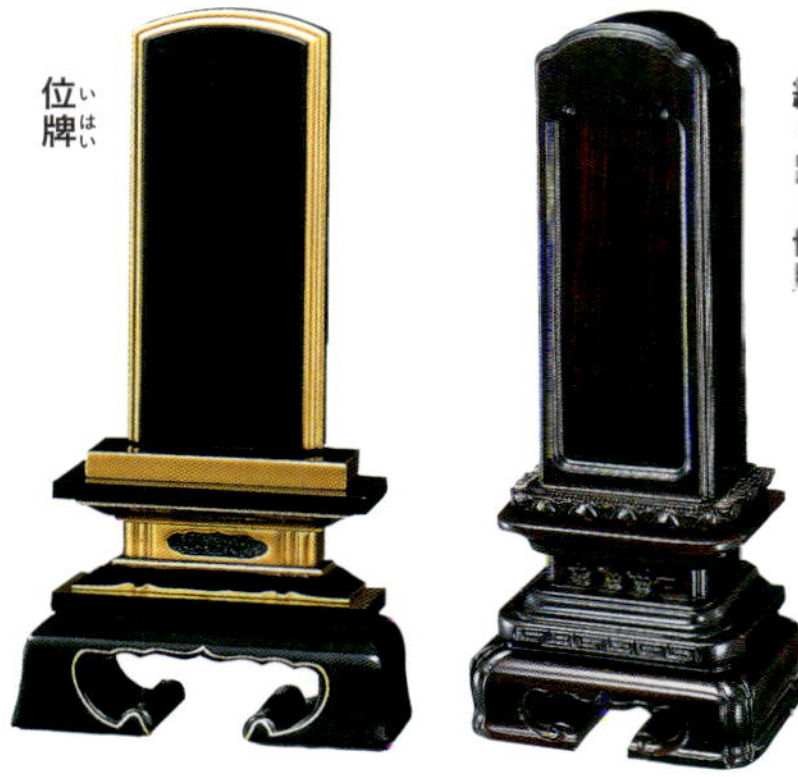

写真協力／お仏壇のはせがわ

日常の手入れと毎日の基本的な礼拝の仕方

# 仏壇の手入れと拝《おが》み方

## 命日やお彼岸には念入りな手入れを

仏壇や仏具は、日ごろから簡単なからぶき程度の掃除をして、ほこりがたまらないようにしましょう。故人の命日《めいにち》やお彼岸《ひがん》、お盆の前など、年に何回かは念入りな掃除を行います。

念入りな掃除を行う前には本尊《ほんぞん》に合掌《がっしょう》し、礼拝します。本尊や掛け軸などは羽根ぼうきや筆先でほこりを払います。仏具は、やわらかい布でからぶきします。

## 毎日の基本的な礼拝の作法

仏壇に供物《くもつ》・供花《きょうか》などを供え、毎朝晩に灯明《とうみょう》をともし、線香を上げたあと読経《どきょう》するのが基本です。朝は朝食前に、晩は夕食後に、できれば家族そろって行うのが正式です。朝は炊きたてのご飯を供《そな》え、お茶または水も、毎朝新しいものを供えます。どちらも夕方までには下げるようにします。

旬のものやいただき物のお菓子などは、まず仏壇に供えます。

## 礼拝の作法

①仏壇の前に正座し、数珠《じゅず》があれば手にかけ、軽く一礼します。命日の先祖があれば供養します。

②ろうそくに火をともし、その火で線香（本数は宗派により異なる）をともして香炉に立てます。鈴《りん》を2つ（宗派によっては3つ）打って鳴らし、合掌します。

③経《きょう》を唱え、終わったら鈴を2つ打ち、合掌して深く礼拝します。読経しない場合は鈴は鳴らしません。

④最後にろうそくの火を手であおいで消し、軽く一礼して終わります。

### 仏教の合掌《がっしょう》

両手のひらを合わせる合掌は、インドから伝わった礼法が仏教に取り入れられたものです。右手が仏、左手が衆生《しゅじょう》（人間、生き物）をあらわすといわれています。

両手を合わせることで仏と衆生が一体になったことを意味します。

# 神道の先祖祀《せんぞまつり》

## 先祖は御霊舎に祀る

神道では先祖を祀《まつ》るのは神棚ではなく、御霊舎《みたまや》（祖霊舎《それいしゃ》）になります。故人の霊は祖霊に加わって家の守護神となり、子孫を守るものといわれています。

不幸があって、御霊舎を新たに買い求める場合は、五十日祭までに用意します。祖霊舎には仏式の位牌のように霊璽《れいじ》を祀ります。合祀祭《ごうしさい》といって、五十日祭の忌明《きあ》けに行う祭儀の際に、霊璽を御霊舎に移して拝礼する儀式が行われます。御霊舎には神鏡（先祖の霊が宿るとされる）も納めます。

その他の神具としては、水器、土器、灯明具一式、お神酒《みき》徳利一対、榊《さかき》立て一対などです。毎朝、新しいお水を供えて灯明をともし、拝礼します。なお、御霊舎は神棚よりも低い位置に置きます。

## 拝礼(神拝)の作法

神棚や御霊舎の一般的な拝礼（神拝）の作法としては、まず、顔、手を清め、口をすすいだあと、神饌《しんせん》を供えます。神饌とは洗米、水、塩の3品です。次に軽くお辞儀をしてから2回、深く礼（お辞儀）をします（二拝）。そして祓詞《はらえことば》を奏上し、神棚拝詞《かみだなはいし》、祖霊拝詞《それいはいし》を述べます。心の中で思っていることを、そのまま祈念してかまいません。

つづいて二拝二拍手一拝（2回深くお辞儀をし、2回拍手を打ち、1回深くお辞儀をする）をし、さらに軽く頭を下げて終わります。

祓詞、神棚拝詞、祖霊拝詞を省略する場合は、「二礼二拍手一礼」だけでかまいません。

■ 神道の御霊舎《みたまや》

写真協力／お仏壇のはせがわ

# キリスト教の家庭祭壇

キリスト教ではカトリックでもプロテスタントでも祈りの場は教会が中心で、家庭での祭壇の形や飾り方には特に決まりはありません。

ともに供物を捧げる習慣はありませんが、棚の上などに故人の写真を置き、花を飾ったり故人の好きだったものを供えたりするのでもよいでしょう。

キリスト教用品の専門店では、仏壇に似た家庭用の祭壇を用意しているところもあります。

■ カトリックの家庭祭壇

香炉《こうろ》

位牌《いはい》

たんすの上に置くコンパクトなものもある。香炉や俗名や洗礼名を記した位牌などを置く。

写真協力／サンパウロ

# 墓地と墓石

新しく墓地を購入し、墓を建てるときの基本知識

## 墓地の購入とは永代使用権を得ること

墓地の購入は、宅地を購入するときのように所有権を得るのではなく、墓地として使用する権利（永代使用権《えいたいしようけん》）を得るということです。永代使用権は、代々、子孫が受け継いでいくことができますが、第三者に売ったり、墓地以外の目的に使用することはできません。購入時に支払う代金は「永代使用料」（墓地使用料と呼ぶこともある）であり、購入後も管理料の支払いが必要です。

墓地使用に関する規約や承継者の条件などは、それぞれの墓地によって異なるので、購入前には検討・確認が必要です。

## 墓地の種類

墓地は経営形態や特徴などから大きく分けると次の3つになります。また、墓地の形式でいえば、最近は納骨堂形式の霊園もふえています。

**①寺院墓地**

宗教法人である寺院が管理・運営。寺院の境内にある墓地と、寺院から離れた場所に造成された公園墓地形態の寺院墓地があります。檀家《だんか》になる必要のある墓地と、宗旨・宗派不問の墓地があります。

**②公営墓地（霊園）**

各都道府県や市区町村などの自治体が管理・運営。宗教、宗派を問わず、利用料や管理料が割安の場合が多い。

**③民営墓地（霊園）**

財団法人や社団法人などの公益法人、または宗教法人が開発、管理・運営する墓地。規模も大きく、法要のための建物や広場、花壇などを設置するなど、施設面でも充実していて、宗教、宗派を問わないところが多い。一区画の広さは墓地

### お墓にかかる主な費用

**1 永代《えいたい》使用料（墓地使用料）**
墓地を利用する権利を得るために契約時に払う。墓地の立地条件や区画、大きさ、公営や民間などにより金額が大きく異なる。

**2 墓石建立費**
墓石費用のほか、加工・彫刻費、外柵などの工事費用。石の種類や使用量、デザインにより金額は大きく変わる。

**3 年間管理料**
墓地を維持・管理するための費用。契約後、毎年払う必要がある。永代供養墓では、管理・運営方法によって年間管理料の有無が異なる。

**4 納骨・法要の費用**
お墓を建てたときの開眼《かいげん》法要（御魂入れ）の儀式、納骨のときの納骨法要の費用。

によってさまざまですが、一般に永代使用料が高額です。

## 石材店が指定されていることが多い民営墓地

墓石を建てるときの石材店は公営墓地であれば自由ですが、民営墓地では指定されているケースがほとんどです。民営墓地に建てたい場合は、石材店を決めてから墓地を選ぶ方法もあります。

### 墓の構成要素 和型（例）

① 墓石（石碑）
② 塔婆立て（宗派によっては不要）
③ 納骨棺（カロート）
④ 花立て
⑤ 香炉
⑥ 水鉢
⑦ 拝石
⑧ 墓誌
⑨ 灯籠
⑩ つくばい
⑪ 名刺受け
⑫ 物置台
⑬ 化粧砂利
⑭ 外柵
⑮ 植木

また、墓石の大きさや形についての規定がある墓地も多いので、希望するデザインがある場合は注意が必要です。

## 墓石の形には和型、洋型などがある

墓石には大きく分けて、縦長の長方体の和型、高さがなく横に長い洋型、そしてオリジナルデザイン石碑があります。建墓費用はデザインや石の種類、大きさ、加工方法などによって違ってきます（105ページ参照）。

## 墓を建てる時期

不幸があって、新たに墓を建てる場合は、百か日や一周忌、三回忌《さんかいき》などを目安に建てることが多いようです。墓地、石材店が決まってから、実際に墓が完成するまでには、最低でも1～2カ月はかかります。墓地を用意したものの、すぐには墓を建てられない場合は、納骨（88ページ参照）だけすませて白木の墓標を立てておきます。

## 完成時には「入魂式」を

仏教の場合は、墓が完成したときには僧侶を招いて「開眼式《かいげんしき》」（「御《み》魂《たま》入《い》れ」「入魂式《にゅうこんしき》」ともいう）を行います。これは墓に魂を入れる儀式です。開眼式を行うには、あらかじめ僧侶、石材店、霊園などと相談します。開眼供養は納骨式といっしょに行ってもかまいません。

僧侶へのお礼は、奉書紙《ほうしょがみ》に包むか白封筒に入れ、「入魂御礼」と表書きします。

## 家墓、個人墓、共同墓、両家墓、永代供養墓

# いろいろなお墓のスタイル

### 家墓、個人墓、共同墓、さまざま形がある

お墓には、親から子へと受け継がれる「先祖代々の墓」や「〇〇家の墓」といった家のお墓（家墓）、個人や夫婦で入るお墓もあれば、家族ではない他人といっしょに入る合葬墓（共同墓）など、さまざまなスタイルがあります。

最近は、承継者《しょうけいしゃ》（お墓を継ぐ人）を必要としないお墓（永代供養墓《えいたいくようぼ》）もふえています。

### 二つの家の先祖を合わせて祀る両家墓

一人っ子同士が結婚して、双方の実家のお墓を一つの家で継承するときなど、両家のお墓を合わせて一つにしてしまうのが両家墓です。

スタイルとしては、「〇〇、〇〇家之墓」と並列してお墓に彫ることもできますし、墓石には夫側の姓を刻み、妻側の姓は墓誌に印すこともあります。また、家名は刻まず、「先祖代々の墓」などと彫って、門柱などに両家の家紋を刻むこともあります。洋型の墓石に「やすらぎ」「しあわせ」などとして、両家の家名を刻まないケースもあります。

複数のお墓を一つにまとめる場合は、改葬の手続き（110ページ参照）が必要です。どちらかの墓に、もう一方の遺骨を移す場合も同様です。

### 承継者を必要としない「永代供養墓」

生涯を独身で過ごす人や子どものいない夫婦など、お墓を承継する者がいない人たちや、子どもはいても、お墓の維持などで負担をかけたくないと考える人たちに、注目されているのが永代供養墓です。永代供養墓は承継者がいなくても契約でき、生前に契約できることも大きな特徴です。

永代供養墓には単独墓（個人墓・夫婦墓・家墓）、共同墓（合葬墓）などがあります。共同墓は遺骨を個別に分けて埋葬する形もあれば、分けずにいっしょに埋葬する形もあります。

#### 納骨堂もさまざま

最近は墓地を求めて墓石を建てるより、費用がかからない納骨堂を、家のお墓として利用する人もふえています。納骨堂には、ロッカー型や仏壇型、棚式など、さまざまな形があります。

納骨堂には使用期限がありますが、期限がきたら契約を更新することもできます。また、承継者を必要としない永代供養型の納骨堂もあります。

樹木葬墓地（107ページ参照）も永代供養墓としているところが多くあります。

永代供養墓は、墓地を経営、管理する寺院や霊園が契約した期間、管理・供養を行います。供養の仕方は寺院や霊園によってさまざま。一定期間（三十三回忌までや30年など）は安置し、以後は他の人の遺骨といっしょにしたり、骨壺をあけて土に還すなどの祀《まつ》り方をします。

長期にわたり管理・供養を依頼するので、契約内容をしっかり確認し、経営母体がしっかりした墓地を選ぶことが大事です。

## 新しいタイプの室内墓苑

都会で人気を集めているお墓に「室内墓苑」があります。室内墓苑も納骨堂の一種ですが、従来のロッカー型とは異なり、建物の中に独立した家ごとの墓碑を収めています。複数の遺骨を納めることができ、墓参りのときには参拝室の祭壇まで墓碑が自動的に運ばれてきて、香を捧げることもできます。駅の近くにあることが多く天候に左右されずにお墓参りができるのも人気の理由です。

永代供養墓としての条件を備えている墓苑もあります。

永代供養付室内墓苑「龍華堂」（京都府）の参拝室。コンピューター制御で遺骨が納められた各家ごとの墓碑が運ばれてくる。

写真協力／メモリアルアートの大野屋

**■建墓費用の目安**（価格には墓地の永代使用料は含まれない）

| | |
|---|---|
| **和型石碑** | 平均価格90万円（60～180万円）<br>外柵約100万円<br>※石碑、水鉢、香炉、文字彫刻含む |
| **洋型石碑** | 平均価格90万円（50～180万円）<br>※石碑、水鉢、香炉、文字彫刻含む |
| **オリジナルデザイン墓** | 平均価格100～200万円 |

（メモリアルアートの大野屋調べ）

## Q ペットをいっしょのお墓に入れるには？

**A** ほとんどの霊園では、宗教上の理由などから、人間とペットの遺骨をいっしょに納めることはできません。しかし、最近はペットも家族の一員と考える人がふえているため、ペットの遺骨を飼い主とともに埋葬できる墓地もあります。東京都町田市にある「町田いずみ浄苑フォレストパーク」には、ペットの遺骨も埋葬できる区画「Ｗｉｔｈペット」が設けられています。ペットの遺骨は骨壺に入れて埋葬します。

●**問い合わせ先**
メモリアルアートの大野屋
0120-02-8888

Withペット墓地

# 散《さん》骨《こつ》と樹《じゅ》木《もく》葬《そう》

## 遺骨を海や山にまく散骨、木が墓標となる樹木葬

### 散骨

#### 遺骨を自然に還す散骨

遺骨を墓地に埋葬しないで、遺灰《いはい》にして海や山などにまくのが散骨《さんこつ》で、自然葬《しぜんそう》ともいわれています。お墓を継ぐ人がいない、高額な建墓費用を出せない（出したくない）、死後は海や山などの自然に還《かえ》りたい、など理由はさまざまですが、散骨への関心は高まっています。

遺体の火葬や遺骨の埋葬について定めている「墓地、埋葬等に関する法律」（墓地埋葬法）には、散骨についての規定がありません。墓地埋葬法によれば、遺骨を墓地以外に埋葬するのは違法ですが、遺灰をまく散骨については、「葬送のための節度をもって行えば遺骨遺棄罪には当たらない（違法ではない）」という解釈がとられています。ただし、散骨が広がるにつれ、自治体の中には散骨や散骨場の経営を禁止する条例を制定したところもあります。なお、樹木葬《じゅもくそう》は墓標のかわりに樹木を植えるもので、墓地として許可された場所に遺骨を埋葬する形であり、散骨ではありません。

#### 散骨後の法要などについても考えておく

散骨では、遺骨をすべてまいてお墓を建てないケースもあれば、大部分は墓に納め、遺骨の一部をまくケースもあります。

すべての遺骨をまく場合は、その後の法要をどのような形でするか、また遺族が墓参りのかわりに、どのような形で故人をしのぶか、なども、考えておきましょう。遺骨の一部を取り置いて、小さな骨壺などに入れて自宅に置き、故人をしのぶ形もあります。

#### 散骨には特別な手続きは必要ない

散骨を行うのに、特に必要な届け出や書類はありません。

海や山へのほか、周囲の人の理解が得られれば、自宅の庭などでも散骨できる可能性はあります。とはいえ、ふさわしい散骨場所をさがすのは容易ではありません。散骨を希望する場合は、民間業者のプランを利用するのが一般的です。民間業者の散骨プランには、海上で遺灰をまく「海洋葬」が多く、葬儀社や冠婚葬祭互助会が窓口になって紹介しています。

海で行う散骨は「海洋葬」という名前が多い。

# 樹木葬

## 墓標のかわりに樹木を植える樹木葬《じゅもくそう》

火葬後の遺骨を土に埋めて、墓石のかわりに樹木を植えるのが樹木葬の基本です。樹木葬が散骨と違う点は、遺灰をまいて自然に還《かえ》すのではなく、墓地埋葬法に基づき霊園として許可された里山や墓地に遺骨を埋葬する点です。

墓地埋葬法にもとづき、最初に里山で樹木葬墓地を実現したのは、岩手県の大慈山祥雲寺（現在は子院の長倉山知勝院が経営）です。知勝院では「花に生まれ変わる仏たち」をコンセプトに、自然と墓地との共生をうたっています。樹木を植えることで、里山の保護、自然保護にもつながっています。

写真協力／メモリアルアートの大野屋

シンボルツリーの桜を囲み、遺骨を埋葬する形の樹木葬。奥多摩霊園 家族永代供養「さくら」

## いろいろなタイプの霊園型の樹木葬墓地

樹木葬には、霊園として開発された土地の樹木葬墓地があります。霊園型の樹木葬では、一人ひとりの遺骨に対して1本の樹木を植える場合もあれば、1本のシンボルツリーを植え、そのまわりに遺骨を埋めるスタイルもあります。埋葬方法も1体ごとや数体、合同など、墓地によっていろいろです。ただ埋めるだけのところもあれば、名前を書いたプレートを設置するところもあります。

樹木の管理は寺院や霊園の管理者が行い、承継者《しょうけいしゃ》を必要としない永代供養《えいたいくよう》型の墓が多いようです。

樹木葬墓地を選ぶときは、立地条件や墓地の管理状態、管理・運営主体が信頼できるか、また管理料など費用についても確認しましょう。

### Q 手元供養《てもとくよう》とは？

A 大切な人の遺骨を身近に置いたり、アクセサリーとして身につけたりするという新しい供養の形が手元供養です。遺骨を自宅に置くことは違法ではなく、火葬後の遺骨を、そのまま自宅に安置しておくこともできます。遺骨のすべてを墓に納めずに、一部を残して自宅に置く方法も。遺骨（遺灰）を入れる小さな骨壺も市販されています。少量の遺骨（遺灰）を入れて身につけることができるアクセサリーや、遺骨を加工して作るダイヤモンドなどもあります。

上／遺灰を入れられるような作りになっている遺骨ペンダント「ソウルジュエリー」。右／手のひらにのる大きさ。七宝焼のミニ骨壺「まとう　さくら」（7万2000円＋税）。仏壇のそばやリビングに置く人も。

すべてメモリアルアートの大野屋 ☎0120-02-8888

# 墓参りの時期と作法

**お彼岸、お盆、命日などの墓参り、墓掃除、拝礼**

## 墓参はお彼岸、お盆、故人の命日などに

墓参りは、仏式の場合、春秋のお彼岸《ひがん》、お盆《ぼん》、故人の祥月命日《しょうつきめいにち》（90ページ参照）、年忌法要、年末などに行うのが一般的です。月忌《がっき》にも墓参りをすることがあります。とはいえ、この時期に限らず、墓参りには、いつ行ってもかまいません。故人や先祖に何か報告したいことがあるときなど、機会あるごとにお参りをしたいものです。

寺院墓地の場合は、まず、住職《じゅうしょく》にあいさつをし、本堂に参堂してから墓参りを行います。

## お参りする前に墓地の掃除を行う

最初に墓地の掃除を行います。手桶、ひしゃく、ほうきなどは、たいてい寺院や霊園の管理事務所で借りられますが、それ以外の掃除用具、たわし、はさみ、植木ばさみ、タオルなどは持参します。

線香に火をつけるためのマッチやろうそく、着火道具も忘れないようにしましょう。

## 掃除の手順

①墓石にひしゃくで水をかけ、たわしを

### 神道《しんとう》の墓参《ぼさん》

神道では、故人の祥月命日に行う「式年祭《しきねんさい》」（一年祭、五年祭、十年祭など）を中心に、お盆や春秋のお彼岸に墓参りをします。

墓地内をきれいにするのは仏式と変わりません。供え物は水、洗米、塩、お神酒《みき》のほか、故人の好物を供えてもよいでしょう。線香は供えず、榊《さかき》を花立てに飾ります。

墓前での拝礼は、二回深く礼をし、柏手《かしわで》を打ち、それからまた深く一礼する「二礼二拍手一礼」です。

この場合の柏手は、葬儀から五十日祭までのしのび手とは違い、音を立てて打ちます。

使って汚れや苔《こけ》を落とします。こまかい部分の汚れ落としには、歯ブラシや水でぬらした軍手が便利です。汚れが落ちたら十分に水洗いしたうえで、水けが残らないようにタオルでよくふき清めます。水鉢もゆすいで、きれいな水で満たします。

②伸びすぎた木は短く刈り込み、墓地内の落ち葉や雑草、ごみを取り除き、掃き清めます。

③古い卒塔婆《そとば》は管理事務所に頼んで処理してもらいます。

### キリスト教の墓参

カトリックでは、故人の命日以外は毎年11月2日の「死者の日」に墓参りをします。この日は教会でミサが行われるので、その前にすませることが多いようです。

プロテスタントでも、召天記念日の追悼会を、牧師を招いて墓前で行う場合があります。

いずれの場合も、墓参りの仕方に特に決まりはありません。まずは墓地をきれいにし、花を供えて礼拝するケースが多いようです。



## 墓参りの作法

墓を掃除したあとで、花や故人が好んだ菓子や果物などの供物、線香を供《そな》えます　線香は束のまま一度に火をつけて線香立てに供えますが、墓参りの人数に分けて、それぞれが線香を供えてお参りする方法もあります。

手桶には新しい水をくんできます。故人との縁の深い順に、墓石にひしゃくで水をまんべんなくかけます。墓石に水をかけるのは、仏ののどをうるおすとともに、清《きよ》めのためといわれています。

水をかけたら合掌《がっしょう》しますが、立ったままではなく、腰を低くするか、しゃがんで拝《おが》みます。

墓地内に祖先の墓が並んでいる場合は、古い祖先の墓から拝んでいきます。

なお、果物や菓子などを供えるときは、あとで鳥などに食べ散らかされないように、お参りがすんだら持ち帰るようにします。線香も燃やしきるようにしましょう。

1 きれいに掃除をしたら、花や菓子などの供物を供え、線香に火をつけて線香立てに立てる。1人ずつ、ひしゃくの水を墓石にかける。

2 水をかけたら、しゃがむか腰を低くして拝む。

## お墓を近くに移すとき、墓じまいをするとき

# 先祖の墓の改葬《かいそう》

### お墓の引っ越しは法に沿った手続きが必要

「先祖代々のお墓を現在の住まいの近くに移したい」という人がふえています。

お墓を移すということは、遺骨を墓所から墓所へ埋葬し直すことで、改葬《かいそう》といいます。改葬するには法律に沿った手続きが必要です。先祖代々のお墓を改葬する場合に、親族にも事前に説明し、了承を得ておくことも大事です。

お墓を移すためには、まず、新しい墓地を求めなければなりません。墓地選びには、場所や予算（墓地使用料、管理料）はもちろんですが、同じ宗教・宗派か、遺骨がすべて入る大きさか、なども考慮します。自分の後を継ぐ人がいない場合は、永代供養墓《えいたいくようぼ》に移す方法もあります。

新しい墓所を購入したら、墓所の管理者から「受け入れ証明書」または「墓地使用許可証」を発行してもらいます。

### 市区町村役所で改葬許可証を取得する

既存のお墓から遺骨を移動させるときには、お墓のある市区町村役所で改葬許可を得ます。お墓の所在地の市区町村役所で改葬許可申請書を入手し、既存の墓所の管理者に署名、押印してもらいます。これが「埋蔵（葬）証明書」になります。

### 御魂抜きと開眼法要

仏事のならわしとして、お墓を解体する前には、僧侶に依頼して御魂抜《みたまぬ》きの儀式（閉眼《へいげん》法要）をします。お布施《ふせ》の金額は地域で異なるので、地元の親戚や石材店などに尋ねておきます。

新しい墓所では、御魂入れの開眼《かいげん》法要をします。これは墓石を仏教的な意味のある存在にするための儀式です。

墓前で儀式を行い、場合によっては納骨も同時に行います。僧侶には開眼供養料と埋葬のお礼としてお布施を渡します。金額は規定を設けている場合が多いようです。

**Point**

### お墓が寺院墓地にある場合

お墓が寺院墓地にあり檀家である場合は、改葬を考えたら早めに住職に申し出て承諾を得ましょう。「遠くてなかなかお参りにいけないので、近くで供養したい」「檀家としての義務を果たす自信がない」などの事情を、ていねいに説明します。お世話になったお礼として「お布施」を包む場合は、一回の法要の金額の三回分程度が目安です。

この「埋蔵証明書」を、新しい墓所の受け入れ証明書（墓地使用許可証）とともに市区町村役所に提出し「改葬許可証」を発行してもらいます。申請書は、遺骨1体につき1通必要です。

お墓が共同墓地にあったり、家の敷地内にある家墓、畑の一画にある野墓地の場合は、市区町村役所に連絡をして、それぞれ許可を取る方法を確認します。

既存のお墓が遠方にある場合、何度も行き来をするのが困難ならば、許可証の申請は代理人に依頼することもできます。ただし、その場合、申請者の直筆による委任状が必要です。申請書は市区町村役所のホームページからダウンロードできる場合もあります。

## 遺骨の取り出しと、新しいお墓への納骨

改葬許可証を入手したら、現在の墓地の管理者に提示し、石材店に依頼をして遺骨を取り出します。埋葬されていた遺骨は、骨壺《こつつぼ》に入れて移動します。

遺骨を取り出したあとのお墓は、墓石を解体し更地にして返還しなければなりません。解体と墓石の処理は、地元の石材店など、業者に依頼します。事前に見積もりを取り、できれば数社比較して決めます。

新しいお墓が完成したら、墓地の管理者に改葬許可証と受け入れ証明書等を提出し、納骨（88ページ参照）をします。

## 改《かい》葬《そう》の手順

**① 新しいお墓を用意し、「墓地使用許可証」を入手**

遺骨を移す新しい墓（納骨堂）を用意し、新しい墓地の管理者から「墓地使用許可証」（永代使用許可証）あるいは「受け入れ証明書」を発行してもらう。

**② 既存の墓の所在地で「改葬許可申請書」を入手**

現在のお墓の所在地の市区町村役所で、改葬に必要な書類を確認し、「改葬許可申請書」を入手する。

**③ 改葬許可申請書を現在の墓地の管理者に提出**

必要事項を記入し押印した改葬許可申請書を、現在の墓地の管理者に提出し、所定の欄に署名、押印してもらう。これが「埋蔵証明書」（納骨堂の場合は収蔵証明書）になる。

**④ 既存の墓の所在地で「改葬許可証」を得る**

現在のお墓の所在地の市区町村役所に「埋蔵証明書」（収蔵証明書）、①の「墓地使用許可証」（永代使用許可証）もしくは「受け入れ証明書」を提示し、改葬許可証を発行してもらう。

**⑤ 現在のお墓から遺骨を取り出す**

現在の墓地の管理者に改葬許可申請書を提出し、石材店に依頼して遺骨を取り出す。墓地は「御魂抜き」の儀式を行い、墓石などを撤去し更地にして返還する。

**⑥ 改葬許可証を提出し新しいお墓に納骨**

新しいお墓が完成したら、改葬許可証を新しい墓地の管理者に提出して納骨する。納骨の前に「御魂入れ」（開眼法要）などの儀式を行う。

## お盆・お彼岸の時期、行事など

# お盆とお彼岸

### 先祖が戻ってくる時期が「お盆」

お盆《ぼん》には先祖の霊が戻ってくるといわれています。お盆の時期は、一般には7月13日を「お盆の入り」とし、16日（または15日）までをいいます。または1カ月遅れで、8月にお盆の行事を行う地方もあります。お盆の前には仏壇をきれいにし、お盆の入りの前日には精霊棚《しょうりょうだな》（盆棚）を設けます。仏壇の前に小机や台を置き、真菰《まこも》やすのこを敷いて簡単な精霊棚をしつらえます。精霊棚には仏壇から位牌《いはい》を出して、三具足《みつぐそく》を置き、季節の果物や野菜を供《そな》えます。

13日の夜には先祖の霊が迷わないように、庭先や玄関先におがらで迎え火をたきます。16日の夕方には迎え火と同じ場所で送り火をたいて霊を送ります。

### 春と秋、年に2回の「お彼岸」

3月の春分の日と9月の秋分の日を中《ちゅう》日《にち》として、その前後3日間を含む1週間が「お彼岸」の時期です。初日を「彼岸の入り」と呼びます。お彼岸には特に決められた行事はありませんが、各寺院では彼岸法要が営まれます。各家庭ではおだんごやぼたもち（おはぎ）を作って仏壇に供え、先祖を供養し墓参りをします。仏様には精進料理を供え、家族も同じものを食べます。

**Point**

### 初盆

人が亡くなって最初のお盆を初盆《はつぼん》（新盆《にいぼん》）といい、近親者や友人が集まり、僧侶にお経をあげてもらい、ていねいに供養します。霊が迷わないように軒先か仏壇のそばに白い提灯を飾り、夜には灯りを入れます。親しい人が提灯を贈るならわしもあります。忌明《きあ》け前にお盆を迎える場合は、翌年を新盆とします。

春は「ぼたもち」秋は「おはぎ」と呼ぶ。

## 第4章

# 葬儀後の手続き

家族が亡くなると、戸籍関係や医療保険、年金、税金をはじめ、
さまざまな手続きや多くの届け出が必要になります。
手続きや届け出について、わかりやすくまとめました。

# 役所、年金事務所、銀行、カード会社など
# 葬儀後の諸手続き一覧

## 市区町村役所・年金事務所・税務署での手続き

| 手続きの種類 | 世帯主の変更 | 国民健康保険 資格喪失届・保険証の返却 | 国民健康保険の葬祭費の申請 | 高額療養費の申請 |
| --- | --- | --- | --- | --- |
| 必要なケース | 故人が世帯主だった場合 | 故人が国民健康保険の被保険者《ひほけんしゃ》だった場合 | 故人が国民健康保険の被保険者《ひほけんしゃ》だった場合 | 一定の自己負担額を超えた場合 |
| 期限 | 死後14日以内 | すみやかに | 葬儀を行った日から2年以内 | 支払日から2年以内 |
| 手続き先 | 市区町村役所 | 市区町村役所 | 市区町村役所 | 国民健康保険等は市区町村役所。健康保険は勤務先 |
| 参照ページ | P116 | P119 | P119 | P120 |

## その他の諸手続き

| 手続きの種類 | ガス・水道・電気の契約者名義変更 | NHK受信料契約者の名義変更 | 住居の賃貸契約の名義変更 |
| --- | --- | --- | --- |
| 必要なケース | 故人が契約者だった場合 | 故人が契約者だった場合 | 故人が契約者だった場合 |
| 期限 | すみやかに | すみやかに | すみやかに |
| 手続き先 | 所轄の営業所 | NHK | 大家、公社など |
| 参照ページ | P117 | P117 | P116 |

**Point**

### 領収書は保管しておく

支払いをすませたことを証明できるよう、領収書はきちんと整理して保管しておきましょう。税金、医療費、水道料金、家賃、クレジットの支払いなどは、税務調査上7年間は取っておくこと。電気・ガス代や商品の代金などは、商品代金請求が時効になる2年間取っておきましょう。

| 介護保険の資格喪失届・介護保険証の返却 | 医療費控除の手続き | 所得税の準確定申告 | 国民年金・厚生年金の遺族年金などの請求 | 年金受給停止の手続き | 国民健康保険加入手続き | 健康保険の被扶養者異動届 | 健康保険の埋葬料の申請 |
|---|---|---|---|---|---|---|---|
| 故人が65歳以上および介護保険の保険証の交付を受けていた場合 | その年に払った医療費の総額が10万円以上の場合 | 故人が自営業もしくは年収2000万円以上などの場合 | 遺族が受給できる条件に一致した場合 | 故人が年金受給者だった場合 | 遺族が健康保険組合加入者の被《ひ》扶《ふ》養《よう》者《しゃ》だった場合 | 故人が健康保険組合加入者の被《ひ》扶《ふ》養《よう》者《しゃ》だった場合 | 故人が健康保険の被《ひ》保《ほ》険《けん》者《しゃ》だった場合 |
| 死後14日以内 | 死後5年以内 | 死後4カ月以内 | 死後5年以内 | すみやかに | 死亡した日の翌日から14日以内 | 死後5日以内 | 死後2年以内 |
| 市区町村役所 | 所轄の税務署 | 所轄の税務署 | 市区町村役所あるいは年金事務所 | 市区町村役所あるいは年金事務所 | 市区町村役所 | 健康保険組合 | 市区町村役所あるいは年金事務所 |
| | P134 | P132 | P124 | P124 | P119 | | P118 |

| 携帯電話・プロバイダーなどの解約手続き | パスポートの返却・無効手続き | 運転免許証の返却 | クレジットカードやデパートの会員の解約・脱会 | 労災保険の葬祭料と補償給付金の請求 | 死亡退職届の提出 | 生命保険金の請求 | NTT電話加入権の名義変更 |
|---|---|---|---|---|---|---|---|
| 故人が契約していた場合 | 故人が取得していた場合 | 故人が免許を持っていた場合 | 故人が会員だった場合 | 業務上の事故などが原因で死亡した場合 | 故人が会社勤めだった場合 | 故人が加入していた場合 | 故人の名義だった場合 |
| すみやかに | すみやかに | すみやかに | すみやかに | 葬儀を行った日から2年以内(葬祭料)、死後5年以内(補償給付金) | すみやかに | 死後3年以内 | すみやかに |
| 各会社 | 各都道府県の旅券窓口など | 所轄の警察署 | 各会社 | 所轄の労働基準監督署 | 故人の勤務先 | 各保険会社 | NTTの所轄の営業所 |
| P117 | P116 | P116 | P117 | P144 | | P122 | P117 |

# 世《せ》帯《たい》主《ぬし》が亡くなったら

## 世帯主の変更、賃貸住宅、公共料金の名義変更など

### 世帯主の変更届は14日以内に

世帯主《せたいぬし》が亡くなった場合、世帯主を変更しなければなりません。新たにその家の生計《せいけい》を維持する人が新しい世帯主になります。その際、市区町村役所に「世帯主変更届」を出します。

届け出は死亡した日から14日以内に、新しい世帯主、家族（世帯員）が行いますが、代理人でもかまいません。通常、世帯主変更届は、死亡届の提出と同時に行います。

届け出には印鑑と運転免許証やパスポートなど、本人確認のための書類が必要です。また、代理人の場合は本人確認の書類と委任状《いにんじょう》も必要です。

ただし、残された世帯員が1人の場合や、「母親と幼児」のように新しい世帯主が明らかな場合は、自動的に世帯主が変更されるので、変更届を出す必要はありません。

### 住居の賃貸契約の名義変更は家主に連絡を

故人が住居の賃貸契約をしていて、遺族が引き継ぐ場合は、名義変更《めいぎへんこう》をします。

UR賃貸住宅（UR都市機構・旧公団）や公営住宅の場合は、それぞれ規定があるので、できるだけ早く問い合わせて必要な書類（名義承継願、戸籍謄本、住民票、所得証明書、印鑑証明書など）をそろえ、手続きをします。

民間の場合は、契約書をあらためて作り直す必要はありません。家主に連絡をして契約者を変更しますが、承諾されない場合は、そのままにしておいてかまいません。

借地の場合も同様に、地主に連絡をして名義の変更をします。

### Q 返却の手続きをするものは？

A

● **健康保険証、年金手帳**　市区町村役所に返却します。このとき、遺族年金《いぞくねんきん》（126ページ）などの手続きをすることもあります。

● **運転免許証**　そのまま更新の手続きをしなければ無効になります。原則としては警察に返却することになっています。

● **パスポート**　有効期限が残っている場合、紛失して悪用されることもあるので、各都道府県の旅券課に返却したほうがいいでしょう。遺族が記念として手元に残しておきたい場合は、その旨申し出ると、使用できないよう処理をしたあと返してもらえます。

● **その他**　公共機関の無料パスや、企業の身分証明書なども、できるだけ早く発行元に返却しましょう。

## 公共料金の契約者の名義変更をする

ガス・水道・電気などの公共料金や、NHKの受信料も、契約者の名義変更が必要です。できるだけ早く、お客様サービスセンターや最寄りの営業所などに電話で連絡をします。その際、毎月の料金の通知書や領収書などが手元にあると、該当する営業所の電話番号や、「お客様番号」がわかり、簡単に手続きをすませることができます。ホームページにも手続きについての説明があります。

**Point**

### カード会員などの退会、解約も忘れずに

クレジットカードやデパートのカード会員なども、発行元に電話で連絡をして、退会に必要な書類を送ってもらいます。このほかＪＡＦ、インターネットのプロバイダー、携帯電話なども故人が契約していた場合は、解約が必要です。特に、年会費などが自動的に引き落とされるようになっているものは、できるだけ早く手続きをします。

## 電話加入権の名義変更

NTTの電話加入権《でんわかにゅうけん》（固定電話）を遺族が引き継ぐ場合は、できるだけ早く、所轄のNTT営業窓口に届け出ます。被《ひ》相続人《そうぞくにん》（故人）の戸籍（除籍）謄本、相続人（新しい名義人）の戸籍抄本（または謄本）、承継者《しょうけいしゃ》の印鑑が必要です。

電話加入権は故人の相続財産の一つですが、ほかの相続財産《そうぞくざいさん》（預貯金、債券、不動産など）が、正式な遺産相続が決まるまで名義変更できないのに対して、電話加入権だけはすぐに承継手続きをすることができます。

## 自動振替口座の変更はできるだけ早く

故人名義の銀行預金や郵便貯金は、死亡した時点から相続財産になります。金融機関には、名義人の死亡を知った時点で口座を凍結する義務があります。遺族であっても、その後、現金を引き出すためには、故人の戸籍謄本、相続人全員の印鑑登録証明書、遺産分割協議書《いさんぶんかつきょうぎしょ》を添えて、その金融機関で手続きをしなければなりません。

つまり、遺産相続が正式に決定するまでは、窓口でも、キャッシュカードも利用できなくなります。また、その口座への入金や送金もできなくなるため、公共料金などが自動引き落としになっている場合は、未払いになってしまいます。

公共料金や住居の賃貸契約、電話加入権などの名義変更をするときには、同時に料金の自動引き落とし口座の変更もしなければなりません。口座変更を申し込んでから手続きが完了するまで1カ月程度かかるので、できるだけ早く手続きをします。

故人の口座から引き落とされなかった料金は、後日請求がくるので、相手方の口座に直接振り込むなど、別の方法で支払うことになります。

健康保険から支給される「埋葬料」「埋葬費」の申請

# 健康保険の手続き

## 健康保険組合、全国健康保険協会などの健康保険に加入していた場合

### ●「埋葬料」の申請

故人が健康保険（ここでは健康保険組合、全国健康保険協会〈協会けんぽ〉共済組合など、国民健康保険以外の医療保険をいう）に加入していた（被保険者であった）場合は、埋葬料《まいそうりょう》が支給されます。受けられるのは、故人によって生計を維持していた遺族で、実際に葬儀を執り行った人（喪主《もしゅ》）です。

故人が健康保険の被扶養者《ひふようしゃ》であった場合は、被保険者《ひほけんしゃ》に「家族埋葬料」が支給されます。

支給額はいずれも5万円です。

埋葬料の支給は申告制ですから、申告しなければ受けられません。申請期間は亡くなった日から2年以内で、それを過ぎると受ける権利がなくなります。

申請先は、故人の勤務先が加入している健康保険組合か、年金事務所です。手続きを勤務先が代行することもあるので、勤務先に確認しましょう。

申請に必要な書類は、健康保険埋葬料（費）請求書、健康保険証、埋葬許可証か死亡診断書の写し、印鑑、振込先の口座番号です。書類に問題がなければ、通常2～3週間で支給されます。

なお、故人が健康保険の被保険者の資格を失っていても、それから3カ月以内に死亡したときは、埋葬料を請求できます。

### ●「埋葬費」の申請

健康保険の加入者であった故人に身寄りがなく、友人・知人などが葬儀費用を負担した場合は、費用を負担した人に「埋葬費《まいそうひ》」が支払われます。

支給金額は、5万円を上限とした実費です。申請の手続きは、遺族の場合と同様ですが、葬儀費用の領収書が必要です。

### ●業務上の死亡の場合

業務上の事故や通勤途中の事故が原因で死亡した場合は、労働者災害補償保険

**健康保険の埋葬料申請の手続き**

| | |
|---|---|
| 手続き先 | 故人の勤務先が加入している健康保険組合か年金事務所 |
| 必要なもの | 健康保険埋葬料（費）請求書、健康保険証、埋葬許可証か死亡診断書の写し、印鑑、振込先の口座番号。遺族がいない場合は葬儀費用の領収書など |
| 期　限 | 死亡日から2年以内 |

（労災保険《ろうさいほけん》）から、葬祭料（葬祭給付）と補償給付金が支給されます。

請求先は勤務先を所轄する労働《ろうどう》基準《きじゅん》監《かん》督署《とくしょ》で、期限は葬祭料が葬儀を行った日から2年以内、補償給付金が死亡から5年以内です（144ページ参照）。この場合は、故人が健康保険に加入していても、健康保険から埋葬料は支給されません。

## 国民健康保険等に加入していた場合

### ●葬祭費を請求する

故人が国民健康保険に加入していた（被保険者であった）場合や、その扶養家族だった場合、後期高齢者医療制度の被保険者だった場合は葬祭費が支給されます。「葬祭費」の名称は自治体によって異なり、「埋葬料」と呼ぶところもあります。金額も市区町村によって3万円から7万円と幅があります。東京都23区の場合は「葬祭費」として7万円が支給されます（平成28年度現在）。

受けられるのは、葬儀を執り行った人（喪主、またはそれに準ずる人）です。

この支給も申告制で、申請しなければ支給されません。市区町村役所の国民健康保険課、後期高齢者医療課に申請しますが、すでに戸籍課に死亡届が出ていることが前提です。申請の期限は葬儀を行った日から2年以内です。

申請に必要なのは、葬祭費支給申請書、健康保険証（医療証）と印鑑で、市区町村によっては、葬儀社の領収書や会葬礼《かいそうれい》状《じょう》などが必要な場合もあります。これは、実際に葬儀を行った人（喪主）を確認するためです。事前に必要な書類を確認しておきましょう。給付金が振り込まれる金融機関の口座番号なども必要です。

**国民健康保険・後期高齢者医療制度の葬祭費申請の手続き**

| | |
|---|---|
| 手続き先 | 市区町村役所の国民健康保険課、後期高齢者医療課 |
| 必要なもの | 葬祭費支給申請書、健康保険証（医療証）、印鑑、振込先の口座番号。市区町村により葬儀社の領収書や会葬礼状など喪主を確認できるものなど |
| 期限 | 葬儀を行った日から2年以内 |

### 健康保険の被扶養者は国民健康保険に加入

故人が健康保険に加入して（被保《ひほ》険者《けんしゃ》）いて、遺族が扶養家族（被扶《ひふ》養者《ようしゃ》）だった場合、遺族は、被保険者の資格が死亡した翌日から被扶養者の資格を失い、保険証は使えなくなってしまいます。保険証は勤務先に返却し、遺族は新たに国民健康保険に加入するか、他の家族の扶養者となる手続きをします。

国民健康保険の加入手続きは、死亡した日の翌日から14日以内に、居住地の市区町村役所に申告します。必要な書類は、勤務先からの資格《しかく》喪失《そうしつ》証明書または退職証明書です。パスポートや運転免許証など本人と確認できるものがあれば、その場で発行されます。

故人の健康保険の被扶養者の資格を失ったあと、国民健康保険に加入しないでいると、その間にかかる医療費はすべて自己負担になります。また国民健康保険に加入しなければならないのに届け出が遅れると、保険料をさかのぼって（最長2年間）支払わなければなりません。

空白期間ができないよう、すみやかに手続きをしましょう。

自己負担限度額以上の高額な医療費がかかった場合

# 高額療養費の申請

## 一定の自己負担額を超えた分、払い戻される

「高額療養費《こうがくりょうようひ》」とは、国民健康保険、後期高齢者医療制度、健康保険を利用した場合、同じ医療機関に支払った1カ月単位の医療費の自己負担額が、一定の金額を超えると、その超えた分が払い戻される制度です。

医療費を支払った2～3カ月後に「高額療養費の払い戻しのお知らせ」が送られてきた場合は、窓口に持参して申請します。国民健康保険は市区町村役所の国民健康保険課、後期高齢者医療制度は後期高齢者医療課、健康保険は加入している健康保険組合の事務所です。また健康保険組合の中には、手続きをしなくても自動的に払い戻してくれるところもあります。なお、入院の場合、事前に健康保険組合に申請をして「健康保険限度額適用認定証」を得ておくと、窓口での支払いを限度額にとどめることができます。

自己負担限度額《じこふたんげんどがく》は、年齢と所得により分けられています。

## 診療を受けた翌月から2年以内に申請する

高額療養費の手続きには、高額療養費支給申請書、健康保険証、自己負担した医療費の領収書、印鑑、預金通帳などが必要です。申請できる期限は、診療を受けた月の翌月1日から2年以内です。

## 自己負担限度額の算出の仕方

70歳未満の自己負担限度額は、左ページの表Aのように算出します。算出方法のうち、「医療費」は実際にかかった金額です。たとえば自己負担率が3割で、医療機関で30万円払った場合、実際の医療費は100万円と計算します。差額ベッド代や食事代、保険診療外の料金は、自己負担額に含まれません。

また、1人で2カ所以上の医療機関にかかった場合や、同一世帯で、同じ保険で、同じ月に2万1000円以上の自己

**健康保険、国民健康保険等の高額療養費申請の手続き**

| | |
|---|---|
| 手続き先 | 健康保険は、加入している健康保険組合の事務所。国民健康保険、後期高齢者医療制度は市区町村役所の担当窓口 |
| 必要なもの | 高額療養費支給申請書、「高額療養費の払い戻しのお知らせ」、健康保険証、自己負担した医療費の領収書、印鑑、振込先の口座番号など |
| 期限 | 診療を受けた翌月から2年以内 |

負担が複数ある場合は、合算して、合計額から自己負担限度額を超えた分が支払われます。総合病院などの場合は各科ごとに分けて計算し、入院と外来もそれぞれ別に計算します。

## 1年間に4回以上限度額を超えたら

同じ世帯が、直近の12カ月の間に3回以上自己負担限度額を超え、高額療養費を支給された場合、4回目からは自己負担限度額が軽減され、一定の金額になります。これを多数該当といい、限度額は左の表Aのとおり、所得によって4段階に区分されています。

## 70歳以上75歳未満の場合の自己負担限度額

70歳以上75歳未満の場合は、左の表Bのように、現役並みの所得者（窓口負担3割の人）から住民税非課税の人まで4段階に分かれています。また、外来だけの上限額も設けられています。

75歳以上の場合など、くわしくは市区町村役所の窓口に問い合わせを。

### 高額の介護費用にも払い戻しの制度が

介護保険にも、1カ月の利用者負担額が上限額を超えた場合、超えた額が「高額介護サービス費」として支給される制度があります。上限額は所得区分により異なります。また、介護と医療が合わさった場合「高額医療・高額介護合算療養費制度」の払い戻しの制度があります。いずれも市区町村の介護保険の窓口に問い合わせを。

**【表A】70歳未満の場合**

| | 所得区分 | 自己負担限度額 | 多数該当 |
|---|---|---|---|
| ① | 年収約1160万円以上<br>健保・標準報酬月額83万円以上<br>国保・年間所得901万円超 | 25万2600円+<br>(総医療費－84万2000円)<br>×1% | 14万100円 |
| ② | 年収約770～1160万円<br>健保・標準報酬月額53万～83万円未満<br>国保・年間所得600万円超901万円以下 | 16万7400円+<br>(総医療費－55万8000円)<br>×1% | 9万3000円 |
| ③ | 年収約370万～770万円<br>健保・標準報酬月額28万～53万円未満<br>国保・年間所得210万円超600万円以下 | 8万100円+<br>(総医療費－26万7000円)<br>×1% | 4万4400円 |
| ④ | 年収約370万円まで<br>健保・標準報酬月額28万円未満<br>国保・年間所得210万円以下 | 5万7600円 | 4万4400円 |
| ⑤ | 住民税非課税 | 3万5400円 | 2万4600円 |

**【表B】70歳以上75歳未満の場合**

| | 所得区分 | | 外来（個人ごと） | 1カ月の負担の上限額 |
|---|---|---|---|---|
| ① | 現役並み所得者<br>（月収28万円以上などの窓口負担3割の人） | | 4万4400円 | 8万100円+(総医療費-26万7000円)×1%<br>多数該当　4万4400円 |
| ② | 一般 | | 1万2000円 | 4万4400円 |
| ③ | 低所得者<br>（住民税非課税） | Ⅱ<br>（Ⅰ以外） | 8000円 | 2万4600円 |
| ③ | 低所得者<br>（住民税非課税） | Ⅰ<br>（年金受給額80万円以下、総所得が0など） | 8000円 | 1万5000円 |

# 生命保険・医療保険の手続き

## 生命保険や医療保険に加入していた場合の保険金の請求

### 保険を確認して、保険金を請求する

保険金は受取人が請求しなければ支払われません。まず、故人がどのような保険に加入していたか、受取人がだれであるかを確認しましょう。

保険金は指定されている受取人が単独で手続きできます。保険会社に連絡をして、契約内容について確認をし、生命保険に加入していた場合は、死亡保険金や死亡給付金を請求します。医療保険に加入していた場合も、入院給付金や死亡給付金などを請求します。

受取人が指定されていない場合、保険金は相続財産になるため、相続が正式に決まるまで請求できません。

### 保険金の請求は3年以内に手続きを

死亡保険金や医療保険の給付金の請求は、死後1~2カ月以内を目安に、手続きをしましょう。

保険会社に被保険者名《ひほけんしゃ》（故人）、死亡日、死因、証券番号などを伝えると、請求に必要な書類が送られてきます。その書類に記入し、そのほかに必要な書類（上記参照）をそろえます。手続きの方法は保険会社のホームページでも確認できますし、申請用紙などをダウンロードすることもできます。

保険法という法律（平成22年4月より施行）で「死後3年以内に請求しないと受け取る権利がなくなる」とされているので、早めにしましょう。

**生命保険の死亡保険金請求の手続き**

| | |
|---|---|
| 手続き先 | 各生命保険会社のお客さま窓口。簡易保険は郵便局 |
| 必要なもの | 死亡保険金申請書、保険証券、死亡診断書（保険会社所定のものか、医師の診断書）、被保険者（故人）の戸籍（除籍）謄本（抄本か住民除票でもよい）、保険金請求人（受取人）の印鑑登録証明書と戸籍謄本（抄本）、契約時の印鑑など |
| 期限 | 死亡日から3年以内 |

## 住宅ローンを支払っていた場合

銀行などの住宅ローンを組むときには、団体《だんたい》信用《しんよう》生命《せいめい》保険《ほけん》の契約をするのが一般的です。これは、ローンの契約者（債務者）が返済中に死亡した場合に、ローンの残金と同額の生命保険金が生命保険会社から銀行に支払われるというものです。

住宅金融支援機構（旧住宅金融公庫）のローンの場合は任意加入《にんいかにゅう》ですが、年金担保融資や民間銀行のローンでは加入が義務づけられています。金利に団体信用生命保険料が含まれている場合もあります。

故人が団体信用生命保険の契約をしていたかを確認し、借入先の金融機関に手続きを申し出ます。この場合、住宅ローンは亡くなったと同時に完済《かんさい》されることになるので、故人の債務《さいむ》にはなりません。

## 生命保険金への課税は受取人によって異なる

生命保険の死亡保険金には、相続税、所得税、贈与税がかかることがあります。課税される税金の種類は、保険料を負担した人や保険金の受取人によって異なります。

所得税がかかるのは、保険料の負担者と保険金受取人が同一人の場合です。相続税がかかるのは、死亡した被保険者と保険料の負担者が同一人の場合です。贈与税がかかるのは、保険料の負担者、被保険者、保険金の受取人がすべて異なる場合です（左表参照）。

また、受取人が相続人の場合は、相続税の非課税の適用があります（くわしくは206ページを参照）。

### 死亡保険金の扱いと課税される税金（例）

死亡保険金について、相続税、所得税、贈与税が課税されるのは、それぞれ次のような場合です。

| 被保険者 | 負担者 | 受取人 | 保険事故 | 税金 |
|---|---|---|---|---|
| 夫 | 夫 | 妻 | 夫の死亡 | 妻に相続税（非課税の適用あり） |
| 夫 | 夫 | 子 | 夫の死亡 | 子に相続税（非課税の適用あり） |
| 妻（契約者） | 夫 | 妻 | 夫の死亡 | 妻に相続税（生命保険契約に関する権利） |
| 妻 | 夫 | 夫 | 妻の死亡 | 夫に所得税（一時所得として） |
| 夫 | 妻 | 子 | 夫の死亡 | 子に贈与税 |

## 受給停止、未支給年金の請求、遺族が受け取る年金など

# 国民年金・厚生年金の手続き

### 受給中の故人の年金は停止の手続きを

国民年金や厚生年金を受けていた人が死亡した場合は、受給《じゅきゅう》を停止する手続きを行います。手続きをしないでいると、そのまま年金が支払われ、これを受け取りつづけると、その後死亡がわかった時点で全額を一括で返還しなければなりません。国民年金は死後14日以内、厚生年金は10日以内に行います。

手続きは、厚生年金保険の年金や国民年金の老齢《ろうれい》基礎《きそ》年金《ねんきん》の場合は、年金事務所または「街角の年金相談センター」で行います。それ以外の障害《しょうがい》基礎《きそ》年金《ねんきん》、遺《い》族《ぞく》基礎《きそ》年金《ねんきん》を受けていた場合は、市区町村役所の国民年金担当窓口です。

必要な書類は、年金受給権者死亡届、年金証書《ねんきんしょうしょ》、死亡を証明する書類（死亡診断書の写しや戸籍抄本）などです。

### 未支給の年金がある場合の手続き

年金は2カ月ごとに支払われるため、故人が前回受給してから、亡くなる日までの分が未払い（未支給年金）になることがあります。この場合は、受給停止の手続きと同時に、未払金を受け取る手続きをします。

未支給年金を請求できる範囲と優先順位は、故人と生計を同じくしていた配偶者、子、父母、孫、祖父母、兄弟姉妹です。

必要な書類は、「未支給【年金・保険給付】請求書」のほかに、年金証書、請求者の戸籍謄本、年金を受けていた人と請求者が生計をともにしていたことがわかる書類です。

届け出先は、受給停止手続きの場合と同様です。

### 遺族が受け取る年金・一時金

公的年金制度では、20歳以上60歳未満の国民は、すべて国民年金に加入し、加入者（被保険者）は次の3つに分けられます。

**第1号被保険者**　農林漁業、自営業、自由業者とその配偶者、学生などです。

**第2号被保険者**　会社員、公務員などで、国民年金と同時に、厚生年金や共済組合にも加入しています。

**第3号被保険者**　第2号被保険者に扶養されている配偶者です。

年金加入者が死亡すると、遺族に一時金や遺族年金《いぞくねんきん》が支給されますが、それらは、故人がどの年金に加入していたか（何号の被保険者であったか）や、遺族がだれであるか、遺族の年齢などで異なります。

## 遺族が受給できる年金と死亡一時金

| 死亡した人 | 遺　族 | 受給できる年金・死亡一時金 |
|---|---|---|
| **国民年金被保険者**【国民年金第1号被保険者】<br>● 老齢基礎年金の受給資格を持つ人で、まだ受給を受けていない人も同じ | **配偶者と18歳未満の子**（一定障害のある場合は20歳未満） | 遺族基礎年金 |
| | **18歳未満の子がいない妻**（夫の国民年金納付年数が3年以上） | 死亡一時金 |
| | **18歳未満の子がいない妻**（夫の国民年金納付年数が25年以上） | 寡婦《かふ》年金 |
| | **18歳未満の子**（一定障害のある場合は20歳未満） | 遺族基礎年金 |
| | **その他の遺族** | 死亡一時金 |
| **厚生年金被保険者**【国民年金第2号被保険者】<br>● 共済年金被保険者も同じ | **配偶者と18歳未満の子**（一定障害のある場合は20歳未満） | 遺族基礎年金＋遺族厚生年金 |
| | **18歳未満の子がいない妻** | 中高齢寡婦加算*＋遺族厚生年金 |
| | **18歳未満の子**（一定障害のある場合は20歳未満） | 遺族基礎年金＋遺族厚生年金 |
| | **その他の遺族**（夫・父母・祖父母は55歳以上、支給は60歳から） | 遺族厚生年金 |
| **厚生年金被保険者の扶養配偶者**【国民年金第3号被保険者】 | | なし |
| **老齢基礎年金受給者** | **配偶者と18歳未満の子**（一定障害のある場合は20歳未満） | 遺族基礎年金 |
| | **18歳未満の子**（一定障害のある場合は20歳未満） | 遺族基礎年金 |
| | **その他の遺族** | なし |
| **老齢厚生年金受給者**<br>● 特別支給の老齢厚生年金を給付時期を早めて受給している人も同じ | **配偶者と18歳未満の子**（一定障害のある場合は20歳未満） | 遺族基礎年金＋遺族厚生年金 |
| | **18歳未満の子がいない妻** | 中高齢寡婦加算*＋遺族厚生年金 |
| | **18歳未満の子**（一定障害のある場合は20歳未満） | 遺族基礎年金＋遺族厚生年金 |
| | **その他の遺族**（夫・父母・祖父母は55歳以上、支給は60歳から） | 遺族厚生年金 |

＊40歳以上65歳未満

遺族基礎年金、寡婦年金、死亡一時金などの手続き

【国民年金第1号被保険者】

# 故人が国民年金だけに加入していた場合

## 遺族基礎年金

### 支給には、故人と遺族の条件がある

故人が国民年金だけに加入していた国民年金第1号被保険者の場合は、遺族に は、遺族《いぞく》基礎《きそ》年金《ねんきん》、寡婦《かふ》年金《ねんきん》、死亡《しぼう》一時《いちじ》金《きん》のうち、どれかひとつが支給されます。ただし、それぞれに条件があります。

遺族基礎年金が支給されるのは、故人が次のいずれかの場合です。

▼故人が国民年金の加入者であること。さらに、加入期間の3分の2以上の期間、保険料を納めている（免除された期間を含む）こと。ただし、平成38年3月末までは故人が65歳未満であれば、死亡した月の前々月までの1年間に保険料の滞納がなければ受けられる。

▼故人が老齢基礎年金をもらう資格期間（25年以上）を満たしている。

さらに、受給できる遺族も次の条件を満たしていなければなりません。

▼故人によって生計《せいけい》を維持されていた子のある妻か夫、配偶者がいない場合は「子」で、子が満18歳未満（一定障害のある場合は20歳未満）になる年度の3月末日を過ぎていないこと（子が対象年齢を超えると支給は打ち切りとなる）。

### ●手続きの仕方

申請は、市区町村役所の国民年金担当窓口または年金事務所などで行います。期限は死亡日から5年以内です。

必要な書類は、国民年金遺族基礎年金裁定請求書、故人の年金手帳（基礎年金番号通知書）、請求者および加算額の対象者（子）と故人との身分関係を証明する戸籍謄本、死亡診断書の写し、請求者が故人に生計を維持されていたことを証明する書類（源泉徴収票、非課税証明書など）、加算額の対象となる子が生計をともにしていたことを証明する書類（住民票の写しなど）、印鑑などです。

年金額は、配偶者と子1人の場合と、子1人のみの場合は「基本年金額78万１００円＋子の加算額22万４５００円」です。子の加算額は、子の数に応じて、2人までは22万６３００円（3人目以降は7万４８００円）です（平成28年度の場合）。

**国民年金の**
**遺族基礎年金請求の手続き**

| | |
|---|---|
| 手続き先 | 市区町村役所の国民年金課 |
| 必要なもの | 国民年金遺族基礎年金裁定請求書、年金手帳、戸籍謄本、死亡診断書の写し、源泉徴収票（または非課税証明書）、住民票の写し、印鑑、振込先の口座番号など |
| 期　限 | 死亡日から5年以内 |

## 寡婦年金

### 結婚10年以上の子のない妻に支給

故人となった夫が国民年金第1号被保険者であった場合、妻は、次の条件を満たすと寡婦年金《かふねんきん》が支給されます。

▼第1号被保険者として、夫が保険料を支払った期間が25年以上ある（保険料免除期間を含む）。
▼夫が老齢基礎年金または傷害基礎年金を受けずに亡くなっている。
▼18歳未満の子がいない。
▼65歳未満であり、故人に生計《せいけい》を維持されていて、結婚期間が10年以上ある。

寡婦年金は、夫の死亡後すぐには支給されず、支給期間は、妻が60歳から65歳未満の5年間です。60歳を過ぎてから夫が亡くなった場合は、その時点から65歳未満までに支給されるため、期間は短くなります。額は、夫が受けるはずだった老齢基礎年金額《ろうれいきそねんきんがく》（夫が加入していた期間によって異なる）の4分の3です。

#### ●手続きの仕方

申請は、住所地の市区町村役所の国民年金課で行います。必要な書類は、国民年金寡婦年金裁定請求書、年金手帳、死亡を証明する書類、戸籍謄本、住民票の写し、故人によって生計を維持されていたことを証明する所得の証明書、印鑑などです。

**国民年金の寡婦年金請求の手続き**

| | |
|---|---|
| 手続き先 | 市区町村役所の国民年金課 |
| 必要なもの | 国民年金寡婦年金裁定請求書、年金手帳、死亡診断書の写し、戸籍謄本、住民票の写し、所得の証明書、印鑑、振込先の口座番号など |
| 期限 | 死亡日から5年以内 |

## 死亡一時金

### 金額は保険金を納めた期間で異なる

国民年金第1号被保険者として保険料を3年以上納めていた人が亡くなると、故人と生計《せいけい》をともにしていた遺族に死亡《しぼう》一時金《いちじきん》が支給されます。条件は、

▼故人が老齢基礎年金、傷害基礎年金のいずれも受けていなかったこと。

また、受給できる遺族の範囲と優先順位は、配偶者、子、父母、孫、祖父母、兄弟姉妹の順で、遺族基礎年金も寡婦年金も受けていないことが条件です。

金額は保険料を納めた期間によって異なります。寡婦年金と死亡一時金のどちらの支給も受けられる場合は、金額を比較して選択します。

#### ●手続きの仕方

申請は住所地の市区町村役所の国民年金課で、死亡日から2年以内に行います。国民年金死亡一時金裁定請求書、年金手帳、除籍謄本、住民票の写しなどが必要です。

**国民年金の死亡一時金請求の手続き**

| | |
|---|---|
| 手続き先 | 市区町村役所の国民年金課 |
| 必要なもの | 国民年金死亡一時金裁定請求書、年金手帳、除籍謄本、住民票の写し、印鑑、振込先の口座番号など |
| 期限 | 死亡日から2年以内 |

遺族厚生年金、遺族基礎年金、中高齢寡婦加算の手続き

【国民年金第2号被保険者】

# 故人が厚生年金・共済組合などに加入していた場合

## 遺族厚生年金

### 厚生年金・共済組合に加入していると支給される

故人が厚生年金や共済組合に加入していた国民年金第2号被保険者の場合、遺族には遺族厚生年金が支給されます。

厚生年金の遺族厚生年金は、子のあるなしにかかわらず支給されます。ただし、30歳未満の子のない妻は5年間の有期給付となります。また、条件を満たせば妻を亡くした夫も受給できます。

遺族厚生年金が支給されるのは、故人が次のいずれかの条件を満たしている場合です。

▼厚生年金などの被保険者が死亡したとき、または、被保険者期間中のケガや病気がもとで、初診日から5年以内に死亡したとき（ただし、保険料納付済期間〈免除期間含む〉が国民年金加入期間の3分の2以上あること。平成38年3月末までの特例あり）。

▼1級か2級の障害厚生年金を受けている人が死亡した。

▼老齢厚生年金を受けている人、または受ける資格期間を満たした人が死亡した。

受けられる遺族の範囲と優先順位は、配偶者（夫は55歳以上）、子、孫、55歳以上の父母、祖父母の順です。ただし夫、父母、祖父母の場合、支給は60歳からになります。

また、子、孫は、満18歳未満（心身障害のある場合は20歳未満）になる年度の3月末日を過ぎていない場合です。

● **手続きの仕方**

申請は年金事務所または「街角の年金相談センター」で行います。期限は死亡日から5年以内です。

必要な書類は遺族厚生年金裁定請求書、年金手帳、死亡を証明する書類、戸籍謄本、住民票、所得の証明書などです。

支給される金額は、故人が老齢厚生年金として支給されるはずだった額（故人の収入と厚生年金の加入期間をもとに算出）の4分の3に相当する額です。

**厚生年金の**
**遺族厚生年金請求の手続き**

| | |
|---|---|
| 手続き先 | 年金事務所または街角の年金相談センター |
| 必要なもの | 遺族厚生年金裁定請求書、年金手帳、死亡診断書の写し、戸籍謄本、住民票、所得証明書、印鑑、振込先の口座番号など |
| 期　限 | 死亡日から5年以内 |

## 遺族基礎年金

### 遺族厚生年金と合わせて支給される

第2号被保険者は国民年金と同時に厚生年金（共済組合）に加入しているので、次の条件を満たせば、遺族には、遺族厚生年金と合わせて、国民年金の「遺族基礎年金」も支給されます。

▼故人が厚生年金の加入者であった。
▼故人が老齢基礎年金をもらう資格期間（25年以上）を満たしている。

受給できるのは、故人によって生計を維持されていた子を持つ妻や夫、配偶者がいない場合は子です。子が満18歳未満（一定障害のある場合は20歳未満）になる年度の3月末日を過ぎると、支給が打ち切られます。

金額と手続きの仕方については、126ページを参照してください。

## 中高齢寡婦加算

### 40歳以上65歳未満の妻に支給される

厚生年金に加入していた夫が亡くなった場合、遺族厚生年金を受ける条件を満たしている妻は、さらに次の条件を満たしていると、中高齢寡婦加算を受けることができます。

▼満40歳以上、65歳未満であること。
▼遺族基礎年金を受給できる子がいない。
▼子がいる場合は、遺族基礎年金が打ち切りになった。

実際に支給される期間は、妻が40歳から65歳未満で、65歳からは妻自身の老齢基礎年金が支給されます。

手続きや書類は必要ありません。遺族厚生年金の手続きをすると、条件を満たしている場合は、自動的に手続きをしてくれます。

金額は年額58万5100円（平成28年度）です。また、昭和31年4月1日以前に生まれた妻については、経過的寡婦加算として、65歳以降も生年月日に応じた額をもらえます。

これは妻のみへの加算制度なので、夫やほかの遺族は受けられません。

**Q 会社を辞めてから死亡した場合は？**

**A** 故人が、会社勤めをしている間は厚生年金に加入していたけれど、その後退職して、死亡時には国民年金の第1号被保険者だった場合、条件によっては遺族厚生年金が支給されることもあります。ポイントは、老齢厚生年金を受ける資格期間を満たしているかどうか。故人が、厚生年金と国民年金の保険料を合わせて25年以上納め、かつ厚生年金に1カ月以上加入したことがあれば、遺族は遺族厚生年金を受けることができます。

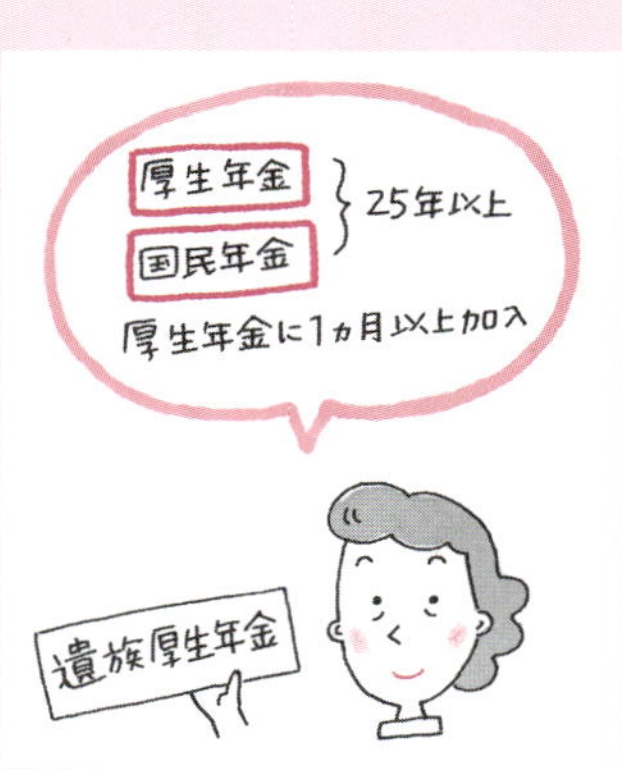

## 老齢基礎年金や老齢厚生年金を受けていた場合の年金

# 故人が年金受給者の場合

## 老齢基礎年金受給者【国民年金第1号被保険者】

### 遺族基礎年金のみ

国民年金第1号被保険者は、65歳から老齢《ろうれい》基礎《きそ》年金《ねんきん》が支給されます。

故人がこれに該当する場合、遺族は遺族《いぞく》基礎《きそ》年金《ねんきん》を受けられます。

ただし、受給できるのは故人によって生計《せいけい》を維持されていた子を持つ妻か夫、配偶者がいない場合は子で、子が満18歳未満（一定障害のある場合は20歳未満）になる年度の3月末日までです。

手続きの仕方と年金額は、126ページを参照してください。寡婦年金や死亡一時金は、故人が老齢基礎年金を受けていると、支給されません。

## 老齢厚生年金受給者【国民年金第2号被保険者】

### 遺族厚生年金が加わる

第2号被保険者は、老齢基礎年金と同時に、老齢厚生年金《ろうれいこうせいねんきん》が支給されます。受給開始時期は、生年月日と本人の希望によって異なりますが、故人がこれを受けていた場合、遺族は遺族厚生年金《いぞくこうせいねんきん》を受けられます。条件や手続きは、128ページ参照。さらに条件を満たせば遺族基礎《いぞくきそ》年金《ねんきん》が受けられます。

### 条件により中高齢寡婦加算も

老齢厚生年金を受けていた夫が亡くなったとき、妻が40歳以上65歳未満の場合、40歳から65歳未満まで中高齢寡婦加算《ちゅうこうれいかふかさん》を受けることができます。

また、妻が昭和31年4月1日以前の生まれの場合、65歳以降は経過的寡婦加算が支給されます。夫が亡くなったとき妻が65歳を過ぎていた場合には、その時点から経過的寡婦加算が支給されます。

### 「街角の年金相談センター」とは

「街角の年金相談センター」は、日本年金機構から委託を受けて、全国社会保険労務士会連合会が運営している、年金についての相談センターです。年金事務所同様、年金についての相談も年金の請求などの手続きも、すべて無料でできます。相談は、社会保険労務士などの年金のプロが対面で行い、電話での相談は受け付けていません。現在40都道府県に78カ所、設置されています。くわしくは「日本年金機構」のホームページを。

## 妻が厚生年金を受ける場合

夫に先立たれた妻が、65歳未満の場合、条件を満たせば遺族厚生年金《いぞくこうせいねんきん》、遺族基礎《いぞくきそ》年金《ねんきん》、中高齢寡婦加算《ちゅうこうれいかふかさん》を受けられます。

妻が65歳以上になると、妻自身の老齢基礎年金の支給が始まります。また、妻自身が厚生年金の加入者である場合、60歳から65歳未満の間（開始時期は生年月日によって異なる）には特別支給の老齢厚生年金が、65歳以降は老齢厚生年金が支給されることになります。

以前は、65歳以降、遺族厚生年金か妻自身の老齢厚生年金《ろうれいこうせいねんきん》か、いずれかを選択することになっていましたが、法改正により、平成19年4月1日以降は年金の支給方式が変更されました。これにより、自分自身が納めた年金保険料が年金額に反映されるようになりました。

### 厚生年金に加入していた妻が60歳以上65歳未満の期間

亡くなった夫が厚生年金に加入していて、妻自身も厚生年金に加入していた場合、次の2つのうち、どちらかを選んで受け取ります。

▼夫の遺族厚生年金＋中高齢寡婦加算
▼妻自身の特別支給の老齢厚生年金

特別支給の老齢厚生年金の支給開始時期と支給額は、生年月日や収入、加入していた期間によってそれぞれ異なるので、年金事務所に問い合わせましょう。

### 65歳以降

65歳以上で遺族厚生年金と老齢厚生年金を受ける権利のある人には、老齢基礎年金と老齢厚生年金が全額支給され、遺族厚生年金は老齢厚生年金に相当する額の支給が停止されます。つまり、遺族厚生年金と自身の老齢厚生年金との差額が遺族厚生年金として支給されます。

### Q 遺族年金受給者が再婚したら？

**A** 遺族年金（遺族基礎年金、遺族厚生年金）を受け取っている妻や夫が再婚すると、遺族年金を受ける権利はなくなります。また、その後新しい配偶者と離婚しても、元の亡くなった配偶者の遺族年金を受けることはできません。

なお、遺族年金を受給している子は、親の再婚によって受給権を失うことはありません。子は養子になると受給権を失いますが、直系姻族《ちょっけいいんぞく》との養子縁組の場合は例外で、再婚相手の養子となっても受給権は失いません。直系血族（祖父母）の養子になった場合も受給権は失いません。

自営業者、年収2000万以上のサラリーマンなど

# 所得税の準確定申告

## 死亡日から4カ月以内に申告

### ●自営業者の場合

通常の所得税の確定申告は、1月1日から12月31日までの1年間の所得を計算し、それに対する税金を翌年の2月16日から3月15日までに、住所地の税務署に申告します。

自営業者が亡くなった場合は、相続する人が、故人のその年の1月1日から死亡日までの所得を計算し、申告しなければなりません。これを「準確定申告《じゅんかくていしんこく》」といいます。

また、その年の1月1日から3月15日までに前年分の確定申告をしないで死亡した場合は、これも同時に行います。

申告は死亡（相続）を知った日の翌日から4カ月以内で、故人の住所地の所轄の税務署に提出します。これによって、故人の所得税が決定します。

### ●サラリーマンの場合

サラリーマンなどの給与所得者の場合は、所得税は、通常、給与から源泉徴収されています。

死亡によって退職した場合は、勤務先でその年の給与にかかる所得税を計算し、年末調整するのが一般的です。年末調整されていない場合は、相続人が準確定申告をして、源泉徴収税額の還付を受けます。

また、サラリーマンでも次の場合には準確定申告が必要です。

▼年収が2000万円以上ある。
▼給与所得や退職金などの所得のほかに、雑所得が20万円以上ある。
▼2カ所以上から給与を受け取っている。
▼医療費控除を受ける（くわしくは134ページ参照）。
▼住宅借入金等特別控除を受けている。

**Point**

**相続分が確定していない場合**

準確定申告は死亡（相続）を知った日から4カ月以内に行いますが、その時点で相続分が確定していないこともあります。その場合は、法定相続分《ほうていそうぞくぶん》（192ページ参照）に応じて割り振った税額を、それぞれの相続人が納めます。相続人が負担した税額は、債務として相続財産から控除されます。

## 申告、納税は法定相続人が行う

準確定申告は、法定相続人（186ページ参照）が行います。2人以上いる

場合には、原則として、相続人全員が連名で、1通の準確定申告書を提出します。法定相続人が確定していない場合は、相続人の中から代表者を決めて申告します。

所得税は相続人が負担しますが、2人以上いる場合は、相続分に応じた割合で割り振って、それぞれが納めます。遺言によって指定相続分がある場合には、それに従って割り振ります。

また、相続放棄《そうぞくほうき》（185ページ参照）をした相続人がいる場合は、その人を除いた相続人全員で、準確定申告と納税をします。

## 還付金は相続税の対象になる

準確定申告をして、故人の還付金《かんぷきん》が還付された場合、還付金は「未収金《みしゅうきん》」として、相続税の対象になります。ほかの相続財産とあわせて扱うことになるので、たとえ金額が少なくても、忘れずにリストに加えておきましょう。

## 申告の仕方 手続きに必要なもの

準確定申告書は確定申告書に各相続人の氏名、住所、被相続人との続柄を記した付表を添付して税務署に提出します。用紙は税務署で入手するほか国税庁のホームページからダウンロードできます。

このほかに故人の死亡日までの決算書（給与所得者の場合は死亡日までの源泉徴収票）、所得の内訳書、生命保険・地震保険の控除証明書、医療費の領収書、相続人全員の認め印なども必要です。そして、申告者の身分を確認できる運転免許証などを持参します。

### 準確定申告の手続き

| | |
|---|---|
| 手続き先 | 故人の住所地を管轄する税務署 |
| 必要なもの | 準確定申告の申告用紙と付表、死亡日までの決算書(源泉徴収票)、所得の内訳書、生命保険・地震保険の控除証明書、医療費の領収書、相続人全員の認め印、申告者の身分を証明できるもの(運転免許証)など |
| 期限 | 死亡(相続)を知った日から4カ月以内 |

### 準確定申告の場合もさまざまな控除《こうじょ》を受けられる

一般的な確定申告をするときには、その年の1月1日から12月31日までの医療費、社会保険料、生命保険料、地震保険料などが、所得税の控除の対象となります。

準確定申告の場合も、その年の1月1日から死亡日までに、故人が医療費、社会保険料、生命保険料、地震保険料などに支払った金額は、所得税から控除されます。

また状況によっては、配偶者控除や扶養控除を受けられることもあります。

医療費控除（134ページ参照）は、死亡日までに支払った金額が対象です。入院中に亡くなった場合、死亡後に支払った故人の入院費は控除の対象にはなりません。

ただしこの場合、支払った人が故人と生計をともにしていたなら、その人がその年の確定申告をすれば、医療費控除を受けることができます。

支払った人が故人の相続人の場合は、医療費を相続税の課税額の計算上、債務とすることができます。

# 医療費控除

## 1月1日から死亡日までにかかった医療費が対象

### 自己負担額が10万円以上の場合

医療費《いりょうひ》控除《こうじょ》は通常、税金を納めている本人とその扶養家族（配偶者や生計をともにしている親族）が、1年間に支払った医療費が対象です。自己負担額が合計で10万円以上（年間所得200万円未満の場合は、所得の5％以上）になると、その超えた部分について、200万円を限度として所得税から医療費控除が受けられます。具体的な金額は、下の計算式を参照。

医療費控除は確定申告をするときに、あわせて申告します。

### 1月1日から死亡日までが対象

準確定申告をする際も、医療費控除を受けることができます。対象となる期間は、所得税と同様、故人が死亡した年の1月1日から死亡した日までです。この間に、本人とその家族が支払った医療費を合計して計算します。死亡後に支払った入院費などは控除されないので、領収書の日付に注意しましょう。

なお保険などで補てんされる金額は差し引いて計算します。

### 医療費の明細書と領収書が必要

申告をする際は、該当する医療費の領収書と明細書が必要です。領収書は準確定申告書に添付をするか、準確定申告書を提出する際に提示します。自分でノートなどにまとめ、領収書とともに支払先や明細書を書き込んでもいいのですが、税務署には医療費控除の手引きや明細書の用紙があるので、準確定申告用紙をもらうときにいっしょに手に入れるといいでしょう。

#### 医療費控除の手続き

| | |
|---|---|
| 手続き先 | 個人の住所地を管轄する税務署 |
| 必要なもの | 故人の死亡日までの決算書（源泉徴収票）、死亡年（5年前まで申告できる）の1月1日から死亡日までの医療費の領収書、相続人全員の認め印 |
| 期間 | 毎年2月16日〜3月15日 |

#### Point
#### 医療費控除の計算の仕方

（死亡した年の1月1日から死亡した日までに支払った医療費の総額 － 保険などで補てんされる金額）－ 10万円（所得が200万円未満の人は所得金額の5％）＝ 医療費控除額（最高200万円）

# 医療費控除の対象となる医療費

## 【控除の対象になる費用】

- 医師または歯科医師による診療や治療の費用
- 治療、療養に必要な医薬品の購入の費用（健康増進や疾病予防のための医薬品は含まれない）
- 病院、診療所、介護老人保健施設、介護療養型医療施設、指定介護老人福祉施設、指定地域密着型介護老人福祉施設、助産所へ入るための人的サービスの費用
- あん摩マッサージ指圧師、はり師、きゅう師、柔道整復師による施術費用
- 保健師、看護師、准看護師または特に依頼した人による療養上の世話の費用
- 助産師による分べんの介助費用
- 介護保険制度の下で提供された一定の施設・居宅サービスの自己負担額
- 医師等による診療、治療、施術または分べんの介助を受けるために直接必要なもの

①医師等による診療等を受けるための通院費、医師等の送迎費、入院の際の部屋代（自己都合による差額ベッド代は含まれない）や食事代、コルセットなどの医療用器具等の購入代やその賃借料で通常必要なもの
②医師等による診療や治療を受けるために直接必要な、義手、義足、松葉杖、義歯などの購入費用
③傷病によりおおむね6カ月以上寝たきりで医師の治療を受けていて、おむつを使う必要があると認められるときのおむつ代（医師が発行した「おむつ使用証明書」が必要）

- 骨髄移植推進財団に支払う骨髄移植のあっせんにかかる患者負担金
- 日本臓器移植ネットワークに支払う臓器移植のあっせんにかかる患者負担金
- 高齢者の医療の確保に関する法律に規定する特定保健指導（一定の積極的支援によるものに限る）のうち一定の基準に該当する者が支払う自己負担金

※健康診断のための費用や死亡診断書代は対象にならない。

## 【医療費から差し引かれる費用】

- 健康保険から支給された療養費などの給付金、高額療養費の払い戻し金など
- 生命保険や損害保険から医療費の補てんを目的として支払われた保険金や入院給付金など。ただし、保険金などで補てんされる金額は、その給付の目的となった医療費の金額を限度として差し引く。引ききれない金額が生じても他の医療費からは差し引かない。
- 医療費の補てんを目的として支払われた損害賠償金

住民票、戸籍・除籍謄（抄）本、印鑑登録証明書など

# 諸手続きに必要な書類

## 手続きに必要な書類をまとめて入手する

故人に関する法的な手続きを取る際には、さまざまな書類が必要になります。中でも、申請する人の住民票や印鑑登録証明書（以下印鑑証明書）、故人の戸籍謄本や除籍謄本《じょせきとうほん》などは、提出しなければならない機会が多くあります。そのたびに市区町村役所に請求するのは手間ですから、あらかじめ必要な枚数を調べ、一度に発行してもらうといいでしょう。

なお、発行する際の手数料は市区町村によって多少異なりますが、参考として東京都（23区）の場合を付記します（平成28年現在）。

## 有効期限に注意

手続きに添える住民票や印鑑証明書は「2カ月以内に発行されたもの」など、有効期限が定められていることがあります。早めにまとめて数枚発行してもらったものの、手続きをとらずにそのままおいておくと期限が切れて、法的な手続き上無効になってしまうことがあるので気をつけましょう。申告期限に余裕がある場合でも、書類を手に入れたら、できるだけすみやかに手続きをします。

### 死亡診断書（写し）

法的手続きで、死亡を証明する書類になります。

死亡診断書は臨終に立ち会った医師が作成し、遺族に渡します。死亡診断書の左側は死亡届になっていて、死後７日以内に役所に提出します（42ページ参照）。葬儀後の諸手続きに必要ですから、コピーを取っておきます。

### 住民票

世帯全員の写しと一部の写しの2種類があります。【手数料は各３００円】

## 住民票が必要な主な手続き

▼健康保険・国民健康保険・後期高齢者医療制度から、葬式の費用として葬祭費あるいは埋葬料を申請するとき。

▼国民年金・厚生年金から、遺族年金をもらうとき。

▼故人の自動車や不動産の所有権を相続し、名義変更をするとき。

## 印鑑登録証明書

一般的に実印《じついん》と呼ばれる印鑑を、本人が登録している印であることを証明するものです。【手数料は３００円】

### 印鑑登録証明書が必要な手続き

▼故人の銀行預金や郵便貯金を相続して、名義変更をするとき。

▼故人が持っていた株券や債券を相続して、名義変更をするとき。

▼故人の不動産の所有権を相続して、名義変更をするとき。

▼故人の自動車の所有権を相続して、名義変更をするとき。

▼遺産分割協議書を作成するとき（相続人全員の印鑑証明書が必要）。

▼生命保険の死亡保険金を請求するとき。

### 本人確認の書類が必要

戸籍法・住民基本台帳法により、戸籍や住民票の写しなどの取得には窓口での本人確認書類の提示が義務づけられています。

本人確認書類とは運転免許証、パスポート、住民基本台帳カード、健康保険証、印鑑登録証明書、住民票の写し、個人番号カード、年金手帳などです。

戸籍（除籍）謄本や抄本を請求する際、顔写真のない確認書類しかない場合は、２種類以上提示する必要があります。

### ■住民票の写し等交付請求書

住民票の写し等交付請求書

（宛先）
中央区長

〔窓口に来た方の本人確認をさせていただきます。本人を証明できるものを窓口で提示してください。（運転免許証　パスポート　住基カード　健康保険証など〕

どなたの住民票　証明書が必要ですか　　平成　年　月　日

| | | | | | | |
|---|---|---|---|---|---|---|
| 住　所 | 中央区 | | | | | |
| フリガナ<br>氏名(通称) | | | | 生年月日<br>年　月　日生 | | |
| 必要な<br>も　の | □住民票の写し | 世帯の全部 | 通 | □住民票の除票の写し | 世帯の全部 | 通 |
| | | 世帯の一部 | 通 | | 世帯の一部 | 通 |
| | □住民票記載事項証明 | | 通 | □不在住証明 | | 通 |

記載が必要な項目はどれですか

住民票は通常、下記の項目は省略されていますが、記載が必要な場合はチェック ☑ してください。

| 記載が必要な項目 | 日本人 | 外国人 |
|---|---|---|
| | □ 世帯主との続柄<br>□ 本籍地及び筆頭者 | □ 世帯主との続柄　□ 在留情報（在留資格・期間等）<br>□ 国籍・地域　□ 在留カード・特別永住証明書の番号<br>□ その他（　） |

窓口に来た方

□本　人　　電話（　）
□同じ世帯の方　氏名
中央区から転出された方は現在の住所
住　所
□その他の方・代理人については、委任状が必要です。　住民票に記載されている方との関係〔　〕
住　所
ふりがな
氏　名　生年月日（明・大・昭・平　年　月　日　電話（　）

この住民票等を使う方

□住民票・証明書にのっている本人または同じ世帯の方
□その他の方（法人による交付申請の場合は、名称・所在地・代表者氏名の記載及び社印又は代表者印の押印をしてください。）
住　所
ふりがな
氏　名　又は法人名　社印又は代表者印　電話（　）

使いみち

□運転免許証
□公的年金申請・届出
□医療助成・手当認定申請
□都営・区営住宅
□その他
具体的な内容〔　〕

◎偽りその他不正な手段によって交付を受けたときは、罰金に処せられます。住民基本台帳法第４７条第2号・30万円以下）
◎プライバシーの侵害につながるような不当な請求には応じられません。

事務処理欄

| 手数料 | 有料 | 通 | 円 |
|---|---|---|---|
| | 無料 | 通 | |

| 本人確認 | 免　パ　住基カ　保　在カ |
|---|---|
| | その他（　） |

| 受付 | 作成 | 確認 |
|---|---|---|
| | | |

### ■印鑑登録証明書交付申請書

第９号様式

印鑑登録証明書交付申請書
CERTIFICATE OF STAMP REGISTRATION

（宛先）中央区長

年　月　日

| | | |
|---|---|---|
| 印鑑登録者 | 印鑑登録証番号<br>NUMBER | 第　号 |
| | 住　所<br>ADDRESS | 東京都中央区<br>TOKYO, CHUO-KU |
| | 氏　名<br>NAME | |
| | 生年月日<br>DATE OF BIRTH | 明治・大正・昭和・平成・西暦　年 YEAR　月 MONTH　日 DAY |

| 必要な通数 | 通<br>COPIES |
|---|---|

| | | | |
|---|---|---|---|
| 申請者 | □ 本人 SELF | 連絡先電話番号<br>PHONE NUMBER | |
| | □ 代理人 PROXY | 住所<br>ADRESS | |
| | | ふりがな<br>氏名<br>NAME | |

＊注意事項
○　必ず印鑑登録証を提出してください。
印鑑登録証の提示がないと、いかなる場合も印鑑登録証明書の交付はできません。
○　登録印は必要ありません。

| 手数料 | 通 | 円 |
|---|---|---|

## 戸籍謄本（戸籍全部事項証明書）

戸籍に記載されている全員を写したものです。除籍された人も含みます。【手数料は450円】

### 戸籍謄本が必要な主な手続き

- ▼健康保険、国民健康保険の、埋葬料あるいは葬祭費を申請するとき。
- ▼遺族年金を申請するとき。
- ▼故人名義の銀行預金や郵便貯金、株式、債券の名義を変更するとき。
- ▼故人名義の電話、自動車、不動産の所有権の名義を変更するとき。
- ▼相続税を申告するとき。
- ▼郵便局の簡易保険を受け取るとき。

## 戸籍抄本（戸籍個人事項証明書）

戸籍に記載されている人のうち、請求者が必要とする人（何人でも）だけを写したものです。【手数料は450円】

### 戸籍抄本が必要な主な手続き

- ▼生命保険の死亡保険金を請求するとき。

## 除籍謄本（除籍全部事項証明書）

一つの戸籍から、婚姻、死亡、分籍、転籍などによりすべての人が除かれると、その戸籍は除籍として保存されます。そこに記載されている人を全員写したものです。【手数料は750円】

### 除籍謄本が必要な主な手続き

- ▼故人名義の生命保険や簡易保険の死亡保険金を請求するとき。
- ▼故人名義の電話加入権や自動車の所有権を移転するとき。
- ▼故人名義の銀行預金や郵便貯金、株券や債券の名義変更をするとき。
- ▼故人が会社役員だった場合、役員の登記の変更をするとき。

※改製原戸籍謄本（手数料750円）も必要になる場合があります。

■戸籍に関する証明等交付請求書

戸籍に関する証明書交付請求書

あて先
中央区長
（窓口に来た方の本人確認をさせていただきます。本人を証明できるものを窓口で提示してください（運転免許証・パスポート・写真付き住基カードなど）。その他の注意事項は裏面をご覧ください。）

1 どなたの証明が必要ですか　　平成　年　月　日請求

本籍　中央区　丁目　番地・番　筆頭者名
フリガナ
氏名　生年月日　明・大・昭・平・西暦　年　月　日

2 何が必要ですか。○をつけ、通数を記入してください。

| | | | |
|---|---|---|---|
| 1 | 戸籍全部事項証明書／戸籍謄本 | 450円 | 通 |
| 2 | 戸籍個人事項証明書／戸籍抄本 | 450円 | 通 |
| 3 | 戸籍一部事項証明書（出生・婚姻・離婚・死亡・転籍・父母の氏名・その他　） | 450円 | 通 |
| 4 | 戸籍記載事項証明書（出生・婚姻・離婚・死亡・転籍・父母の氏名・その他　）（コンピュータ化されてない戸籍） | 1項目 350円 | 項目 通 |
| 5 | 除籍全部事項証明書／除籍謄本 | 750円 | 通 |
| 6 | 除籍個人事項証明書／除籍抄本 | 750円 | 通 |
| 7 | 除籍一部事項証明書（出生・婚姻・離婚・死亡・転籍・父母の氏名・その他　） | 750円 | 通 |
| 8 | 除籍記載事項証明書（出生・婚姻・離婚・死亡・転籍・父母の氏名・その他　）（コンピュータ化されてない戸籍） | 1項目 450円 | 項目 通 |
| 9 | 改製原戸籍謄本（平成・昭和） | 750円 | 通 |
| 10 | 改製原戸籍抄本（平成・昭和） | 750円 | 通 |
| 11 | 戸籍の附票（全部・個人） | 300円 | 通 |
| 12 | 身分証明書 | 300円 | 通 |
| 13 | 受理証明書　平成　年　月　日（　届） | 350円 | 通 |
| 14 | 届書記載事項証明書　平成　年　月　日（　届） | 350円 | 通 |
| 15 | 不在籍証明書 | 300円 | 通 |
| 16 | その他　告知書・行政証明（　） | | 通 |

3 窓口に来た方　　4 使う方（窓口に来た方と違う場合は、記入お願いします。）

フリガナ
氏名　印　　氏名　窓口に来た方との関係
住所　電話　－　－　　住所　電話　－　－
生年月日　明・大・昭・平・西暦　年　月　日　　生年月日　明・大・昭・平・西暦　年　月　日
戸籍に記載されている方との関係　□本人　□配偶者　□父母　□子　□孫　□同籍者　□（　）の配偶者・子
□代理人・その他（　）　委任状　有・無

請求の理由
□ 公的年金の申請（国民・厚生・共済・その他　）
（　）
□ 相続（　）死亡のため
出生～死亡まで　死亡時のみ　その他
□ パスポート申請
□ その他（具体的に書いてください）
（　）

【事務処理欄】
本人確認　□免許証　□パスポート　□住基カード（写真付き）　□その他（　）
手数料　有料　通　円　無料　通
受付　作成　確認

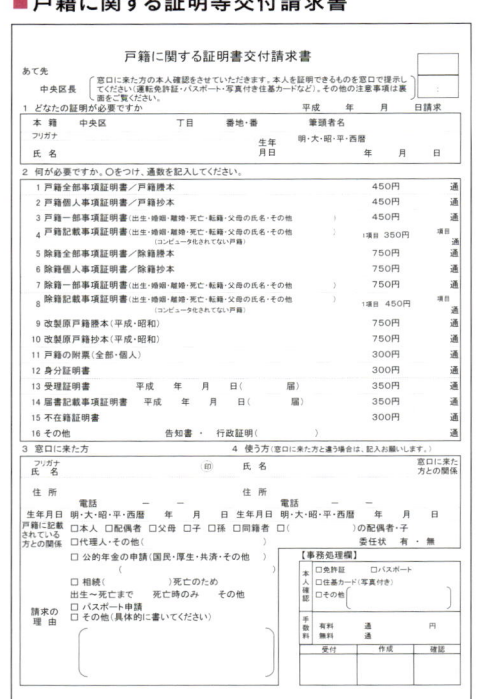

## 身分証明書

次の4つのすべてに、あてはまるということを証明するものです。【手数料は300円】

①破産宣告を受けていない。
②成年被後見人とみなされる者ではない。
③被保佐人とみなされる者ではない。
④準禁治産者ではない。

この証明は本籍地で取ることができます。代理人の場合は委任状が必要です。

## 除籍抄本（除籍個人事項証明書）

すべての人が除かれた戸籍（除籍）から、請求者が必要とする人だけを写したものです。【手数料は750円】

## 戸籍記載事項証明

戸籍に記載されている事項のうち、必要な事項を証明するものです。死亡届の写しもここに含まれます。【手数料は1事項ごとに350円】

## 戸籍届書受理証明

死亡届や婚姻届など、提出された戸籍の届書が受理されたことを証明するものです。提出した市区町村役所でしか証明を受けることができません。【手数料は350円】

**Point**

### 本人以外が請求する場合

住民票や戸籍謄本（抄本）などの書類は、原則として本人が請求します。同じ世帯の人や配偶者または直系親族なら請求できますが、いずれにしても窓口に来た人の本人確認のために運転免許証やパスポートなどの提示が必要です。

その他の人が請求する場合は、正当な請求理由（たとえば訴訟のために裁判所へ提出するなど）や、それに関する書類などが必要です。

また、本人が市区町村役所に行けないため、代理人に申請を依頼する場合には、委任状《いにんじょう》が必要です。用紙は特に決まっていません（役所によっては用紙を用意している場合もある）。便箋《びんせん》などに、必ず全文を、本人が手書きし、署名押印します。ワープロやパソコンは使えません。

書式も自由ですが、例として次のような形にします。

■委任状の例

委任状

平成○年○月○日

◆代理人
住所　　　　氏名
生年月日　　電話番号

私は上記の者に住民票（戸籍謄本・戸籍抄本等）○通の取得にかかるいっさいの権限を委任いたします。ただし
一、世帯主・続柄の記載　　要（不要）
一、本籍・筆頭者の記載　　要（不要）
一、住民票の使用目的（○○取得のため）

◆委任者
住所　　　　氏名　　　印
生年月日　　電話番号

直接出向けないときの役所への郵送依頼の方法

# 書類を郵送してもらう

## 本籍地の役所からも郵送が可能

住民票は現在住んでいる市区町村役所で発行してもらえますが、戸籍謄本などは本籍地《ほんせきち》でしか発行できません。出向くのが困難な場合などは、依頼すると郵送してもらうことができます。郵送が可能なのは、住民票、戸籍謄本、戸籍抄本、除籍謄本、除籍抄本、戸籍の付票（住居の履歴）、身分証明、転出証明です。

発行手数料は、書類の種類によって、また市区町村によって異なります。まずは電話やホームページで該当する市区町村に確認します。手数料の送金方法についても確認しましょう。

## 依頼に必要なものをそろえる

郵送を依頼する場合には、次の４つが必要です。

**①発行の依頼書（請求者）**
**②本人確認書類のコピー**
**③発行手数料の郵便定額小為替《ゆうびんていがくこがわせ》、または現金**
**④返信用の封筒（あて先に自分の住所・氏名を書き、切手をはる）**

依頼書は市区町村のホームページからダウンロードするか便箋《びんせん》などを利用し、

▼請求者の氏名（押印）と住所、生年月日、昼間に連絡可能な電話番号
▼交付請求する戸籍の本籍地および筆頭《ひっとう》者《しゃ》名、請求理由
▼必要な書類と枚数を明記します。

発行手数料を郵便定額小為替で送るように指示された場合は、郵便局で金額を指定して発行してもらい、同封します。現金を指定された場合は現金書留を利用し、依頼書と返信用封筒も同封します。

**Point**

### 本人以外が郵送を依頼する場合

本人や家族以外の第三者が、書類の発行、郵送を依頼する際には、正当な理由が必要で依頼書に、目的（何のために使用するのか）、提出先を具体的に書かなければなりません。さらに本人または家族の委任状（139ページ参照）も同封します。

## 住民票・戸籍謄本などの郵送依頼の方法

**■返信用封筒**

住所・氏名・郵便番号を記入し、返送分量に応じた料金分の切手をはる。

### 書類郵送依頼書

本籍地

筆頭者氏名

※住民票の場合は、世帯主住所・世帯主氏名とする。

父○○死亡につき出生から死亡までの
戸籍謄本を郵送してください。
使用目的　○○のため

請求者
住所
電話番号
氏名　印
筆頭者との続柄

**■定額小為替（または現金）**

発行手数料を確認し、必要金額の為替を郵便局で作ってもらう。現金の場合は現金書留を利用する。

**■本人確認書類のコピー**

運転免許証やパスポート、健康保険証などのコピーを同封する（137ページ参照）。

## 印鑑を押すときは慎重に

諸手続きを行う中で、印鑑を押すことが非常に多くあります。押印には法的な意味があることがほとんどなので、押すときは慎重になりましょう。

**実印**　実印《じついん》は、特に重要です。実印は市区町村役所に登録された印鑑です。印鑑登録《いんかんとうろく》は、住民登録をしている15歳以上の人が、1つだけでき、登録する際には身分を明らかにする証明書が必要です。印鑑登録証明書は、その印が登録者のものであることを証明するものです。

**認め印**　実印以外の認め印は、文具店、印章店でも気軽に手に入るため、重要度が低いように思われますが、法律的には実印と同じ効力を持っています。不用意に押さないよう注意が必要です。書類などの内容をきちんと確認し、納得してから押印するようにします。

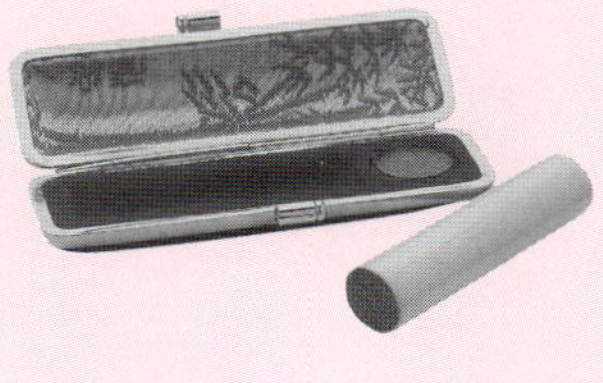

結婚前の姓に戻る「復氏届」と戸籍、子どもの姓

# 旧姓に戻りたいときの手続き

## 配偶者の死亡後は結婚前の姓に戻せる

配偶者が死亡すると、婚姻関係は解消されます。残された配偶者は、戸籍や姓をそのままにしてもいいのですが、「復氏《ふくし》届《とどけ》」を出せば、旧姓《きゅうせい》（結婚前の姓）に戻すことができます。旧姓に戻すと、戸籍は元の戸籍に戻るか、筆頭者となって新しい戸籍を作ることになります。

手続きは本籍地または住所地の市区町村役所で行います。必要な書類は復氏届、戸籍謄本、印鑑です。

期限はありません。配偶者死亡後、いつ手続きを行ってもかまいません。手続きは郵送でもできます。届出用紙は市区町村役所の窓口で手に入ります。また、この手続きで復氏できるのは配偶者本人のみで、子に関しては別の手続きが必要です。

## 新しく戸籍を作ることもできる

復氏届には、復氏したあとの本籍を記入する欄があります。「もとの戸籍にもどる」を選ぶと、自動的に結婚前の籍に戻りますが、「新しい戸籍をつくる」を選ぶこともでき、この際、本籍地も自由に決められます。

新しい戸籍を作っても、法律上は親子間の関係に何も影響を及ぼしません。遺産相続のうえでも、新しい戸籍を作る前と何も変わりがありません。ですから、親の扶養義務は残っています。これは実家の親族だけでなく、亡くなった配偶者の親族に対しても同様です。

なお、一度復氏をすると、二度と結婚後の戸籍には戻れないので、手続きには注意が必要です。

■復氏届

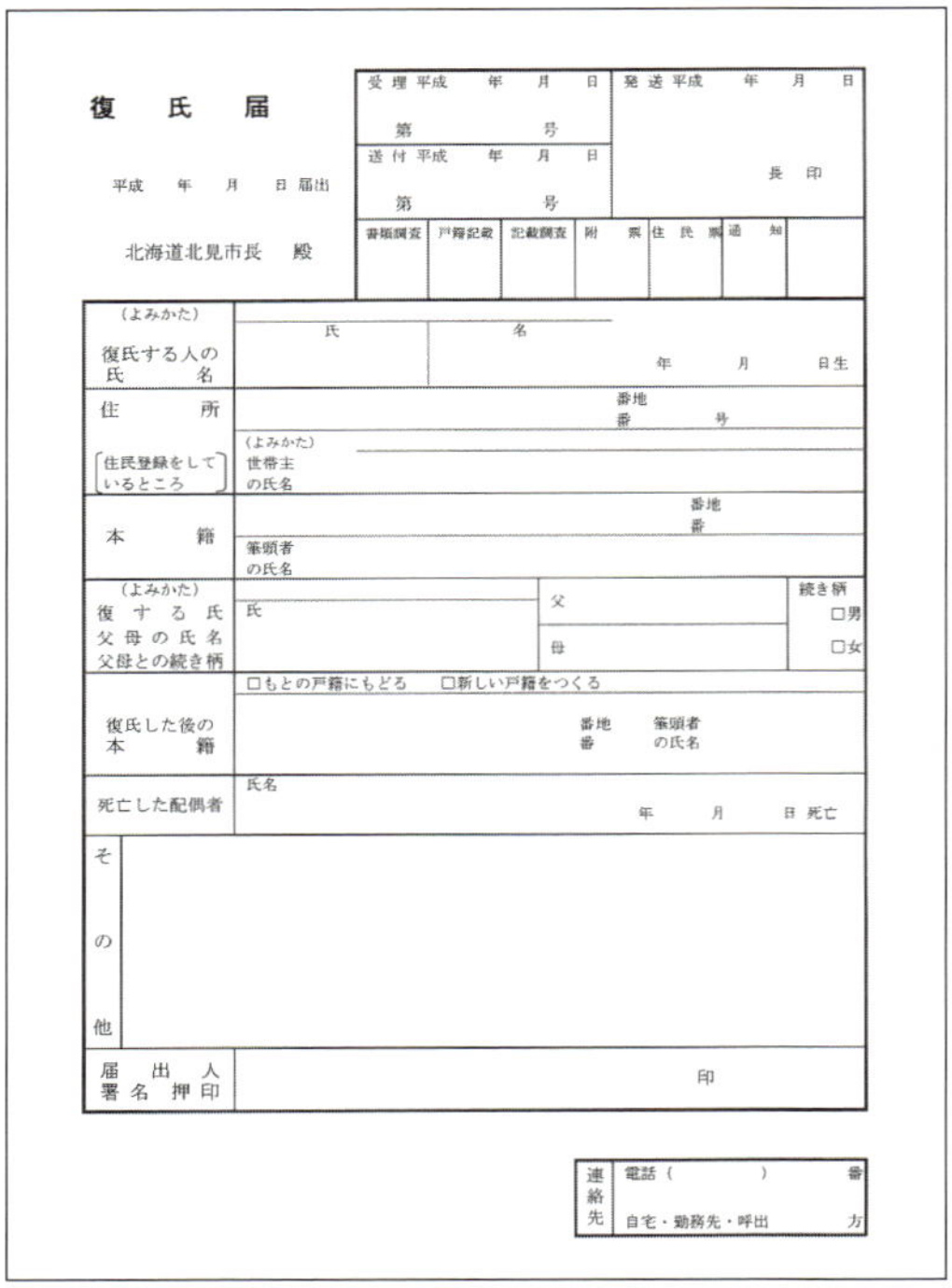
復　氏　届
平成　年　月　日届出
北海道北見市長　殿
受理 平成　年　月　日　第　号
送付 平成　年　月　日　第　号
発送 平成　年　月　日
長　印
書類調査　戸籍記載　記載調査　附票　住民票　通知
（よみかた）復氏する人の氏名　氏　名　年　月　日生
住所（住民登録をしているところ）　番地 番　号　（よみかた）世帯主の氏名
本籍　番地 番　筆頭者の氏名
（よみかた）復する氏　父母の氏名　父母との続き柄　氏　父　母　続き柄 □男 □女
復氏した後の本籍　□もとの戸籍にもどる　□新しい戸籍をつくる　番地 番　筆頭者の氏名
死亡した配偶者　氏名　年　月　日死亡
その他
届出人署名押印　印
連絡先　電話（　）番　自宅・勤務先・呼出　方

# 配偶者の親族と縁を切るには「姻族関係終了届」を

配偶者が死亡すると、婚姻関係は解消されても、配偶者の親族（姻族）との姻族関係はそのまま残ります。つまり夫に先立たれた妻の場合、義父母との縁は切れることはなく、扶養義務はつづきます。復氏届を出して旧姓に戻って新しい戸籍を作った場合でも、その関係はつづきます。

姻族関係を解消したい場合は、姻族関係終了届《いんぞくかんけいしゅうりょうとどけ》を提出します。届け出の際は、義父母の承諾などは必要なく、妻一人の希望だけで手続きすることができます。

届け出は住所地または本籍地の市区町村役所の戸籍課で行います。必要な書類は、姻族関係終了届、戸籍謄本、印鑑です。

なお、姻族関係が解消したあとも、妻は旧姓に戻す必要はなく、結婚中使用していた姓と戸籍をそのまま使いつづけることができます。

## 姻族関係を解消しても、子は影響を受けない

妻が姻族関係終了届を提出して、義父母との縁を解消しても、それは妻だけのことで、同じ戸籍にある全員が影響を受けるわけではありません。たとえば死亡した夫との間に子がいる場合、義父母と子との間の「祖父母・孫」の関係は何の影響もなくつづきます。

義父母（子にとっては祖父母）が死亡して、相続が発生した場合は、子は法定相続人（代襲相続人）として相続することができます。

配偶者が死亡した妻の場合は、配偶者の親族との間に、姻族関係がつづいていても、終了したとしても、もともと義父母の遺産相続の法定相続人ではありません。

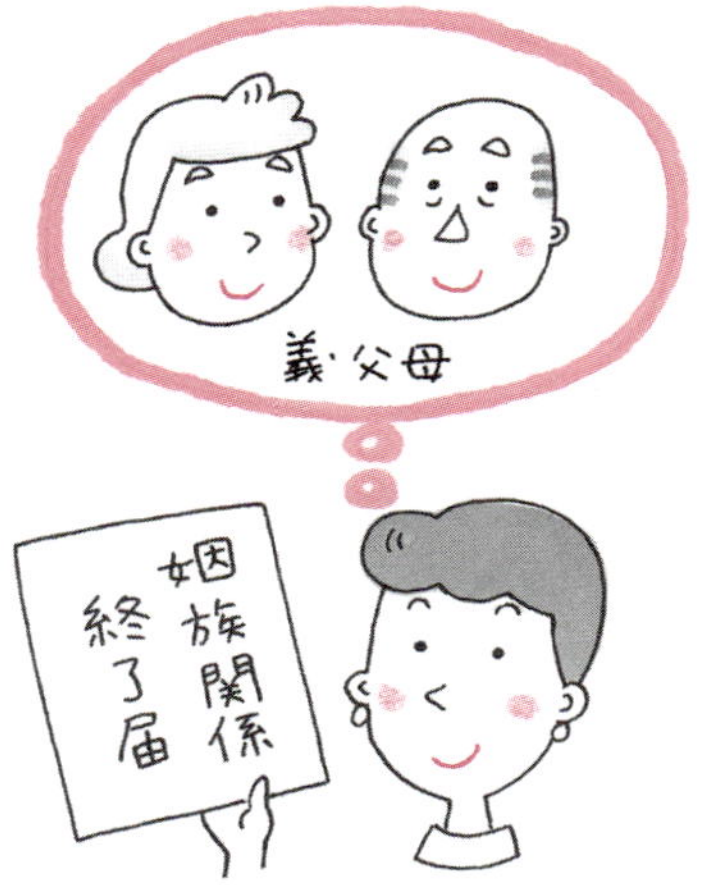


## 子の姓も変えるには家庭裁判所に申し立てを

復氏届を出して親の姓が旧姓に戻っても、子の戸籍はそのまま残りますから、子の姓は変わりません。子の戸籍と姓を親と同一にするには、家庭裁判所に「子の氏変更許可申立書」を提出しなければなりません。

申し立てに必要なものは、子の戸籍謄本、父・母それぞれの戸籍謄本、申立人の印鑑です。子が15歳以上であれば本人が、15歳未満の場合は法定代理人が申し立てます。

裁判所の許可審判がおりたら、その「許可審判書」を添えて、親の本籍地か住所地、または子の本籍地の役所に入籍届を提出し、親と同じ戸籍、同姓にします。

# 労災で死亡したとき

## 業務上や通勤途中の事故が死因の場合の手続き

### 業務上や通勤途中の事故と認定された場合

亡くなった人の死亡原因が、業務上の事故（業務上災害）や、通勤途中の事故（通勤途上災害）であると認められると、労働者災害補償保険（労災保険《ろうさいほけん》）から給付を受けられます。

労災保険の給付には、葬祭料《そうさいりょう》と遺族《いぞく》補償給付《ほしょうきゅうふ》がありますが、これを受けると、健康保険、国民健康保険からの埋葬料、葬祭費は支給されません。

### 葬祭料

葬儀を行った人に支給されます。窓口は勤務先を所轄する労働基準監督署《ろうどうきじゅんかんとくしょ》で、期限は葬儀を行った日から2年以内です。葬祭料請求書に、死亡診断書など死亡を確認できる書類を添付します。

### 遺族補償給付

故人に生計を維持されていた遺族は、条件を満たすと、遺族補償年金が支給されます。さらに遺族特別支給金（一時金）、遺族特別年金の支給もあります。

受けられるのは、次のいずれかの条件にあてはまる遺族です。

- ▼妻
- ▼夫（60歳以上または障害がある場合）
- ▼子・孫（満18歳になる年度の3月末日を過ぎていないか、障害がある場合）
- ▼父母・祖父母（60歳以上または障害がある場合）
- ▼兄弟姉妹（満18歳になる年度の3月末日を過ぎていないか、60歳以上、または障害がある場合）
- ▼55歳以上60歳未満の夫、父母、祖父母、兄弟姉妹（支給は60歳から）

なお、遺族が以上の遺族補償年金を受給する条件を満たしていない場合は、遺族には、遺族補償一時金、遺族特別支給金、遺族特別一時金が支給されます。

#### ●申請の仕方

勤務先を所轄する労働基準監督署で行います。期限は死亡後5年以内です。

必要な書類は、遺族補償年金支給申請書、死亡診断書（死体検案書）、戸籍謄本、故人によって生計を維持されていたことを証明する書類（源泉徴収票など）、故人と生計を同じくしていたことを証明する書類などです。

第5章

# 自分らしいエンディング

自分自身の葬儀やお墓についての希望や、尊厳死《そんげんし》、献体《けんたい》などを考え、準備をする人もふえています。エンディングの準備は自分のためだけでなく、家族への思いやりでもあります。

自分自身と残された大切な家族のための「終活」

# エンディングを考える

## 葬儀だけでなく、終末期医療や相続なども

最近は「終活《しゅうかつ》」といった言葉も一般的になり、人生の締めくくり「エンディング」について考える人も多くなってきました。

介護や終末《しゅうまつ》期《き》医《い》療《りょう》の受け入れ、認知症になったときにどうするか、持ち物や家、財産の整理、相続、葬儀、お墓についてなど、「エンディング」には、自分の「死」にまつわるさまざまなことが含まれます。

親や近しい人の葬儀をきっかけに、エンディングについて考え始める人も多いようです。とはいえ、葬儀直後には「自分のときはこうしたい」と思うものの、しばらくすると日常の忙しさにまぎれてしまうことも。自分自身の最期について考え準備しておくことは家族への思いやりでもありますが、自分自身がよりよく生きるため、という意味も含んでいます。

## 葬儀の準備は残された者への思いやり

葬儀についての知識も準備もないまま、家族の死を迎えたときには、家族は大きな悲しみのなか、とまどいながら葬儀を執り行わなければなりません。葬儀は慣れないことの連続です。葬儀の形式や内容を決める葬儀社との打ち合わせでも、家族が希望を伝えられなければ、葬儀社は一般的な葬儀をすすめがちです。

その結果、遺族に「葬儀社の言いなりになってしまった」などといった不満が残る場合もあります。

葬儀は亡くなった人が安らかに眠れるように祈るとともに、残された人たちが最愛の人の死を受け入れるための大切な儀式でもあります。

### Q 生前戒名とは？

A 戒名《かいみょう》とは、本来は生前に授かる仏教徒としての「生者の名」、つまり生きているうちに受ける名前です。ですから、生前に戒名を受ける「生前戒名」は、ごく自然なことなのです。

生前にお寺から戒名を受けておくと亡くなったときに使え、残された人が「戒名料」に頭を悩ますこともなくなります。

ただ、菩提寺《ぼだいじ》がある場合、それ以外の寺などで戒名を授かると、菩提寺の墓に入れてもらえなかったり、戒名をつけ直さなければならない、ということもあります。

最近は格安の料金で戒名を受けられるというウェブサイトなどがありますが、注意が必要です。生前戒名は菩提寺に相談をしましょう。

みずからの死や葬儀について考えるのは「縁起が悪い」ととらえる人もいます。しかし、元気なときから、自分がどのように送ってもらいたいかを家族に伝えておくことは、見送る側の葬儀への不安や不満をやわらげることにもなるでしょう。

## きちんとした形で意思を伝える

ふだんの会話の中で、軽い調子で「お葬式もお墓もいらない。遺骨は海にでもまいてくれればいいから」などと言う人がいます。軽い調子で言われると、どこまで本気なのか聞いた側は真意をはかれません。

あいまいな意思の伝え方はかえって遺族をとまどわせることになります。特に従来どおりの葬儀ではなく、無宗教葬や家族葬などを行いたい場合、散骨《さんこつ》を行いたい場合などは、内容を明確にし、文書など、第三者にも意思が伝わる形にして残しておきましょう。文書にしてあれば、葬儀の行い方など、親族でもめたときにも「故人の希望でもあるので」と方向性が定まりやすいものです。

## シングルや子どものいない家庭は特に必要

子どものいない家庭やシングルで過ごす人の場合、万一のときには遠くの親戚などが、かってのわからないままに葬儀を行うこともあります。

葬儀や財産の整理、お墓や供養のことなど、死後のあと始末をスムーズに行ってもらうためにも、葬儀のプランを立て、生前契約をしたり、遺言を書いたり、お墓を準備しておくなど、みずからととのえておくと安心です。

### 尊厳ある死と葬送の実現をめざすための市民団体

その人らしい葬儀や埋葬の実現をめざすための活動をしているのが認定NPO法人エンディングセンターです。

死と葬送に関する情報の提供、相談などのほか、喪主を依頼するあてがない人のための葬送支援や、承継者のいない人のための墓の企画などを行っています。

桜の木をシンボルツリーとする「桜葬」という会員専用の樹木葬墓地（1人用、2人用、家族用など）も企画、実現していて、毎月、見学会も行っています（「桜葬」はエンディングセンターの登録商標）。

葬送関連のセミナーや研究会、講座なども開催。死後事務や納骨などの手配や代行をする「生前契約」も扱っています。

会費は一般会員・正会員が年会費5000円、準会員が2000円。

●**問い合わせ先**
認定NPO法人エンディングセンター
http://www.endingcenter.com

# 菩提寺の確認、遺影用写真、連絡先リスト、墓、相続
# 準備しておきたいこと

## 葬儀がスムーズに行えるように

### ●菩提寺の確認

みずからの葬儀に特別な希望がない場合でも、葬儀の際に遺族がとまどわずにすむよう、最低限の準備はしておきます。

日ごろ、ほとんどお寺とつきあいのない家庭では、菩提寺がどこなのか遺族がわからないことがあります。墓地が寺院にある場合は、葬儀の際は菩提寺の僧侶にお願いしなければならないので、連絡先などを確認し、きちんとメモに書いておきます。

葬儀社に僧侶を紹介してもらう場合も、宗派を伝える必要があるので、きちんと明記しておきます。

### ●遺影用の写真

遺影《いえい》に使ってほしい写真がある場合は、すぐにわかるところにしまい、家族に伝えておきます。死後、葬儀の準備であわただしいなか、ふさわしい写真を選ぶのはたいへんなので、本人が希望する写真があると家族は助かります。

遺影用の写真を撮影し準備しておく方法もあります。

### ●連絡先のリスト

自分の人間関係について、家族がすべて把握しているとは限りません。危篤になったときや死亡したときに、だれに連絡してほしいのか、葬儀にはだれに来てもらいたいのかをリストにしておくと安心です。家族も連絡もれがないか悩まずにすみます。

## お墓や相続などトラブルを防ぐために

### ●お墓

先祖代々の墓地がある場合は、そこに埋葬してもらうことが考えられますが、その後、だれに墓を継いでもらい、管理してもらうのか、つまり祭祀承継者《さいししょうけいしゃ》をだれにするのか、を考える必要があります。

お墓を継ぐ人がいない場合は、お墓をどうするかを考えなければなりません。

寺院にお墓がある場合は、「戒名《かいみょう》はいらないから」と希望しても、戒名がないと埋葬できないケースがほとんどですから、

新たに墓所を求める必要があるかもしれません。

故人の遺志《いし》に沿った結果、先祖代々の墓に入れなくなった場合など、遺族は頭を悩ませるものです。「戒名」がいらないのであれば、実現可能な方法を見つけて準備し、書きとめておきたいものです。

お墓があるけれど、散骨《さんこつ》をしてもらいたい、と思うのであれば、いまあるお墓をどうするのかも、考えておきましょう。

また、墓がない場合には、自分の遺骨の行き先を見つけておく必要があります。

### お墓を探すツアー

公営霊園では、遺骨がないと申し込めないところも多いようですが、民営では生前に購入できる霊園もあります。墓地さがしには、自宅近辺の墓地は新聞の折り込みチラシなどが役に立ちます。

最近はシニアを対象にした墓地巡りのツアーを企画している旅行会社もあります。永代《えいたい》供養《くよう》墓《ぼ》や樹木葬《じゅもくそう》タイプのお墓など、実際に見学してみることから、お墓について考えるのもおすすめです。

お墓を建ててほしいのであれば、どのようなスタイルの墓にしてもらいたいのか、散骨を希望するなら、どのような形がいいのか。

子どものいない夫婦やひとり暮らしの人、墓を継ぐ人がいないなどの場合は、永代《えいたい》供養墓《くようぼ》や、合同墓などの選択も考えられます。

## ●相続

相続については、トラブルを防ぐために、法的に有効な遺言《ゆいごん》を残しておくことです。

相続トラブルになるほど財産はない、と思うかもしれませんが、家庭裁判所に持ち込まれる相続トラブルでは、財産が1000万円以下が3割、5000万円以下を含めると7割以上です。

たとえば、家1軒しか財産がない、としても、子どもが複数いて、相続分を主張すると、家を売却して財産を分ける、ということにもなりかねません。

トラブルを防ぐためには、遺言を書いておくことをおすすめします（くわしくは第6章参照）。

残された家族が仲よく生きていくために、思いを記しておくことは大事です。

### 祭祀《さいし》承継者《しょうけいしゃ》とは

仏壇や位牌《いはい》、仏具、神棚、墓地や墓石、家系図など、先祖を祀《まつ》るための財産を「祭祀財産」といい、祭祀財産を継ぐ人を祭祀承継者といいます。「祭祀財産」は一般の相続財産とは分けて、祭祀承継者が単独で受け継ぎます。法律では「慣習に従って祖先の祭祀を主宰すべきものが承継する」（民法897条）とされています。

また、祭祀財産は、家や土地、預金などとは異なり、相続税の対象とはなりません。

祭祀承継者は口頭や遺言によって決めておくことができます。決まっていない場合は慣習により、配偶者や長男などがなることが多いようですが、それでも決まらない場合は、遺族が話し合いで決めます。

最近では管理や維持、法要などに費用がかかるため、子どもに墓を継がせたくないと感じる親がふえているなどの事情で、なかなか祭祀承継者が決まらないこともあります。

話し合いで祭祀承継者が決まらない場合は、家庭裁判所に調停を申し立てて、調停で決めます。調停でも決まらない場合は審判に移行します。

# 葬儀プランを考える

## 葬儀社の事前相談、葬儀・終活セミナーを参考に

### 形式、しきたりにとらわれない葬儀

故人や家族が「しきたりや形式にとらわれない葬儀」「自分らしい葬儀」を希望しても、具体的なプランがなければ、いざというときに実現できません。

葬儀について、実際に家族と話し合ったり、自分の葬儀について準備する人もふえてきました。

葬儀社の事前相談でも、以前は家族の葬儀についての相談が多かったといいますが、最近はみずからの葬儀について相談する人が増加しているといいます。

人生の最後をどのような形にするのか、具体的であればあるほど、残された者はとまどわずにすみ、家族の負担を減らすこともできます。

自分の葬儀について希望がある場合は、準備をしておきましょう。

### 葬儀社の事前相談や葬儀セミナーも参考に

葬儀社には事前相談のほか、生前予約のシステムを持つところもあり、葬儀・終活セミナーなども行われています。

葬儀会場や祭壇の見学会や、遺言や遺産相続、お墓についてのセミナーも企画されています。葬儀の準備やエンディングプランを考えるにあたっては、このようなセミナーも積極的に活用するとよいでしょう。

### 残された者のことも考えに入れる

葬儀は亡くなった人が安らかに旅立てるように残された者が行うものですが、残された人にとっては大事な人を失った悲しみのなか、その死を受け入れるための最初のプロセスの意義も持っています。

「葬儀はしないで火葬だけでよい」という人もいますが、死後、何もせずに故人を葬った場合、残された家族は「大事な人の死」を受け入れにくく、いつまでも精神的なダメージを引きずることも考えられます。

写真協力／メモリアルアートの大野屋

個人宅のリビングのような家族葬専用の式場もある。

通夜や葬儀などの儀式を行わない「直《ちょく》葬《そう》」を望む場合は、近親者が故人と十分な最後の時間を持てるように、火葬前にお別れの時間を設けたり、のちに「お別れの会」を開くなどといったことも必要かもしれません。

どのような葬儀をしてもらいたいか、自分の気持ちが第一ですが、残された者への配慮も必要でしょう。

また、核家族化で高齢者と暮らすことが少なくなり、病院で亡くなる人がほとんどになったいま、子どもたちや若い世代にとって「老い」や「死」は遠い存在となり、実感しにくいものになっています。通夜や葬儀を通して、人が亡くなるということや、大事な人を亡くした家族の深い悲しみを身近に感じるのは、命の大切さを伝える意味でも大きな意義があります。

新しい形の葬儀を希望する場合でも、こういった「葬儀」の意義についても考えに入れたいものです。

Point

## 葬儀を考える3つのポイント

### ❶ 形式と規模

自分の葬儀についてプランニングする場合、まず、どのような形式の葬儀をしてもらいたいかを考えます。

仏式、神式、キリスト教式など信仰する宗教にのっとった葬儀にするのか、もしくは無宗教形式にしたいのか。

どのような場所でやってほしいのか。おおぜいの人に集まってもらいたいのか、ごく親しくしていた人だけに知らせてこぢんまりとしてもらいたいのか、家族だけで送ってもらいたいのか、などをはっきりさせます。

### ❷ 喪主

だれに喪主になってもらうかは、葬儀を行ううえで大事なポイントです。一般的には配偶者や子どもですが、シングルの場合や、特に希望がある場合は明記し、本人にも直接、頼んでおきます。

### ❸ 費用

「できるだけお金をかけないでほしい」と思っていても、実際に行うとなると故人や喪主の社会的地位を考慮して費用のかかる規模の大きな葬儀になってしまうことも多いようです。費用をかけたくないのであれば、だれもが納得するように文書に意思を表明しておきましょう。

費用の準備に関しては、葬儀社の事前相談で見積もりを出してもらい、参考にすることもできます。

### オリジナルの創作骨壺も

骨壺も「自分らしいものを」と、オリジナルのものを生前に準備する人もいます。陶芸が趣味で骨壺を自作する人もいれば、美しい骨壺の専門店もあります。

セレモアグループの「壺ギャラリー沙羅」では、全国有名窯元の工房作品から人間国宝の逸品までそろっています。さらに、絵柄、形、色などを指定してオリジナルの骨壺を注文することもできます。

**●問い合わせ先**
壺ギャラリー沙羅
☎03-5269-1121

# 葬儀の希望を伝える

## 自分の葬儀について具体的に記した文書の用意

### 「葬儀のための遺言書」を「遺言」とは別に作る

自分の望む葬儀を「遺言」として残しても、実際にはほとんど反映されないのが現状です。

遺言書は、公正証書遺言《こうせいしょうしょいごん》以外は、遺言者の死後すみやかに地域の家庭裁判所に提出することになっています。その際、封印してあるものを開封することは禁じられているため、遺言書の内容は葬儀の前にはわからないことが大半なのです。

### 希望する葬儀について具体的に書く

自分の葬儀について希望があるときは、死後すぐに見てもらえるよう、正式な遺言とは別に、「葬儀のための遺言」を書いておきましょう。内容はできるだけ具体的にすると、希望が明確にわかります。

封筒の表には「葬儀のための遺言」と書き、「遺言書」とは区別します。

使ってほしい遺影や、連絡をしてほしい人のリスト、流してほしい音楽のCDなどがいっしょにまとめてあると、葬儀の準備であわただしくしている家族の助けになります。

### 記入したことを知らせておく

葬儀のための遺言は、見つかるのが遅くては意味がありません。封をしないですぐにわかるところに置いておきましょう。必ず、葬儀についての希望を書いたことと、どこにしまってあるかを、家族に伝えておきます。

できれば、希望の葬儀について、家族にも説明し了承を得ておきましょう。

**Point**

### 無宗教葬を希望するとき

葬儀の約９割は仏式で行われていて、無宗教葬はわずかです。家族葬でも僧侶を招き、読経《どきょう》、焼《しょう》香《こう》などを行う場合がほとんどです。無宗教葬では戒名《かいみょう》もつけないので、お墓が菩提寺《ぼだいじ》にある場合は納骨ができないことがあります。菩提寺に納骨をしたいのであれば、事前に菩提寺に相談をしましょう。

無宗教葬では一般的な宗教儀式（読経や焼香など）にかわって、何を行うかを具体的にプランニングしておく必要があります。献花や弔辞、弔電の披露、音楽を流す場合はどのような音楽にするのか、生演奏かCDか。映像であればどのようなものにするのか。演出や進行なども、こまかいところまで決めておきましょう。

無宗教葬を希望するときは、無宗教葬の知識や経験が豊富な葬儀社を選ぶことが大事です。

# 葬儀のための遺言に必要な項目

| | | |
|---|---|---|
| 1 | どんな葬儀をするか | 葬儀をしない／身内だけで行う／一般的な葬儀／自分の希望する葬儀 |
| 2 | 生前葬儀契約を | している／していない　●契約している場合は契約会社名と電話番号、契約内容 |
| 3 | 葬儀会社を | 決めている／決めていない　●決めている場合は会社名と電話番号 |
| 4 | 葬儀の形式は | 宗教葬／無宗教葬／密葬／お別れの会／その他 |
| 5 | 葬儀の予算は | 葬儀費用（　　円）・布施（　　円）・戒名料（　　円）・料理（　　円） |
| 6 | 所属している宗教と宗派は | （　　　　） |
| 7 | 戒名は | いる（ランクは　　　）／いらない／すでにある　●希望する文字・漢字は |
| 8 | 死亡したときの連絡先 | 連絡してほしい人と団体 |
| 9 | 葬儀場所は | 自宅／葬祭場／その他 |
| 10 | 葬儀責任者は | 葬儀委員長と喪主の希望 |
| 11 | 祭壇は | 普通の葬儀祭壇／属している宗教の祭壇／生花祭壇／その他 |
| 12 | 飾りつけの希望は | 花を多く飾る（花名　　　）／思い出の品を展示する／その他 |
| 13 | 音楽は | 自分の好きな音楽を流す（曲名　　　）／特に希望はない |
| 14 | 焼香《しょうこう》は | 抹香／献花 |
| 15 | 遺影《いえい》は | 希望する写真を使う／特に希望はない |
| 16 | 死装束は | 白の経かたびら／自分の好きな服（　　　　） |
| 17 | 霊柩車《れいきゅうしゃ》は | 宮型／洋型 |
| 18 | 棺《ひつぎ》は | 和風木製（普通・高級）／西洋型（普通・高級） |
| 19 | 棺に入れるものは | （　　　　） |
| 20 | 骨壺は | 普通／その他（　　　　）●分骨の必要は |
| 21 | 弔辞《ちょうじ》を読んでほしい人は | （　　　　） |
| 22 | 会葬礼状《かいそうれいじょう》は | 普通／オリジナル |
| 23 | 通夜ぶるまいは | する／しない　●する場合の希望 |
| 24 | 会葬御礼 | する／しない　●する場合の希望 |
| 25 | 香典 | 受け取る／辞退する |
| 26 | 香典返し | する／しない／寄付する　●寄付する場合の団体 |
| 27 | 新聞の訃報広告 | する／しない　●する場合の文面は |
| 28 | お墓は | 先祖の墓／自分で用意した墓（所在地　　　）／散骨（依頼先　　　） |

## 思いどおりの葬儀を実現するための準備

# 葬儀の生前予約

### 思いどおりの葬儀をしてもらうために

生前予約（生前契約）とは、死後、希望する葬儀を行ってもらうために、形式や内容、費用を生前予約（契約）しておくシステムです。

ふだんから、どのような葬儀にしてほしいか、家族に伝えたり文書にしておいたりしても、親族の中に強力に反対する人がいるなどさまざまな理由で、実現しない可能性があります。また葬儀の内容については、遺言として残しておいても法的な効力はありません。実際の葬儀に関しての決定権は遺族にあります。

自分の希望する葬儀を行ってもらうためには、生前予約（契約）システムを利用すると、より確実です。

各社が設定する生前予約（契約）には、葬儀の内容（規模、形式、演出など）に関する予約だけのものから、費用についてこまかく決めておけるものまで、さまざまなタイプがあります。

各社を比較して納得できるシステムを選びましょう。

### 費用の準備にはいろいろな方法が

生前予約（契約）で葬儀の費用を準備する方法としては、一括払いや積み立てのほか、生命保険や損害保険を利用することもあります。

生命保険の場合、死亡保険金を葬儀費にあてるため、現在、葬儀費用が十分になくても、必ず希望の葬儀を行うことができ、残された家族に費用のことで負担をかけずにすみます。

葬儀資金を準備するシステムとして冠婚葬祭互助会（155ページ参照）がありますが、互助会では解約をすると手数料がかかるのに対して、生前予約には、自由に解約やプランの見直しができるものもあります。

### 内容、費用を冷静に判断できる

生前予約をすると、予約したプランが適正な内容、費用か、冷静に判断することができます。

一般に葬儀は、死亡後すぐに行うため、遺族は悲しみの中で葬儀社に言われるままになってしまい、あとになって「お金がかかりすぎた」「こうすればよかった」などと感じる人も多いものです。

生前予約ならばじっくり検討できるうえ、葬儀後も故人の遺志、望みにかなったということで遺族が後悔することもありません。共通の安心を得られ、結果的に、お金の使いすぎを防ぐことにもなります。

# いろいろな葬儀社と特徴

葬祭業は許認可や資格などが必要なく、だれでも始められます。実店舗を持たずにホームページのみで営業している葬儀社もあります。信頼できる葬儀社を見つけるためには、事前相談や電話相談、パンフレット、ホームページなどで、幅広く情報を集めましょう。

## ■葬祭専門業者(一般葬儀社)

葬儀を専門に扱う業者には、地元密着型の小さい業者もあれば、全国規模で展開する大規模の会社もあります。地元の葬儀社は地域の慣習にくわしいのが特徴です。小さな葬儀社でも、最近は事前相談を受け付けているところが多いので、問い合わせてみましょう。大企業は気軽に相談できる窓口やホームページを持っているところがほとんどです。ホームページには、葬儀プラン（葬儀内容や料金）や取り扱った葬儀の実例を載せているところもあり、参考になります。

全日本葬祭業協同組合連合会（http://www.zensoren.or.jp/）に加盟している葬儀社かどうかも選ぶ際の一つの目安です。

## ■冠婚葬祭互助会

冠婚葬祭互助会は毎月、掛け金を一定期間払い込む、つまり冠婚葬祭の費用を事前に積み立てて準備するシステムの、民間の営利団体です。

葬儀の場合は、月々一定額を積み立てると、必要なときに契約したサービスを受けられますが、掛け金で葬儀のすべてをまかなえるわけではありません。全国の互助会は経済産業省の認可を受けていますが、それぞれ独立した企業なのでサービス内容は異なります。また、掛け金は貯蓄ではないので利息はつかず、契約サービスを受けないまま解約すると、原則として解約手数料がかかります。

● （一般社団法人）全日本冠婚葬祭互助協会
https://www.zengokyo.or.jp

## ■生活協同組合(生協)

生活協同組合（生協）には、組合員を対象とした葬儀サービス事業を行っているところがあります。生協の葬儀は、合理的なサービスと明瞭な料金体系が特徴です。生協の葬儀サービスは組合員でないと利用できません。自分の葬儀を生協で行いたい場合は、生協に加入する必要があります。生協の葬儀についての情報は、「全国生協葬祭事業推進協議会」のホームページ（http://www.coop-sougi.net/）に掲載されています。

## ■ＪＡ(農業協同組合)

全国各地のＪＡ（農協・農業協同組合）でも葬祭事業を扱っています。サービスの内容は各ＪＡによって異なりますが、大別すると次の3つになります。

①葬儀社を紹介するところ
②提携している葬儀社に業務を委託するところ
③葬儀のいっさいを自社で請け負うところ

また、組合員だけを対象にしているＪＡと組合員以外でも利用できるところがあります。利用を検討する際には、地域のＪＡに問い合わせましょう。

延命措置を望まない場合の「リビング・ウイル」

# 尊《そん》厳《げん》死《し》を望む場合

## 延命措置を望まない場合

病院では、事故や病気で回復の見込みのない状態になり死が迫っている人に対しても、さまざまな延命措置《えんめいそち》が施されています。

無意味な延命措置を施すことに対して、「延命措置は望まず、人間としての尊厳を保ちながら死を迎えたい」「自分の死のあり方を選ぶ権利は自分自身にある」と、尊厳死を望む人もふえています。

とはいえ、現実には本人が尊厳死を望んでも、家族が延命措置を医師に依頼したり、医師が理解を示さないことなどから「本人の選択」が尊重されないこともあります。

このような場合を想定して、本人の意思を確実に伝える方法の一つが、「日本尊厳死協会」の会員になることです。

### ●日本尊厳死協会

日本尊厳死協会では「尊厳死《そんげんし》の宣言書」（リビング・ウイル・左ページ参照）を発行しています。これは自然な死を求めるために自発的意思で明示した「生前発行の遺言書」とも呼べるものです。

日本尊厳死協会に登録する会員は12万人を超えています。また、実際にリビング・ウイルを提示したとき、医師が尊厳死を認めて延命措置を行わない例も多くなっています。

会員アンケートによると、２０１５年には90％の医師がリビング・ウイルを受容しています。

**◆宣言書の内容**

宣言書には、

①無意味な延命措置の拒否
②苦痛緩和のための処置の実施
③回復不能な遷延性意識障害（持続的植物状態）での生命維持装置の拒否
④要望に沿った行為の責任は本人にあること

などが記されています。

**◆必要なときに医師に提示**

入会希望者はこの書面に署名、押印して日本尊厳死協会に送ります。協会ではこれを登録・保管し、会員証と証明つきのリビング・ウイルのコピーを本人に送ります。これを本人および家族が所持し、必要なときに医師に提示します。なお、いつでも退会できます。

**◆会費**　正会員・年２０００円（夫婦で登録する場合は３０００円）

**◆問い合わせ先**

一般財団法人 日本尊厳死協会
〒113-0033　東京都文京区本郷2-27-8 太陽館ビル501
☎03-3818-6563
http://www.songenshi-kyokai.com/

## 尊厳死の宣言書

### 尊厳死の宣言書
### (リビング・ウイル　Living Will)

私は、私の傷病が不治であり、かつ死が迫っていたり、生命維持措置無しでは生存できない状態に陥った場合に備えて、私の家族、縁者ならびに私の医療に携わっている方々に次の要望を宣言いたします。

この宣言書は、私の精神が健全な状態にある時に書いたものであります。

したがって、私の精神が健全な状態にある時に私自身が破棄するか、または撤回する旨の文書を作成しない限り有効であります。

①私の傷病が、現代の医学では不治の状態であり、既に死が迫っていると診断された場合には、ただ単に死期を引き延ばすためだけの延命措置はお断りいたします。

②ただしこの場合、私の苦痛を和らげるためには、麻薬などの適切な使用により十分な緩和医療を行ってください。

③私が回復不能な遷延性意識障害(持続的植物状態)に陥った時は生命維持措置を取りやめてください。

以上、私の宣言による要望を忠実に果たしてくださった方々に深く感謝申し上げるとともに、その方々が私の要望に従ってくださった行為一切の責任は私自身にあることを附記いたします。

年　　月　　日

自署　氏名

年　　月　　日生

住所

自分の体を医学の教育・研究、病気の人のために役立てる

# 献体と臓器提供

## 献体

### 医学・歯学の教育・研究のために役立てたい

献体《けんたい》とは、遺体を医学・歯学の大学での人体解剖学の教育・研究に役立たせるために、無条件・無報酬で提供することをいいます。死後、遺体を医学・歯学の教育・研究のために役立てたいと考えるのであれば、生前に献体登録をしておきます。登録先（申込先）は、献体篤志家団体か、医科大学（大学医学部）および歯科大学（大学歯学部）です。

登録は所定の申込用紙に必要事項を記入し、押印したうえ返送します。このとき、家族の同意の押印も必要です。

また、本人が献体登録をしていても、死後、家族の中で一人でも反対する人がいれば献体はできません。登録の際には家族全員（配偶者、親、子、兄弟姉妹など）の同意を得ておくことが大切です。

献体は死後48時間以内が目安とされているので、通夜・告別式を行えます。遺骨が戻るまでは、1～3年かかります。

## 臓器提供

### 脳死後と心臓停止後の提供がある

「臓器の移植に関する法律（臓器移植法）」に定められている臓器提供《ぞうきていきょう》には、「心臓が停止した死後」と「脳死《のうし》後」の場合があります。脳死後に提供できる臓器は「心臓・肝臓・肺・小腸・腎臓・膵臓・眼球」などです。心臓が停止した死後に提供できる臓器は「腎臓、膵臓、眼球（角膜）」です。臓器移植法で規定されていない「皮膚・心臓弁・血管・耳小骨・気管」などは、家族が承諾すれば提供できます。

臓器提供は、本人の意思が不明であっても、家族の承諾があれば臓器提供ができます。15歳未満からの脳死後の提供についても、家族の承諾があれば可能です。

臓器移植を希望する場合は、「臓器提供意思表示カード」や「臓器提供意思表示シール」、「健康保険の被保険者証」、「運転免許証」の意思表示欄に記入して意思表示をしておくほか、社団法人日本臓器移植ネットワークのウェブサイトから意思登録ができます。

■問い合わせ先

**献　体**

公益財団法人
日本篤志献体協会
☎03-3345-8498
http://www.kentai.or.jp

**臓器提供**

公益社団法人
日本臓器移植ネットワーク
☎03-5446-8800
https://www.jotnw.or.jp

## 認知症になったときのために後見人を選ぶ

# 任意後見制度《にんいこうけんせいど》

### 元気なうちに後見人を選ぶ制度

将来、認知症などになった場合、どうやって自分の財産を守るかなど、不安が出てきます。

成年後見制度《せいねんこうけんせいど》には「法定後見制度」と「任意後見制度」の2つの仕組みがあり、そのうち「法定後見制度」は、すでに判断能力のない人に関する後見制度です。

「任意後見制度」は、判断能力が十分ある元気なときに、認知症などで判断能力が落ちたときに備えて、あらかじめ信頼できる人を後見人として選任できる制度です。後見人は依頼人の判断力が低下したときには、任意後見契約にもとづいて、生活の援助や療養看護、財産の管理などの手続きを行います。

### 公正証書で契約

任意後見の契約は公証役場《こうしょうやくば》で「任意後見契約公正証書《こうせいしょうしょ》」を作成することで成立します。

任意後見人には、特に法律上の資格に制限はありません。本人の親族や知人、弁護士、税理士、行政書士、司法書士、NPO法人などの中から、信頼のおける人を選びます。法人、個人のどちらにも依頼できます。

### 任意後見監督人選任後、契約が実行に

任意後見人が必要な状態になったら、本人、配偶者、4親等以内の親族、もしくは任意後見受任者（任意後見契約の実効前は、任意後見人はこう呼ばれる）は、家庭裁判所に任意後見監督人の選任を申し立てます。

家庭裁判所がその申し立てを受け、任意後見監督人を選任した時点で、任意後見人は初めて契約職務を行うことになり、援助が始まります。

任意後見監督人は、任意後見人を監督して、その職務を家庭裁判所に定期的に報告します。

#### 任意後見契約の手順

1. **任意後見人を選ぶ**
   信頼できる親族、知人、弁護士など
2. **依頼する内容を決める**
   生活、療養看護、財産管理など
3. **公正証書で契約**
   公証役場で公正証書を作成
4. **家庭裁判所が任意後見監督人を選任**
   本人、配偶者、４親等以内の親族もしくは任意後見受任者が選任を依頼
5. **任意後見契約がスタート**

# エンディングノート

## 自分らしい最期を迎えるための準備に活用したい

### 意思を示すエンディングノート

自分らしい最期を送りたいと思うのであれば、葬儀のことだけでなく、介護が必要になったとき、認知症になったとき、延命治療についてなど、人生の最期について、自分の意思や希望を明確にしておくことが肝心です。

また、亡くなったあとに家族が困らないように、預貯金や保険などのリストも作っておくとよいでしょう。下のような項目について（葬儀に関しては153ページ参照）、家族と話し合ったり、ノートなどに書きとめてノートの存在を家族に知らせておきましょう。

エンディングノートもさまざまな形式のものが数多く市販されています。元気なうちに書き始め、ときどき見直すとよいでしょう。

**❶ 介護が必要になった場合**

- 介護を頼みたい人（配偶者・子ども・ホームヘルパーなど）
- 介護を受ける場所（自宅・子どもの家・病院・介護施設など）
- 介護のための費用をどうするか

**❷ 認知症になった場合**

- 介護をどうしてほしいか
- 財産管理はだれにまかせるか

**❸ 延命治療・尊厳死について**

- 病名の告知を希望するか否か
- 余命の告知を希望するか否か
- 延命治療を受け入れるか
- 尊厳死を望むか（日本尊厳死協会に入会）
- 回復不能な植物状態や脳死状態になったときも治療の継続を望むか

**❹ 献体**

- 献体の希望の有無（登録先）

**❺ 臓器提供**

- 臓器提供を希望（希望する臓器）
- 臓器提供を希望しない

**❻ 相続**

- 遺産相続についての希望
（不動産、預貯金、保険など、財産リストの作成。何をだれに相続させるか）
- 墓や仏壇などの継承（だれに継いでもらいたいか）
- 遺品整理について
- 遺産・遺品の寄付など

**❼ 遺言**

- 法的に有効な遺言がある（保管場所）
- 公正証書遺言を作成している（公証役場名）

# 第6章

# 遺言と相続

相続にまつわるトラブルは、財産の額が少なくても
起きてしまいがちです。遺言や相続の基本知識をもって、
円満にスムーズに対処できるよう備えておきましょう。

## 財産をどう相続させたいか、意思を伝える

# 遺言の持つ意味

### 遺言は自分の意思を伝える最終手段

遺産相続の方法としては、遺言による相続、相続人全員による分割協議《ぶんかつきょうぎ》による相続、民法によって決められた相続人の範囲や相続分に従って相続する法定相続《ほうていそうぞく》があります。

民法で決められた相続人の順位や相続分の規定は、あくまでも目安です。相続人それぞれの家庭の事情や人間関係などによっては、法律で決められた相続分（法定相続）による分割が必ずしもふさわしいとはいえません。

最近は、遺産相続のトラブルもふえていて、遺産の額が1000万円以下でもトラブルになることも多いようです。

自分の財産を、どのように相続させたいのか、最終的な意思を伝える手段が遺言（法律上は遺言《いごん》という）です。

遺産相続には「遺言による相続は法定相続に優先する」という大原則があります。遺言が残されていて、それが法的に有効であれば、相続は遺言どおりに行われます。

つまり、遺言によって被相続人（遺言者）の意思が明確にされていれば、相続争いを防いだり、相続そのものをスムーズに進めることができるのです。

### 子の認知や相続権のない人に財産を譲ることも

遺言を作成しておけば、たとえば、特別に世話になった内縁の妻とか、亡き息子の嫁など、本来は相続権を持たない人にも財産を譲ることができます。

また、遺言では、子の認知など血縁者の身分についても、本人の最終意思を明確にすることができます。

### 遺言は法律で決められた方式で文書にする

満15歳以上であれば、原則として遺言をすることができますが、遺言に法的な効力を持たせるためには、文書＝遺言書にしなければなりません。

遺言書の形式も、法律で決められた方式（164ページ参照）にのっとって作成しなければ、無効になってしまうので、注意が必要です。

なお、夫婦で1通の遺言を作成するなど、連名による共同遺言は認められていません。

## 特に遺言を書いておいたほうがよい場合

**相続関係が複雑であったり、相続人のうちの1人に家業を継がせたいと思う場合など、被相続人の死後、トラブルが予想される場合は遺言書を作成しておきましょう。**

### ■ 子どものいない夫婦

配偶者に全財産を相続させたい場合、「全財産を相続させる」と遺言しておけば、被相続人の父母が遺留分《いりゅうぶん》を主張しても全財産の6分の5を相続させることができる。相続人が被相続人の兄弟姉妹の場合、遺留分はゼロなので、全財産が配偶者に渡る。

### ■ 相続関係が複雑

再婚をしていて、現在の妻（夫）や先妻（先夫）との間にも子どもがいて、子どもに法定相続分とは異なる相続をさせたい場合など、相続分や財産の分割方法を指定しておく。

### ■ 認知していない子どもがいる

生前に認知できなかった子を遺言によって認知しておけば、子は相続権を得ることができる。まだ生まれていない子（胎児）も認知できる。

### ■ 内縁関係の相手に財産を譲りたい

法律上の婚姻関係にない相手に相続権はない。内縁の相手（事実婚の相手）に財産を譲るには遺言書が必要。

### ■ 相続人がいない

相続人がいないと財産は国庫に帰属する。特定の人や団体に遺贈したり寄付するなど、財産の処分の仕方を遺言しておく。

### ■ 相続権のない人に譲りたい

特に世話になった子どもの配偶者（介護で世話になった息子の妻など）や知人などに、財産を贈りたいとき、また、相続人ではない孫や兄弟姉妹に譲りたい場合に、遺言で譲ることができる。

### ■ 家業の後継者を指定したい

家業を継続させたいというときは、後継者を指定し、その人が経営の基盤となる土地や店舗、工場、農地、同族会社の株券などを相続できるようにしておく。



### 遺贈《いぞう》とは

遺言により財産を贈与することを「遺贈《いぞう》」といいます。遺贈は相続権を持たない人や法人などに対してもできます。遺贈により財産を受け取る人を「受遺者」といいます。

遺贈には、家や土地など、特定の財産を遺贈する「特定遺贈」と、「財産の○割を譲る」のように遺産に対する割合で指定する「包括遺贈」があります。

相続人以外の人に包括遺贈をすると、遺贈を受けた人は財産に対して相続人とほとんど同じ義務と権利を持つことになります。相続人はプラスの財産だけでなく、借金などのマイナスの財産も受け継ぐので、包括受遺者はマイナスの財産も指定された割合で受け継ぐことになります。

遺贈は、遺言者が生きている間は放棄することはできませんが、死亡後は放棄することができます。

「身分」「財産の処分」「相続」に関する3つ

# 法的に効力のある遺言内容

## 法的効力のある遺言事項とは

遺言書には何を書いてもかまいませんが、法律上、効力を有する遺言事項《ゆいごんじこう》は限られています。法的効力のある遺言事項は、大きく分けて「身分」「財産の処分」「相続」に関する3つです。

**◆身分に関すること**

婚外子《こんがいし》（法的に婚姻関係のない男女間の子）の認知《にんち》や、未成年者の後見人《こうけんにん》の指定、後見監督人の指定など。

**◆財産の処分に関すること**

遺贈《いぞう》や寄付、信託《しんたく》など、財産の処分について。

**◆相続に関すること**

相続分の指定とその委託、遺産分割方法の指定とその委託、遺産分割の禁止、相続人相互の担保責任の指定、特別受益の持ち戻しの免除、相続人の廃除《はいじょ》や廃除の取り消し、遺言執行者の指定とその委託、祭祀承継者《さいししょうけいしゃ》の指定、遺贈《いぞう》の減殺《げんさい》方法の指定など。

なお、「死後、配偶者との婚姻関係を解消する」とか、養子との「養子縁組を解消する」などといった婚姻や養子縁組に関する内容は認められません。

## 家族の思いを記すことも大事

法的に効力のある事項は限られていますが、それ以外は書いてもむだになるというわけではありません。

遺言を書くにあたっての心境や、「このように考えて○○にこの財産を譲ることにした」など、遺産分割《いさんぶんかつ》についての考え方を記したり、「自分が亡くなったあとも家族仲よく助け合ってほしい」といった、家族への思いを記すことは、相続トラブルを防ぐためにも意義のあることです。

### 相続人の廃除《はいじょ》と廃除の取り消し

遺留分《いりゅうぶん》を有する推定相続人《すいていそうぞくにん》（相続人となるはずの人）が、遺言者（被相続人）を虐待したり、重大な侮辱を与えた場合や、推定相続人に著しい非行があった場合、被相続人は推定相続人の相続権を奪うことができます。これが相続人の廃除です。

相続人の廃除は、遺言者の存命中に家庭裁判所に「推定相続人廃除」の申し立てをして、調停《ちょうてい》または審判《しんぱん》を受けて認めてもらいます。廃除の理由によっては認められないこともあります。また、いったん行った廃除は取り消すこともできます。

相続人の廃除と廃除の取り消しは遺言によって行うこともできます。遺言による廃除や廃除の取り消しの場合は、遺言者の死後、遺言執行者が家庭裁判所に申し立てをします。

# 法的に遺言できることの内容

| | | |
|---|---|---|
| 身分に関すること | 子の認知《にんち》 | 「婚姻関係にない相手との子」との親子関係を認めること。胎児に対してもできる。 |
| | 未成年者の後見人《こうけんにん》・後見監督人の指定 | 推定相続人《すいていそうぞくにん》に親権者のいない未成年者がいる場合、後見人の指定をすることができる。さらに後見人を監督する後見監督人の指定ができる。 |
| 財産の処分に関すること | 財産の遺贈《いぞう》 | 財産を相続人以外の人に贈与することができる。 |
| | 財産の寄付 | 財産を寄付したり、財団法人を設立するなどの寄付行為ができる。 |
| | 信託《しんたく》の設定 | 財産を、指定した信託銀行等に預けて、管理、運用してもらうことができる。 |
| 相続に関すること | 相続分の指定とその委託 | 法定相続分《ほうていそうぞくぶん》とは異なる各相続人の相続分を指定することができる。また、第三者に相続分の指定を委託することができる。 |
| | 遺産分割《いさんぶんかつ》方法の指定とその委託 | 財産をどのように分けるか、具体的な遺産分割の方法を指定することができる。また、第三者に分割方法の指定を委託することができる。 |
| | 遺産分割の禁止 | 相続開始から最長5年以内であれば、財産の分割を禁止することができる。 |
| | 相続人相互の担保責任の指定 | 相続後の相続人同士による担保責任を軽減したり、加重したりできる。 |
| | 特別受益《とくべつじゅえき》の持ち戻しの免除 | 相続財産とみなされたうえで、相続分から差し引かれる生前贈与や遺贈などによる特別受益分を、考慮に入れないように免除できる。 |
| | 相続人の廃除《はいじょ》や廃除の取り消し | 相続人の廃除をしたり、廃除を取り消したりできる。 |
| | 遺言執行者の指定とその委託 | 遺言内容を実行させるための遺言執行者を指定しておくことや、第三者に指定を委託することができる。 |
| | 祭祀承継者《さいししょうけいしゃ》の指定など | 先祖の祭祀を主宰したり、墓や仏壇などを受け継ぐ人を指定できる。 |
| | 遺贈《いぞう》の減殺《げんさい》方法の指定 | 減殺請求を受けた際の減殺を行う財産の順序を指定できる。 |

# 遺言の方式

## 普通方式の自筆証書遺言、公正証書遺言など

### 民法の規定による遺言の方式

遺言は必ず文書にしなければなりません。遺言書の作成には民法による決められた方式があり、それに従って作成しないと法的に無効になってしまいます。遺言の方式には大きく分けて普通方式と特別方式がありますが、一般には普通方式で作成されます。

### 一般的な遺言作成に使われる普通方式

**◆普通方式**　次の3種類があります。

①自筆証書遺言《じひつしょうしょいごん》（民法968条）
②公正証書遺言《こうせいしょうしょいごん》（民法969条）
③秘密証書遺言（民法970条）

自筆証書遺言は、全文を自筆で書く方式で、いつでも作成できますが、内容や書き方によっては法的に無効になってしまうおそれもあります（168ページ参照）。

公正証書遺言は、遺言者が口述し公《こう》証人《しょうにん》が文書を作成します。2人以上の証人が必要であり、作成費用がかかります（174ページ参照）。

秘密証書遺言は、自分で作成した遺言書を公証役場《こうしょうやくば》で、本人が作成したものということを証明してもらうものです。やはり2人以上の証人が必要で作成費用がかかります（175ページ参照）。

### 遺言者が特別な状況にある場合の特別方式

**◆特別方式**　次の2種類があり、それぞれが左ページのように分かれています。

①危急時遺言（臨終遺言）
②隔絶地遺言

特別方式の遺言は、病気や事故などで、死が間近に迫っているような場合や、感染症病棟内や航海中の船舶内などの隔絶されたところにいる場合など、特別な事情に置かれた際に行われる方式です。

たとえば、病床で、意識のあるうちに遺言を作成したい、という場合は、危急時遺言の方式で作成します。

特別方式で遺言を作成したあとで状況が変わり、普通方式の遺言が作成できる状態になり、6カ月以上経過して生存している場合は、特別方式で作成した遺言は無効になります。

## 遺言の方式の種類

- 遺言
  - 普通方式
    - 自筆証書遺言
    - 公正証書遺言
    - 秘密証書遺言
  - 特別方式
    - 危急時遺言（臨終遺言）
      - 一般危急時遺言
      - 難船危急時遺言
    - 隔絶地遺言
      - 一般隔絶地遺言（伝染病隔絶地遺言）
      - 船舶隔絶地遺言

## 普通方式の遺言の種類と特徴

| | 自筆証書遺言 | 公正証書遺言 | 秘密証書遺言 |
|---|---|---|---|
| 作成場所 | 自由 | 公証役場 | 自由 |
| 作成方法 | 本人が自筆で | 公証人が口述筆記（ワープロ可） | 本人（自筆、代筆、ワープロ可） |
| 証人・立会人 | 不要 | 2人以上の証人の立ち会い | 2人以上の証人と公証人 |
| 費用 | かからない | 作成手数料がかかる | 公証人の手数料が必要 |
| 署名・押印 | ともに必要。押印は実印、認め印、拇印のいずれも可 | 本人の署名、実印による押印、証人、公証人の署名、押印が必要 | 本人（遺言書・封印に署名・押印）、証人・公証人（封書に署名・押印） |
| 封印 | 不要 | 不要 | 必要 |
| 秘密保持 | できる | 遺言内容、遺言したことが知られる | 遺言したことは知られるが、遺言内容は秘密にできる |
| 短所 | 方式、内容によっては無効になる可能性もある。死後、発見されなかったり、紛失、改ざんなどのおそれもある | 費用がかかる。証人、作成準備が必要 | 遺言の存在は明確にできるが、方式、内容によっては無効になる可能性もある |
| 死亡後の家庭裁判所の検認 | 必要 | 不要 | 必要 |

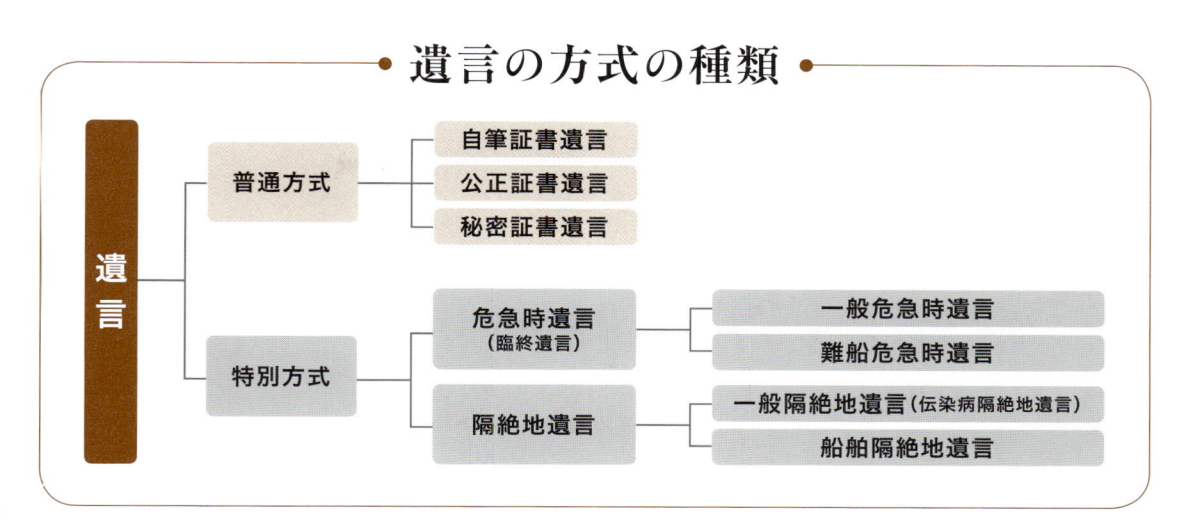

いつでも自由に作れるが書式や内容に条件が

# 自《じ》筆《ひつ》証《しょう》書《しょ》遺《い》言《ごん》

## 書式や内容が一定の条件を満たすことが必要

いつでも、どこでも本人の自由に作成することができるのが「自筆証書遺言」です。証人の必要もないので、遺言の内容も、遺言書を作成したことも秘密にしておくことができます。

ただし、書式や内容について、一定の条件を満たしていないと法的に無効になってしまうので、作成には細心の注意が必要です。

また、遺言者の死後、遺言が発見されなかったり、紛失や第三者の手によって偽造、改ざんされるおそれもあります。死後は遺言の発見者や保管者が、家庭裁判所に提出して検認《けんにん》の手続きを受けなければなりません（178ページ参照）。

## 全文、作成年月日、氏名を自筆で書き押印する

自筆証書遺言は、全文を必ず自筆で書かなければなりません。代筆やワープロで作成されたものは効力を持ちません。もちろん、テープに録音したものやビデオに録画したものも無効です。

作成した日付、氏名も自筆で書き、押印します。日付、氏名、押印のいずれか一つが欠けても無効とされます。

日付は「○年○月○日」でなくても、「満○歳の誕生日」というような書き方でも、日付が特定されれば認められます。年は元号でも西暦でもかまいません。ただし、「○年○月」のように日の記載がない場合は無効になります。

署名は戸籍上の実名に限らず、遺言者が特定できれば、通常使用しているペンネームや芸名、雅号などでも有効です。

**Point**

### 自筆証書遺言の作成のポイント

1. 全文を自筆で書く。
2. 日付（作成年月日）、署名、押印が不可欠。
3. 加除訂正は方式にのっとって行う。
4. 用紙は自由。保存に耐えられるものでコピーしやすいB5、A4サイズなど。
5. 筆記用具は自由。改ざんのおそれがある鉛筆は避ける。
6. 内容は具体的に個条書きにする。
7. 財産ははっきり特定できるように書く。
8. 用紙が複数枚に及ぶときはとじるか、契印（割り印）する。
9. 封印するかしないかは自由だが、封筒に入れ、遺言書に使った印鑑で封印したほうがよい。

押印の印鑑は実印《じついん》でなくてもよいとされています。認め印でもかまいません。母印《ぼいん》も認められていますが、できれば避けましょう。

書きまちがいや内容を書き直す場合は、法律で決められた方式を守らないと無効になってしまいます（173ページ参照）。

用紙や筆記用具に制限はありませんが、用紙は保存に耐えられるものが望ましいでしょう。大きさも規定はありませんが、コピーのとりやすいA4やB5などのサイズを。筆記用具はボールペン、筆、サインペンなどのいずれでもかまいませんが、改ざんのおそれのある鉛筆は避けます。

## 封印をする、しないは自由

書き上げた遺言書は封筒に入れて「遺言書在中」と上書きします。封印はしてもしなくても自由ですが、変造・汚損を防ぐ意味でもしておいたほうがよいでしょう。ただし、公正証書遺言以外の封印された遺言書は、遺言者の死後、家庭裁判所の検認《けんにん》の手続きの際に、すべての相続人に立ち会いの機会を与えたうえでないと、開封できないことになっています。

Point

### 遺言書を封筒に入れて保存するとき

封筒の表には「遺言書在中」「遺言書」などと書き、裏には遺言書の作成年月日を書き、署名・押印します。封印の印と、署名・押印の印は遺言書に用いたものと同じ印鑑を使います。封筒の裏か表に「本遺言書は、遺言者の死後、未開封のまま家庭裁判所に提出のこと」と書き添えます。

■自筆証書遺言を入れる封筒の書き方

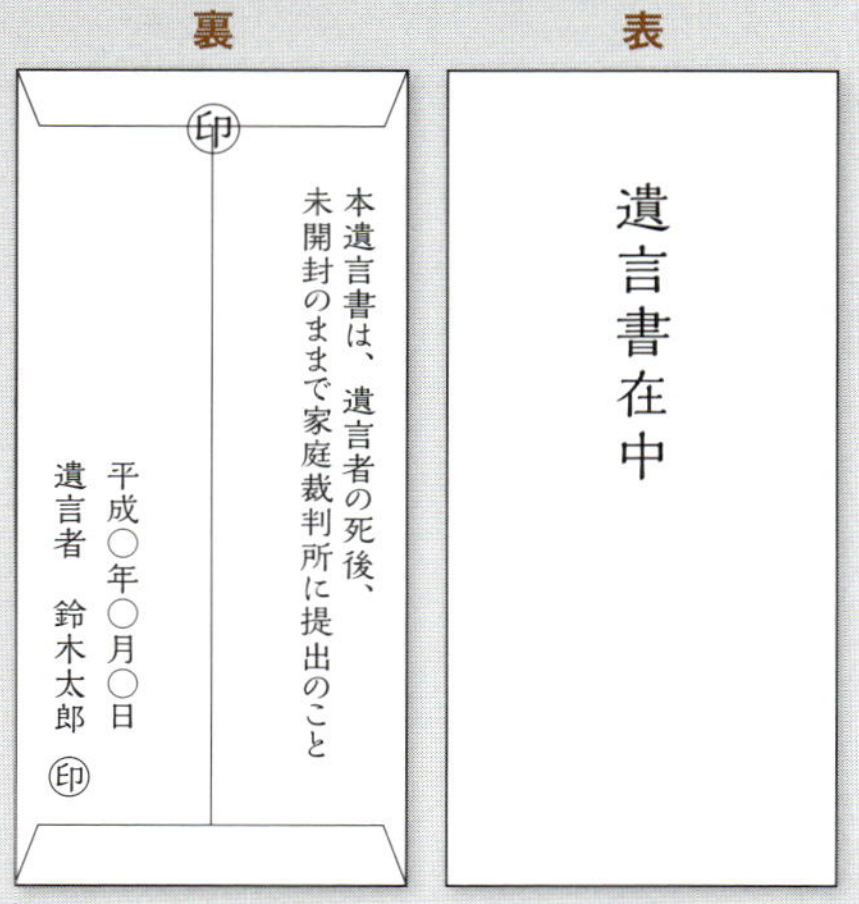


### 葬儀についての遺言

「葬儀は身内だけで」とか「このような形で行ってほしい」などと、葬儀の内容について遺言しておいても、遺言書を家庭裁判所に提出してしまうと、開封はしばらくたってからになるので、遺言者の意思が生かせなくなってしまいます。

葬儀に関する希望や臓器移植など、死後、すぐに見てもらうことが必要な事柄は、相続関係とは別の遺言書にして封印はせず、「葬儀（臓器移植）についての遺言」などと上書きし、「死後、すぐに開封すること」と添え書きしておきましょう。

ただし、葬儀について遺言しておいても、法的効力はありません。実際の葬儀に関しての決定権は、遺族にあります。

# 自筆証書遺言の書き方

## 表題、相続人、財産の書き方、作成日、署名、押印

### 内容は具体的にわかりやすく書く

自筆証書遺言《じひつしょうしょいごん》の作成ポイントは168ページにあげましたが、ここでは、もう少しくわしく説明します。

まず、遺言書を作成する前に財産のリストを作って、だれにどの財産を譲るのか、財産をどう分けるのかを考えます。

具体的な内容が決まったら、下書きをしてから書くようにします。書き方は縦書きでも横書きでもかまいません。

遺言書の内容は、遺言者の意思が正確に伝わるよう、具体的にわかりやすく書く必要があります。聞きかじりのむずかしい法律用語や専門用語を使うよりも、使いなれた言葉で書くほうがよいでしょう。

表題はなくてもかまいませんが、「遺言」「遺言書」「遺言状」などと書いておくほうが、明確です。

表題に続いて「遺言者〇〇〇〇は、この遺言書により次のとおり遺言する」などと書いてから、遺言事項を書きます。

### 相続人や財産が特定できることが大切

遺言事項は、番号をつけて個条書きにします。その際、譲る相手、譲る財産が具体的にわかるように記載することが大切です。譲る相手に同姓同名の人がいる場合や、法定相続人《ほうていそうぞくにん》以外に譲る場合は、受け取る相手が特定できるように、生年月日や現住所、本籍地などをあわせて記載するとよいでしょう。

### 不動産は登記記録簿の記載どおりに書く

「土地を相続させる」などのようなあいまいな表現では、財産が特定できないこともあります。財産が特定できるように一つ一つ正確に記載します。

特に土地や建物は登記記録簿の記載と一致しないと相続の登記ができないこともあるので、登記事項証明書の記載どおりに書きます。未登記の場合は「固定資産税課税台帳登録証明書」のとおりに記載します。

預貯金についても、複数あるときは金融機関の支店名、口座番号など、株式であれば会社名、株数などを客観的に特定できるように記載します。

# 自筆証書遺言（例）

1 遺言書

遺言者鈴木太郎は、この遺言書により次のとおり遺言する。

一 2 妻鈴木春子には次の財産を相続させる。3

（一） 4 東京都中野区○○町○丁目○番○

宅地 ○○○・○平方メートル

（二） 5 同所同番地○所在

家屋番号 同町○番○

木造スレート葺二階建居宅

床面積 一階○○・○平方メートル

二階○○・○平方メートル

（三） 6 前記家屋内にある什器備品その他一切の動産

（四） ○○銀行○○支店の遺言者名義の普通預金・定期預金の全額

（五） ゆうちょ銀行の遺言者名義の貯金全額

二 長男鈴木太一には、次の財産を相続させる。

（一） 7 遺言者名義の○○株式会社株式 ○○万株

三 長女高橋秋子には、次の財産を相続させる。

（一） ○○銀行○○支店の遺言者名義の定期預金全額

四 この遺言の 8 遺言執行者には左記の者を指定する。

東京都港区○○町○丁目○番

弁護士 佐藤孝司

9 平成○年○月○日

東京都杉並区○○町○丁目○番

10 遺言者 鈴木太郎 ㊞

**（1） 表題**

表題は「遺言書」「遺言状」「遺言」など。なくてもかまわないが書いたほうが明確。

**（2） 相続人・受遺者《じゅいしゃ》**

「妻○○」「長男「○○」などの書き方で十分だが、同姓同名の人がいる場合や法定相続人以外に遺贈する場合には、氏名のほかに住所、生年月日なども併記して特定する。

**（3） 処分の表現**

相続財産の処分の表現の仕方は「相続させる」「遺贈する」「譲る」「与える」などいろいろある。相続人以外の人に対しては、どの表現を使ってもかまわないが、不動産の場合、相続人には「相続させる」と記載したほうが「遺贈する」より登記の際に登録免許税が安くなる。

**（4）（5） 不動産の表示**

土地、家屋など不動産の表示は登記事項証明書の記載、未登記の場合は固定資産税課税台帳登録証明書のとおりに書く。

**（6）（7） 預貯金・株式の表示**

預貯金や株式、債券などの財産の表示は銀行名、支店名、預貯金の種類、口座番号、会社名、株式など、客観的に特定できるように書く。

**（8） 遺言執行者**

遺言執行者の指定は遺言のみでできる。

**（9） 作成年月日**

年月日がないと無効になる。

**（10） 署名・押印**

署名・押印は必須。押印は実印でなくてもよいとされているが、できれば実印を用いる。住所は書かなくてもかまわない。

# 自筆証書遺言(例)

## 【遺言により財産を贈る場合(遺贈)の例】

■文例②・縦書き

遺言書

遺言者鈴木太郎はこの遺言書により、長年にわたり私の介護に努めてくれた、亡き長男一夫の嫁、鈴木春子(昭和○年○月○日生)に左記の現金を遺贈する。

○○銀行○○支店の遺言者名義の定期預金のうち
金壱千万円

平成○年○月○日

遺言者　鈴木太郎　㊞

遺贈にはこの遺言文例のように具体的に何を譲るかを特定した「特定遺贈」と、「財産の○分の1を贈る」のように、財産の割合で示した「包括遺贈」がある。

## 【相続分を指定する遺言の例】

■文例①・縦書き

遺言書

一　遺言者鈴木太郎は左記のとおり各相続人の相続分を指定する。

妻幸子に七分の四
長男太一に七分の二
長女良子に七分の一

二　この遺言の遺言執行者には左記の者を指定する。

東京都千代田区○○町○丁目○番地
弁護士　坂本幸信

平成○年○月○日

遺言者　鈴木太郎　㊞

相続分の指定の方法は「財産の何分のいくつ」や「財産の何割」とあらわす。相続分を指定する場合は遺留分に配慮が必要。この場合、遺言執行者の指定や遺産の分割方法を第三者に委託しておくと安心。

## 【負担付遺贈の場合の例】

■文例③・横書き

遺言書

遺言者鈴木太郎は所有する下記の土地および建物を、遺言者の甥鈴木雅夫(昭和○年○月○日生)に遺贈する。受遺者鈴木雅夫は、遺言者の妻幸子(受益者)と同居のうえ、毎月生活費として20万円を毎月末日までに、受益者の預金口座に振り込むこと。

1、土地　神奈川県相模原市○○町○丁目○番○
　宅地320.45㎡
2、建物　同所同番地○所在、家屋番号　○番○
　木造瓦葺2階建居宅
　床面積　1階96.53㎡
　　　　　2階56.40㎡

受益者銀行口座　○○銀行○○支店　普通預金
口座番号○○○○
口座名義　鈴木幸子

平成○年○月○日

遺言者　鈴木太郎　㊞

「長男には土地を譲るかわりに、毎月生活費として○円を母親に渡すこと」のように、一定の負担を課することを条件に遺言で財産を贈与することもできる。これを「負担付遺贈《ふたんつきいぞう》」という。負担付遺贈では、遺贈を受けた人は遺贈の目的物の価格を超えない範囲においてのみ、負担した義務を負うことになる。負担したくない場合は、遺言者の死後、遺贈を放棄することもできる。

# 加除訂正の仕方

遺言書の加筆、訂正は、定められた方式にのっとって行わなければなりません。民法には加除訂正の方法として、必ず「その場所を指示」し、「これを変更した旨を付記」し、「特にこれに署名」し、かつ「その変更の場所に印を押さなければ」ならないと定められています。

付記する位置は、遺言書の上部欄外、または遺言書の末尾です。付記したところに署名し（押印は不要）、かつ、加除訂正した部分に押印します。押す印は実印でなくてもかまいませんが、遺言書の署名の下に押した印を使います。

【加除訂正の例】

1 この行壱字削除
壱字加入
鈴木太郎

遺言書

遺言者鈴木太郎は、以下のとおり遺言します。

一 遺言者鈴木太郎は、所有する次の土地を妻幸子に相続させる。
東京都板橋区○○町○丁目○番○
宅地 三三・~~四~~ 2 五 印 6 平方メートル

二 ○○銀行○○支店の鈴木太郎名義の 3 {定期 印 6 預金全額と、○○株式会社、株式三万株は長男太一にそれぞれ相続させる。

4 印 6 ~~三 遺言者名義の○○株式会社株式二万株を長女良子に相続させる。~~

平成○年○月○日

遺言者 鈴木太郎 印 6

5 付記
この遺言書六行目、弐字加入する。
鈴木太郎

この遺言書中八行目、第三項全文を削除する。
鈴木太郎

1 加除訂正したことを上部欄外に付記する場合は、変更した行の真上に変更した内容を説明し、署名します。

2 訂正は訂正部分を二重線で消し、右側に書き直し押印します。付記は「○字削除○字加入」とします。

3 加入は { 記号を書いて文字を書き入れ、押印します。付記には「この行○字加入」とします。

4 削除は削除部分を二重線で消し、押印します。付記には「この行○字削除」「この項全文削除」などとします。

5 加除訂正したことを遺言書の末尾に付記する場合は、加除訂正が遺言書の何行目にあたるか、あるいは何項にあたるかなどを明記し、変更した内容を説明し、署名します。

6 加除訂正した部分に押す印は遺言書の署名の下に押した印と同じ印鑑を使用します。

# 公正証書遺言《こうせいしょうしょいごん》

## 公証役場で証人の立ち会いのもと、遺言者が口述して作成

### 証人立ち会いのもと、公証人が作成する

公証役場《こうしょうやくば》で証人2人以上の立ち会いのもとに、遺言者が遺言事項を口述《こうじゅつ》して作成する遺言が「公正証書遺言」です。法的に正しい書式で遺言書を作成することができます。

口述された遺言事項を公証人が筆記して遺言証書を作成し、筆記したものを遺言者と立会人全員に読んで聞かせ、遺言者と証人は筆記が正確であることを確認のうえ、署名・押印（遺言者は実印《じついん》による）します。

遺言書は原本、正本、謄本の3通が作成されます。

公証人は証書を作成した手順を付記して署名・押印します。遺言者が病気などで署名できないときは、公証人がその理由を付記すればよいことになっています。

### 原本は公正証書役場に無料で保管される

公正証書遺言は内容を秘密にすることはできませんが、原本は公証役場に保管される（正本、謄本は遺言者に）ので、死後、発見されないで紛失してしまったり、破棄されたり、内容が改ざんされたりするおそれがありません。

一度作成した公正証書遺言を取り消したり、変更したりすることもできます。万一、正本を紛失したときは再交付も受けられます。

死後、家庭裁判所での検認《けんにん》の手続きが必要なく、遺言者の死後、遺族はすぐに開封して内容を確認できます。

遺言者が病気で公証役場に出向けない場合は、自宅や病院に公証人に出張してもらうこともできます。ただし、遺言者が口述できない状態では作成できません。聴覚・言語機能障害者の場合は、手話または筆談による公正証書遺言の作成が可能です。

公正証書遺言を作成する際の費用（手数料）は、法によって定められています。

Point

### 証人の条件

公正証書遺言や秘密証書遺言などの作成には証人が必要ですが、次のような人は証人の資格がありません。

①未成年者

②推定相続人、遺言によって相続を受けることになる人（受遺者）およびその配偶者と直系血族

③公証人の配偶者、４親等以内の親族、書記、雇い人

一般には前記に該当しない親戚、知人、弁護士、税理士などに依頼することが多いようです。

## 公正証書遺言作成の手数料

| 目的価格 | 手数料 |
|---|---|
| 100万円まで | 5000円 |
| 100万円を超え200万円まで | 7000円 |
| 200万円を超え500万円まで | 1万1000円 |
| 500万円を超え1,000万円まで | 1万7000円 |
| 1,000万円を超え3,000万円まで | 2万3000円 |
| 3,000万円を超え5,000万円まで | 2万9000円 |
| 5,000万円を超え1億円まで | 4万3000円 |
| 1億円を超え3億円まで | 4万3000円に5000万円超過するごとに1万3000円を加算 |
| 3億円を超え10億円まで | 9万5000円に5000万円超過するごとに1万1000円加算 |
| 10億円超 | 24万9000円に5000万円超過するごとに8000円を加算 |

※遺言の場合の目的価格は、相続人、受遺者ごとに受け取る財産の価額を算定して合計した額。不動産は固定資産税評価額を基準に評価する。
※相続、遺贈額が1億円に満たないときは、11,000円を加算する。
※公証人が病院等に出張して公正証書を作成するときは、目的価格による手数料が5割増しになり、日当、交通費（実費）もかかる。
※遺言の全部または一部を取り消すときの公正証書作成手数料は11,000円。



### 秘密証書遺言の作成の仕方と注意点

遺言内容の秘密を守りながら、遺言の存在を明確にできる方式が「秘密証書遺言」です。秘密証書遺言は遺言者本人が作成した遺言書を封筒に入れ、遺言書に押印した印鑑と同じ印鑑で封印《ふういん》します。

封印した遺言書は公証役場《こうしょうやくば》で、証人2人以上の立ち会いのもとに公証人に提出し、本人が書いたものであることを確認したうえで、公証人は遺言者の申し立てと日付を封紙（封筒）に記載し、遺言者、証人とともに署名・押印します。

こうして完成した秘密証書遺言は本人が持ち帰り、公証役場には、その日、遺言が作成された事実が記録されます。

遺言の本文はワープロでも代筆でもかまいませんが、署名だけは本人の自筆で行います。加除訂正については、自筆証書遺言同様、厳密な方法が要求されます。

方式や内容が一定の条件を満たしていないと、死後、無効になってしまうおそれもあります。死後の検認《けんにん》も必要です。

# 遺言の撤回と変更

遺言のすべてを撤回、一部を変更・撤回するとき

## 遺言の撤回・変更は いつでもできる

遺言は遺産の相続にあたって遺言者の最終意思を尊重する制度ですから、遺言者の意思であれば、いつでも撤回したり、変更したりすることができます。

遺言は遺言者が生きている間はいかなる義務も権利も発生しません。たとえば遺言書に「自宅の土地、建物は長女に相続させる」と書いたとしても、その後、遺言者は自宅の土地、建物を売却することができ、売却したことで遺言は撤回したことになります。

遺言書に財産の処分の仕方を書いたあとでも、遺言者は自由に財産を処分することができるのです。

## 遺言のすべてを 撤回したいとき

遺言のすべてを撤回したい場合は、自筆証書遺言や秘密証書遺言であれば破棄したり焼却します。公正証書遺言は、公証役場に出向き、破棄の手続きをします。または、新たに破棄する旨の遺言書を作成します。新しい遺言書は自筆証書遺言でも、秘密証書遺言でも、公正証書遺言でもかまいません。

遺言の撤回、変更をする場合は前の遺言の方式と同じである必要はありません。

## 遺言の一部を 変更・撤回するとき

遺言の一部を変更したり撤回したりする場合、自筆証書遺言であれば、法律で決められた加除訂正の仕方に従って、遺言書の原文に手を入れることができます。ただし加除訂正が多い場合は、書き直したほうがよい場合もあります。

秘密証書遺言の場合は、新たに撤回や変更部分を記した遺言を作成します。

公正証書遺言の場合は、公証役場に出向いて訂正を申し出るか、新たに変更や撤回部分を記した秘密証書遺言や公正証書遺言、自筆証書遺言書を作成します。

遺言書が2通以上ある場合は、最も新しい日付の遺言書が有効とされる規定です。日付の新しい遺言に前の遺言内容に抵触する内容が書かれていた場合は、その部分だけ新しい遺言が有効になり、前の遺言の残りの部分もそのまま有効になります。

# これまでに書いた遺言を撤回する遺言(例)

## 【すべての遺言を取り消す場合】

■文例②・縦書き

遺言書

遺言者高橋章人は本日以前に作成した遺言のすべてを取り消す。

平成○年○月○日

遺言者　高橋章人　㊞

この一文で、以前に作成した自筆証書遺言、秘密証書遺言、公正証書遺言など、すべての遺言を取り消すことができる。「日付、署名、押印」は必須。一部を取り消す場合は「平成○年○月○日に作成の秘密証書遺言中、第三項を取り消す」のように書く。

## 【遺言の一部を書き直す場合】

■文例①・横書き

遺言書

遺言者石田冬彦は、平成○年○月○日に作成した公正証書遺言の第一項を取り消し、次のように変更する。

一　遺言者は長女の石田秋子に次の財産を相続させる。
　○○銀行○○支店の遺言者名義の定期預金の全額

平成○年○月○日
遺言者　石田冬彦　㊞

自筆証書遺言により、公正証書遺言の一部を撤回し、新たに書き直した場合の遺言書。どの遺言のどの部分を書き直すのかを明記する。「日付、署名、押印」のいずれか一つが欠けても無効になるので、注意が必要。

## 信託銀行・銀行の遺言信託

信託銀行や銀行では、遺言書作成のアドバイスから公正証書遺言の作成、遺言書の保管、遺言執行者として遺言の執行、遺産の整理など、遺言から相続までの一連に関する業務を請け負っています。

信託銀行や銀行によって内容に違いはありますが、「遺言信託」という名称で取り扱っていることが多く、遺言書の保管だけのコースもあります。

遺言信託の費用も信託銀行、銀行によって異なりますが、遺言書作成時(契約時)には、信託銀行の手数料と公正証書遺言の作成費用(175ページ参照)がかかるほか、遺言執行(相続の開始・180ページ参照)までの保管料が必要なところがほとんどです。

さらに遺言執行時には基本報酬額プラス相続財産の額に応じた比例報酬がかかります。

遺言書作成時の手数料は20万〜50万円程度、年間保管料は6000〜1万円程度、基本報酬額は最低額が100万〜150万円程度と、信託銀行、銀行によって幅があります(いずれも税別)。

## 自筆証書遺言の扱い方、検認の手続き

# 遺言書が見つかったら

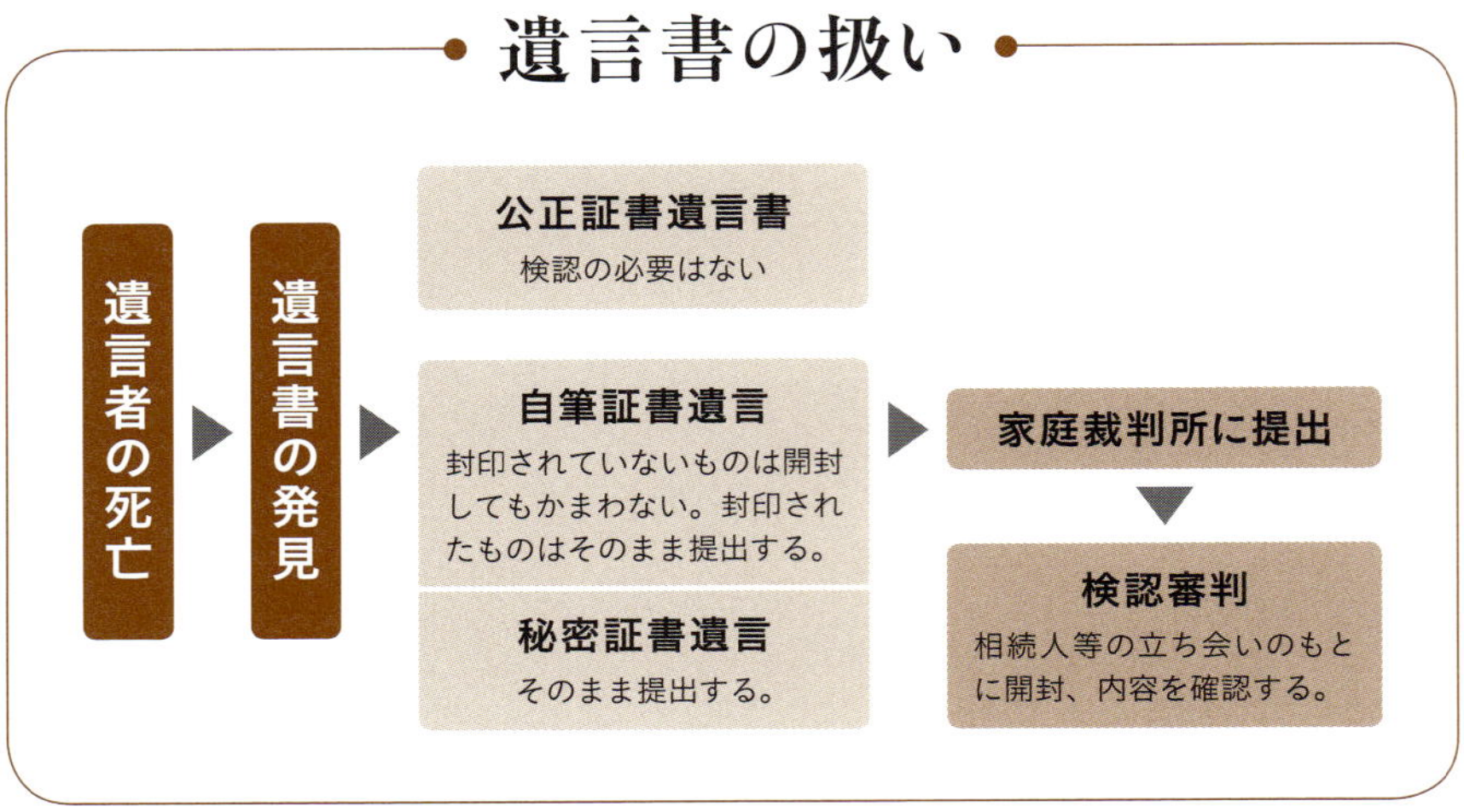
遺言書の扱い
遺言者の死亡
遺言書の発見
公正証書遺言書
検認の必要はない
自筆証書遺言
封印されていないものは開封してもかまわない。封印されたものはそのまま提出する。
秘密証書遺言
そのまま提出する。
家庭裁判所に提出
検認審判
相続人等の立ち会いのもとに開封、内容を確認する。

### 公正証書遺言以外は検認の手続きが必要

遺言者の死後、遺言が見つかったら、公正証書遺言以外の遺言書（自筆証書遺言、秘密証書遺言など）は、保管していた人、または発見した人が、死後すみやかに家庭裁判所に提出し、検認《けんにん》を受ける義務があります。検認の申し立ては、遺言者（被相続人）が亡くなったときの住所地の家庭裁判所に行います。

検認は遺言書が正しいものかを確かめ、遺言書の存在を明確にし、記載内容を確認して、改ざんを防ぎ、保存を確実にするために行われるものです。遺言書の書き方や内容が法的に有効かどうかを判断するために行うものではありません。法的に正しい形式で作成されていなければ無効になってしまいます。

遺言書が封印されていない場合は、検認を受ける前に開封してもかまいません。遺言書が封印されている場合は、そのまま提出する必要があります。開封は家庭裁判所において、相続人またはその代理人立ち会いのもとでのみ認められています。これに違反し、かってに開封してしまうと、過料（5万円以下）を科せられます。

また、検認が必要な遺言書なのに、故意に検認の請求を行わなかった場合も過料が科せられます。

### 検認の手続き

検認の手続きは、遺言書の原本のほか、遺言者の出生から死亡までのすべての戸籍謄本、相続人全員の戸籍謄本、相続人以外にも財産を受け取る人がいる場合は、その受遺者の戸籍謄本などを添えて、遺言書検認申立書を提出します。

その後、家庭裁判所から相続人などに、

■遺言書検認の申立書（記入例）

| 受付印 | 遺 言 書 検 認 申 立 書 |
|---|---|
| 収入印紙 円<br>予納郵便切手 円<br>予納登記印紙 円 | （この欄に収入印紙８００円分をはる）<br>（はった印紙に押印しないでください。） |

| 準口頭 | | 関連事件番号 平成 年（家 ）第 号 |
|---|---|---|

| 東京家庭裁判所 御中<br>平成 28年 9月 15日 | 申立人（又は代理人など）の署名押印又は記名押印 | 高橋治夫 印 |
|---|---|---|

| 添付書類 | 申立人の戸籍謄本（全部事項証明書） 1通 遺言者の戸（除）籍謄本（出生から死亡までのもの） 1通<br>相続人全員の戸籍謄本（全部事項証明書） 1通 受遺者全員の戸籍謄本（全部事項証明書） 1通 |
|---|---|

| | | | |
|---|---|---|---|
| 申立人 | 本籍 | 東京 (都) 道 府 県 千代田区神田駿河台〇丁目〇番 | |
| | 住所 | 〒 176 － 0023<br>東京都練馬区小竹町〇丁目〇番〇号 （ 方） | 電話 03（1234）5678<br>携帯 （ ） |
| | フリガナ<br>氏名 | タカ ハシ ハル オ<br>高橋治夫 | 大正<br>(昭和) 36年 10月 9日 生<br>平成 |
| | 職業 | 会社員 | |
| | 申立資格 | ※ (1) 遺言書の保管者 2 遺言書の発見者 3 その他 | |
| 遺言者 | 本籍 | 東京 (都) 道 府 県 目黒区自由が丘〇丁目〇番地〇号 | |
| | 住所 | 〒 －<br>申立人の住所と同じ （ 方） | |
| | フリガナ<br>氏名 | タカ ハシ タ ロウ<br>高橋太朗 | 平成 28年 7月 28日 死亡 |

（注） 太枠の中だけ記入してください。 ※ あてはまる番号を〇でかこむこと。

| 申立ての趣旨 | |
|---|---|
| 遺言者の自筆証書による遺言書の検認を求める。 | |
| **申立ての実情** | |
| 封印等の状況 | ※ (1) 封印されている。 2 封印されていたが相続人（ ）が開封した。<br>3 開封されている。 4 その他（ ） |
| 遺言書の保管・発見の状況・場所等 | ※ (1) 申立人が遺言者から昭和・平成13年 6月15日 に預かり，下記の場所で保管してきた。<br>2 申立人が平成 年 月 日 下記の場所で発見した。<br>3 遺言者が貸金庫に保管していたが，遺言者の死後，申立人が平成 年 月 日から下記の場所で保管している。<br>4 その他（ ）<br>（場所） 申立人の自宅。<br>東京都練馬区小竹町〇丁目〇番〇号 |
| 特記事項<br>その他 | |
| 相続人等の表示 | 別紙相続人目録のとおり |

※の部分は，当てはまる番号を〇で囲み，4を選んだ場合には，（ ）内に具体的に記入してください。

用紙は家庭裁判所で手に入るほか、家庭裁判所のホームページからダウンロードもできる。

検認の期日が通知されます。検認当日は相続人などの立ち会いのもと、遺言書の内容が確認されます。

## 遺言を隠匿、改ざんすると相続人の資格を失う

遺言の検認請求をせず、さらに隠匿《いんとく》した場合は、相続欠格《そうぞくけっかく》（187ページ参照）により相続権を剥奪されます。また、遺言を改ざん（偽造、変造）した場合は、相続権を剥奪されるだけでなく、刑事責任も問われることになります。

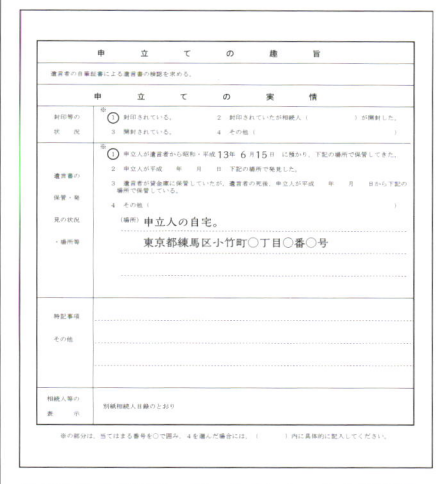

# 相続の開始

## 故人の財産の権利と義務のいっさいを引き継ぐ相続

### 被相続人の死亡とともに始まる相続

人が亡くなると同時に相続は開始され、亡くなった人は「被相続人」となります。相続の権利を持つ人、つまり相続人は、被相続人の財産上の権利と義務のいっさいを引き継ぐこととなります。

相続というと、預貯金や不動産などを受け継ぐといったプラスのイメージがありますが、「財産上の権利と義務のいっさい」というのは、借金などの債務や損害賠償責任などのマイナスの財産も含みます。

なお、裁判所から失踪宣告《しっそうせんこく》を受けた人の場合も、死亡したとみなされて相続が開始されます。

### 遺言書の有無を確認する

被相続人の死後は、できるだけ早く、故人が遺言書を残しているかどうかの確認をします。相続の形は亡くなった人が遺言を残していたかいなかったかで、大きく違ってきます。

相続では「遺言による相続は法定相続《ほうていそうぞく》に優先する」という大原則があります。つまり、被相続人が法的に効力のある遺言書を残していた場合は、原則として遺言が法律より優先されて相続が行われます。

ただし、相続人全員の同意があれば、遺言に従わなくてもかまいません。

一方、遺言書がない場合は、財産を相続人のだれが、どの割合で受け継ぐかは、法律により決まります。これを、法定相続といいます。

ただし、この場合も、相続人全員の合意があれば、話し合いによって法定相続ではない分け方をすることもできます。

### 相続税の申告・納税の期限は相続開始後10カ月以内

相続の開始から相続税の申告・納税までは、10カ月という期限が決められています。また、相続放棄《そうぞくほうき》やマイナスの財産が多いときの限定承認《げんていしょうにん》（184ページ参照）の申請《しんせい》は3カ月以内なので、相続人の確認、相続財産の調査・確認などを、できるだけ早く行う必要があります。

## 相続の開始から相続税の申告・納税までのスケジュール

### 相続の開始（被相続人の死亡）

|  |  |  |
|---|---|---|
| 3カ月以内 | ❶ 死亡届の提出 | 7日以内に行う。 |
| 3カ月以内 | ❷ 遺言書の確認 | 遺言書の有無を確認する。公正証書遺言以外は家庭裁判所に提出。検認の手続きをへて開封する。 |
| 3カ月以内 | ❸ 相続人の確認 | 被相続人・相続人の戸籍謄本により、相続人を確定する。 |
| 3カ月以内 | ❹ 相続財産の調査・確認 | 被相続人の財産を債務などのマイナス分も含めてもれなく調べ、リストを作る。 |
| 3カ月以内 | ❺ 相続放棄・限定承認の申請 | 必要であれば相続放棄《そうぞくほうき》・限定承認《げんていしょうにん》の申請をする。 |
| 4カ月以内 | ❻ 遺産の評価 | 相続財産の個々の評価額を算定する。相続税がかかるかかからないかの目安をつける。 |
| 4カ月以内 | ❼ 被相続人の準確定申告《じゅんかくていしんこく》 | 必要であれば、被相続人の亡くなるまでの所得税の申告をする。 |
| 10カ月以内 | ❽ 遺産分割協議 | 相続人全員による遺産分割協議《いさんぶんかつきょうぎ》を行い、遺産分割協議書を作成する。 |
| 10カ月以内 | ❾ 相続税の計算と提出書類の作成 | 場合によっては延納・物納の申請準備をする。 |
| 10カ月以内 | ❿ 相続税の申告・納税 | 被相続人の死亡した日の翌日から10カ月以内に行う。 |

- 遺留分《いりゅうぶん》の侵害がある場合は遺留分減殺請求をする（1年以内）。
- 場合によっては相続税の修正申告・更正の請求をする。

（※遺産分割自体には法的な期限はない）

## プラスの財産だけでなくマイナスの財産も相続の対象に

# 相続の対象となる財産

### 相続の対象となる財産とは

相続人が複数いる場合は、相続が開始されると、相続財産は分割が確定するまで相続人全員の共有となります。

相続の対象になる財産は、「被相続人が生前所有していた土地、家屋などの不動産、現金・預貯金、貴金属宝石類、書画・骨董、家財道具、株式などの有価証券、借地権・借家権など」のプラスの財産があります。そして「借金や未払いの税金、債務」などのマイナスの財産ともいうべきものもあります。

なお、「相続の対象となる財産」と「相続税がかかる財産」はイコールではありません。

相続の対象とならない財産であっても「みなし相続財産」（203ページ参照）として、相続税の課税対象となるものもあります。

相続の開始後は、財産の分割や相続税の計算のために、プラスの財産もマイナスの財産ももれなくリストアップし、その評価額を出す必要があります。

### 相続の対象とならない財産もある

相続の対象にならない財産は「故人の葬儀の際に受け取った香典、故人の死亡退職金、生命保険金、遺族が受け取る遺族年金、祭祀財産（墓地、墓石、仏壇、仏具など）」などです。

香典は喪主に贈られたものとみなされるので、相続の対象にはなりません。

死亡退職金や遺族年金は、遺族（受給者）の固有の財産となり、相続の対象にはなりません。

生命保険金は受取人が指定されている場合は指定された受取人固有の財産になるので、相続の対象にはなりません。

祭祀財産は祭祀承継者が単独で引き継ぐものとされ、相続の対象にはなりません。

## 相続の対象となる財産・ならない財産

### 対象となる財産

**＋ プラスの財産**

土地・家屋・借地権・借家権・現金・預貯金・有価証券・債券・金銭債権・ゴルフ会員権（一部例外あり）・家財・自動車・貴金属宝石類・書画骨董特許権・著作権など

**－ マイナスの財産**

借金・買掛金・借入金・住宅ローン・未払いの月賦・未払いの税金・未払いの家賃・未払いの地代・未払いの医療費など

### 対象とならない財産

香典（喪主あてに贈られたもの）・死亡退職金（受給権を持つ人の財産）・遺族年金（受給権を持つ人の財産）・祭祀《さいし》財産《ざいさん》（墓地・墓石・仏壇・仏具・神棚など。祭祀承継者が単独で引き継ぐ）

### 故人の預貯金を引き出すには

故人の預貯金は、名義人が死亡したことが金融機関に伝わった時点から凍結され、たとえ配偶者や子どもであっても、引き出すことはできません。

預貯金を引き出すためには、遺産の分割を終えたあと、故人の戸籍謄本、相続人全員の印鑑登録証明書、遺産分割協議書を添えて手続きしなければなりません。

ただし、医療費や葬儀費用の支払いのためにまとまった現金が必要な場合は、分割前でも特別に応じてくれる金融機関もあります。

金融機関によって必要な手続きに違いはありますが、法定相続人全員の戸籍謄本と印鑑登録証明書、法定相続人の範囲がわかる故人の戸籍（除籍）謄本、葬儀や医療費の請求書や見積書などの提出を求められます。

保証人が必要な場合もあり、引き出す限度額も設けられています。

手続きに出向く人（相続人の代表者）は、預貯金通帳、届出印、キャッシュカード、代表者の実印などを持参します。

相続財産の内容、相続人の状況によって選択を

# 単純承認・限定承認・相続放棄

## すべてを無条件に引き継ぐ「単純承認」

「単純承認《たんじゅんしょうにん》」とは、被相続人の残した財産のプラスもマイナスも合わせて、すべての権利と義務を無条件で引き継ぐことをいいます。

相続開始後（自己のために相続の開始があったことを知った日から）、3カ月以内に単純承認の意思表示をするか、限定《げんてい》承認《しょうにん》や相続放棄《そうぞくほうき》の手続きをしなければ、単純承認したものとみなされます。

また相続人が、遺産の一部であっても、かってに処分したり隠したり、悪意で財産目録に加えなかったりすると、単純承認とされてしまい、限定承認や相続放棄ができなくなってしまうので注意が必要です。

## 相続人を保護するための「限定承認」

相続ではプラスの財産だけでなくマイナスの財産も引き継ぐことになるので、場合によっては多大な借金を背負ってしまうこともあります。このような場合に、相続人を保護するために「限定承認」と「相続放棄」の制度があります。

債務などのマイナス財産も引き継ぐが、それは引き継いだプラスの財産の範囲内で弁済する、というのが「限定承認」です。自分の財産まで使って債務の弁済にあてる必要はなく、引き継いだプラスの財産で債務を返済したあと、財産が残れば、それを相続することができます。

マイナスの財産がプラスの財産より多いか少ないか、すぐには判断がつかないときには「限定承認」も考えられます。ただし、「限定承認」は相続人全員の合意が必要で、1人でも反対の人がいれば認められません。相続放棄をした人がいる場合は、その他の相続人全員で限定承認をすることができます。

「限定承認」は相続開始を知った日から（通常、相続開始から）3カ月以内に被相続人の住所地の家庭裁判所に申し立てをしなければなりません。手続きが複雑なこともあり、実際に選択する人はあまりいません。

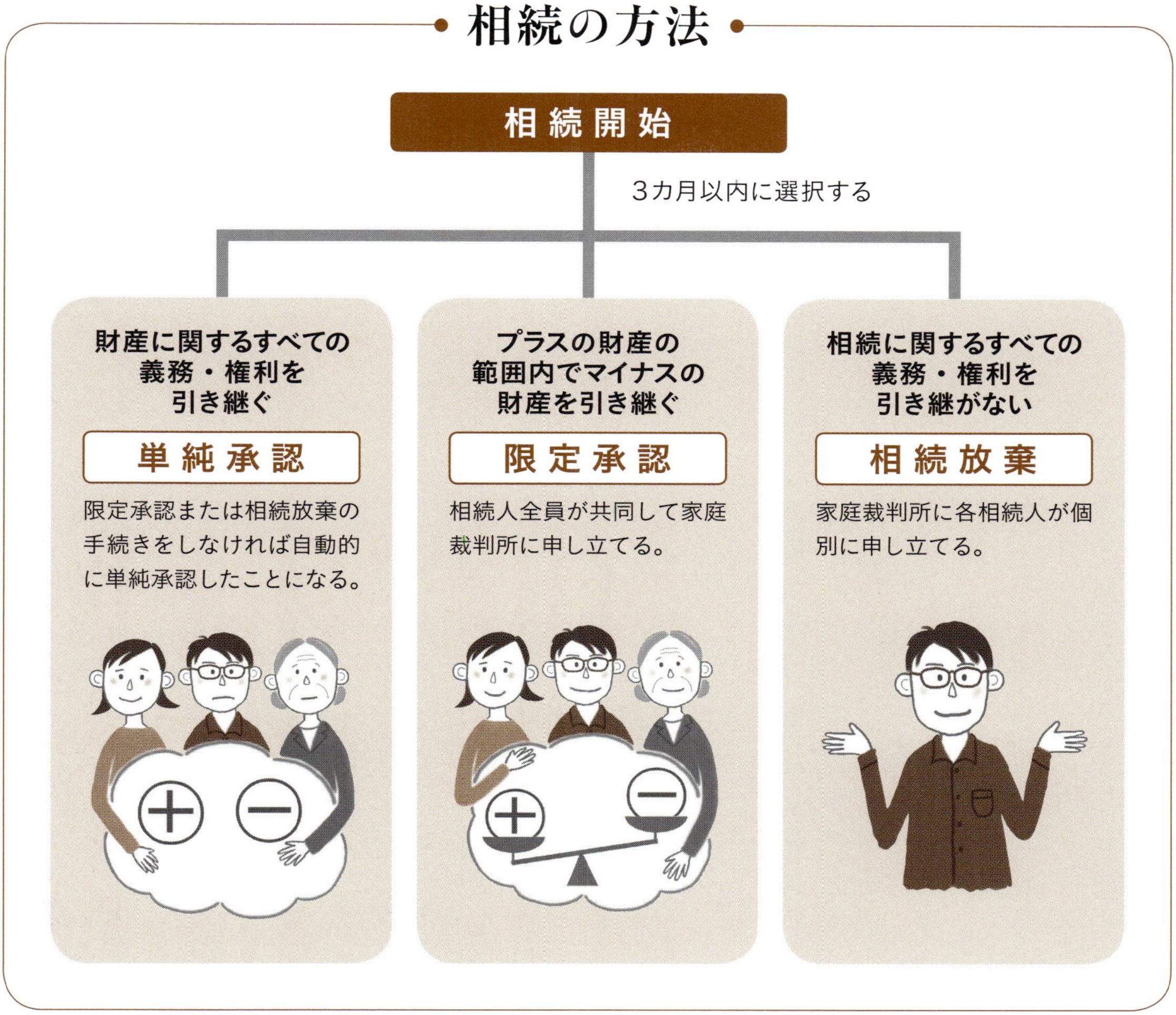
相続の方法
相続開始
3カ月以内に選択する
財産に関するすべての義務・権利を引き継ぐ
単純承認
限定承認または相続放棄の手続きをしなければ自動的に単純承認したことになる。
プラスの財産の範囲内でマイナスの財産を引き継ぐ
限定承認
相続人全員が共同して家庭裁判所に申し立てる。
相続に関するすべての義務・権利を引き継がない
相続放棄
家庭裁判所に各相続人が個別に申し立てる。

## いっさいの義務も権利も放棄する「相続放棄」

相続財産を調べた結果、借金などのマイナスの財産のほうが多いとわかっていたり、なんらかの理由で遺産相続を辞退したい場合は「相続放棄」をすることができます。

「相続放棄」とは、相続権を放棄することで、初めから相続人とならなかったとみなされる制度です。遺産に関するいっさいの権利も義務も放棄することになります。

相続放棄には法的な手続きが必要で、相続人各人が個別にできます。相続放棄は、自己のために相続の開始があったことを知った日（通常、相続開始をした日）から3カ月以内に、被相続人の住所地の家庭裁判所に申し立てをしなければなりません。

そして、相続放棄が本人の意思であることが認められると受理されます。

相続放棄をすると、原則として撤回することはできません。また、その人に子や孫などの直系卑属がいても、代襲相続もできなくなります。

民法で決められている、相続人になれる人の範囲

# 相続人の範囲と順位

## 法律で決められた相続人の範囲と順位

相続人《そうぞくにん》になれる人の範囲は法律（民法）で決まっていて、決められた相続人のことを「法定相続人」といいます。法定相続人には「配偶者相続人」（被相続人の配偶者）と「血族相続人」があります。

**◆配偶者相続人**

被相続人（故人）の配偶者で、常に相続人になれます（法律上の婚姻関係にない内縁の妻や夫には相続権はない）。

**◆血族相続人**

被相続人と血のつながった親族の中でも、子や孫などの直系卑属《ちょっけいひぞく》、親や祖父母などの直系尊属《ちょっけいそんぞく》、兄弟姉妹などです。被相続人の子は、被相続人の配偶者同様、常に相続人になれます。また、血族相続人は被相続人に配偶者がいてもいなくても、相続人となることができます。

血族相続人には第1～3の順位があります。第1順位の相続人がいれば、第2順位、第3順位の人は相続人にはなれません。第1順位にあたる人がいない場合に第2順位の人が、第1順位にも第2順位にもあたる人がいない場合に第3順位の人が相続人になる仕組みです。

**▼第1順位　被相続人の直系卑属**

第1順位は被相続人の子です。子には嫡出子、非嫡出子、養子、胎児、代襲相《だいしゅうそう》続《ぞく》の孫、ひ孫などが含まれます。

**▼第2順位　被相続人の直系尊属**

第2順位は被相続人の直系尊属である父母や祖父母などです。被相続人に子がいない場合は父母が、父母もいなければ祖父母が相続人となります。父母のうちどちらかがいれば、祖父母は相続人となれません。

**▼第3順位　被相続人の兄弟姉妹**

第3順位は被相続人の兄弟姉妹で父親や母親が異なる異父兄弟姉妹や異母兄弟姉妹（半血兄弟姉妹という）も含みます。被相続人に直系卑属も直系尊属もいない場合、兄弟姉妹が相続人となります。

**Point**

### 親の相続分を引き継ぐ代襲相続《だいしゅうそうぞく》

被相続人の子がすでに死亡していて、その死亡した子に子（被相続人の孫）があれば、その子が親の相続分を引き継ぎます。これを「代襲相続」といいます。相続欠格や相続廃除によって相続権を失った人の場合も、その人に子があれば代襲相続ができます。被相続人より先に亡くなった子の子（孫）もすでに死亡しているか相続権を失っているときは、被相続人のひ孫がいればひ孫が代襲相続します。

直系卑属には無限に代襲相続が認められています。

## 法定相続人の範囲とその順位

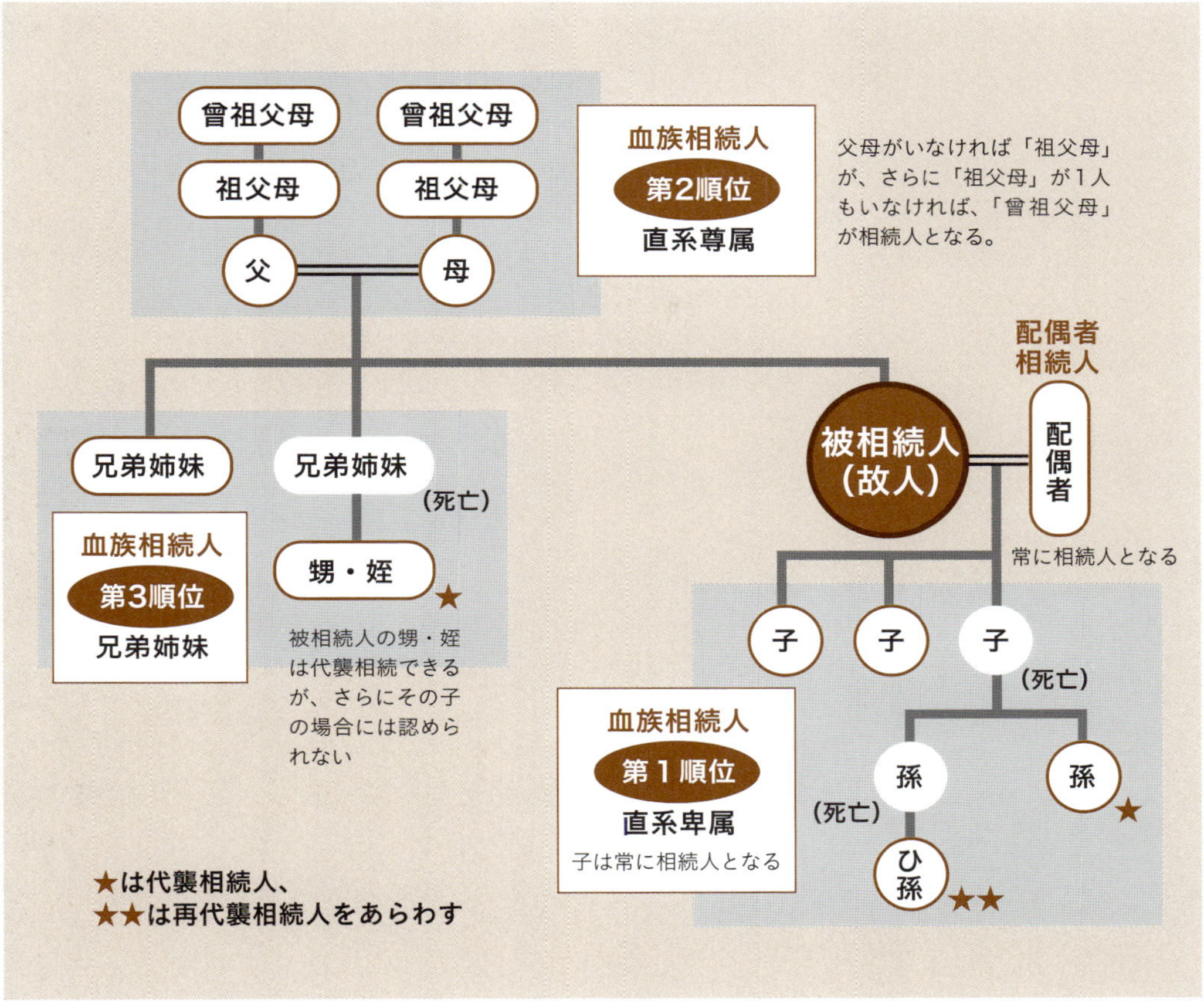


### 相続人が資格を失うとき

相続人が相続人としての資格を失うことを相続欠格《そうぞくけっかく》といいます。相続欠格となるのは次のような人です。

❶被相続人を殺したり、自分より先または同順位にいる相続人を殺したり、殺そうとして刑に処せられた者。

❷相続人が、だれかに殺されたことを知っていながら、犯人を告訴・告発しなかった者。ただし、その者に是非の弁別がない（判断力がない）とき、または、その犯人が自己の配偶者もしくは直系血族であったときは該当しない。

❸被相続人をだましたり脅したりして、被相続人が遺言書を書こうとしたり、遺言の取り消しや変更をしようとしたりすることを妨害した者。

❹被相続人をだましたり脅したりして、被相続人の意に反して遺言書を書かせたり、遺言の取り消しや変更をさせたりした者。

❺被相続人の遺言書を故意に偽造したり変造したり、破棄・隠匿した者。

## 生前贈与を受けた人、財産の維持・増加に貢献した相続人

# 特別受益者と特別寄与者

### 特別受益者

## 生前贈与や遺贈を受けた相続人が「特別受益者」

被相続人《ひそうぞくにん》から遺贈《いぞう》を受けたり、被相続人の存命中に特別な贈与を受けたなど、特別の利益を受けた相続人を「特別受益《とくべつじゅえき》者《しゃ》」といいます。

相続人の中に特別受益者がいる場合、特別受益分（遺贈や贈与を受けた財産分）を考えずに遺産を分割すると他の相続人との間に不公平が生じます。

民法では何も贈与されなかった相続人との公平を考えて、特別受益分を相続財産の前渡しとみなし相続財産の価値に加えたうえで、特別受益者の相続分から差し引きます。これを「特別受益の持ち戻し」といいます。

相続分から特別受益を差し引いた結果、他の相続人の遺留分《いりゅうぶん》（１９６ページ参照）を侵害している場合は、侵害した分を他の相続人に渡さなければならないこともあります。

ただし、特別受益者以外の相続人全員が遺産の分割に際して「特別受益分は考慮しない」と認めた場合は、財産に含めなくてもかまいません。また、被相続人の遺言書に「特別受益の持ち戻しは免除する」と書いてあれば、持ち戻しは免除されます。

## 特別受益の対象となる贈与

特別受益の対象となる贈与には、結婚、養子縁組の費用、独立開業資金などの援助、多大な学費、住宅購入や新築などの際の援助など、生計の資本と考えられる贈与があります。また、遺言で特定の相続人が受けた遺贈は、受遺者《じゅいしゃ》の法定相続分にプラスされるのではなく、特別受益として法定相続分から差し引かれます。

## 特別受益は相続開始時の評価額に換算される

特別受益者が受けた贈与は、受けた時点での価格で評価されるのではなく、相続開始時の評価額に換算されます。たとえば生前に２０００万円のマンションを贈与されていたとすると、相続時の評価額が１５００万円になっていれば、特別受益は１５００万円として評価されます。

また、すでに特別受益者が贈与された財産を使い果たしてしまっていても、あるものとして評価されます。

各相続人の相続分の算定方法としては、実際の遺産額に特別受益額をプラスして、その総額を法定相続分で分割します。特別受益者は、そこから特別受益額を引いた額を相続します。

## 特別受益者がいる場合の相続（例）

◆兄　　生前贈与　2000万円
◆弟　　生前贈与　なし
◆遺産　１億2000万円

→

兄の相続分　　5000万円
弟の相続分　　7000万円

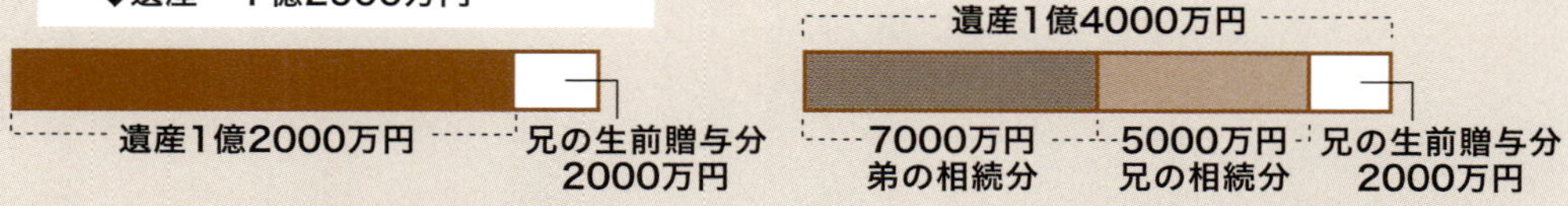


計算の順序

●1人の相続分の算定　（遺産１億2000万円＋兄の生前贈与分2000万円）× $\frac{1}{2}$ ＝7000万円

●各人の相続分
兄　7000万円－生前贈与分2000万円＝5000万円
弟　7000万円



# 特別寄与者

## 財産の維持や増加に貢献した相続人に認められる

民法には、相続人の中に被相続人の事業を手助けしたり、被相続人の療養看護に努めるなどして、被相続人の財産の維持や増加に特別に貢献してきた人（特別《とくべつ》寄与者《きよしゃ》という）がいれば、その人には法定相続分とは別枠で、寄与相当の相続分である「寄与分」が認められる、という規定があります。

　実際に寄与分が認められるのは、その人の貢献によって被相続人の財産の維持ないし増加がはかられた、と客観的に判断されたときです。被相続人と同居して世話をしたり、介護や看護に努めてきたりした場合でも、親子であれば扶養の義務があるので、通常の世話や介護は寄与とは認められません。

　寄与分を認めるか認めないか、認めるとしたらどの程度認めるかなどは、相続人同士の協議で決めます。寄与した人が寄与分を主張する場合は客観的な資料（証拠）を示す必要があります。

　なかなか話がまとまらないときは、寄与をした人が家庭裁判所に調停を申し立てます。この場合も客観的な証拠を明示する必要があります。寄与分が認められた場合は、相続財産から寄与分を差し引き、残りの分を相続財産として分割します。

## 寄与分は法定相続人のみに認められる

寄与分は法定相続人だけに認められています。したがって、「夫婦同然に暮らし、家業を助けた内縁の妻」や「看護人を雇うかわりに看護に努めた息子の嫁」などは、どんなに故人の財産の維持、増加に努めたとしても寄与分は認められません。

　こういった相続権のない人に財産を譲るためには、遺言書による財産の贈与が必要になります。

# 遺《い》産《さん》分《ぶん》割《かつ》の方法

## 「指定分割」「協議分割」「調停分割・審判分割」の3通りがある

### 遺産分割の方法には3通りある

相続人が2人以上のときには、遺産を分割しなければなりません。

遺産分割の方法には、

①指定分割
②協議分割
③調停分割・審判分割

の3つがあります。

### 遺産の指定に従う「指定分割」

被相続人（故人）が遺言書で遺産の分割方法を指定している場合は、それに従って行われます。これが「指定分割」です。

遺言による指定が法定相続による相続分とは違っていても、原則としてこれに従います。相続では「遺言による相続は法定相続《ほうていそうぞく》に優先する」という大原則があるため、遺言による指定が優先されるのです。ただし、遺留分（196ページ参照）の請求があった場合は、この限りではありません。

また、相続人全員の合意があれば、遺言の指定に従わなくてもかまいません。

たとえば、遺言に「配偶者にすべてを譲る」とあっても、配偶者自身が子にも分けたいと考え、子もそれを受け入れれば、親子で分割することもできます。「兄弟姉妹全員で均分に」とあっても、相続人全員が合意すれば、均分しなくてもかまいません。

### 相続人の話し合いで決める「協議分割」

遺言による指定がない場合は相続人全員が話し合い（協議）をして分割します。これが「協議分割」です。この話し合いを「遺産分割協議《いさんぶんかつきょうぎ》」といいます。

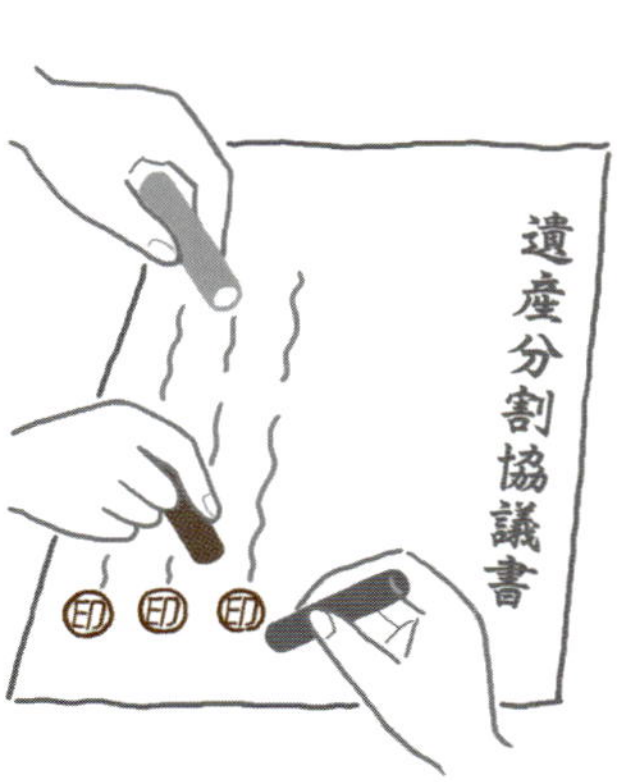


通常は民法の法定相続分を目安にしながら、遺産の性格（不動産、預貯金、有価証券など）、相続人それぞれの状況などを考慮に入れて、どのように分割するかの話し合いが行われます。

なかなか話し合いがまとまらないときには法定相続分に従います。この場合は「特別受益者」や「寄与分」についても考慮に入れながら協議をします。

全員の合意が得られたら、後日のトラブルを防ぐためにも「遺産分割協議書」

を作成します。協議書には相続人全員が署名、または記名・押印（実印）します。「遺産分割協議書」（199ページ参照）の作成は義務ではなく、作成しなくても協議分割は成立しますが、不動産を相続した場合の登記の際や預貯金、有価証券などの名義変更に必要になるので作成したほうがよいでしょう。

## 「包括受遺者《ほうかつじゅいしゃ》」がいる場合

遺言に「〇〇に遺産の3分の1を譲る」といった包括遺贈がある場合にも、だれが何をどのように引き継ぐかを決めるために、分割協議が必要です。この場合は、受遺者を交えて、相続人全員により話し合いを行います。

## 話し合いがまとまらないとき

協議分割は相続人の1人でも同意しない場合は成立しません。遺産分割協議がまとまらないときは、家庭裁判所に「遺産分割の調停」を申し立てることができます。

### ◆調停分割

非公開の場で家事審判官と調停委員の立ち会いのもとに相続人が集まって話し合いを行い、譲歩と合意をめざします。家事審判官と調停委員はアドバイスはしますが、結論は当事者が決定して、調停が成立します。

### ◆審判分割

話し合いがまとまらず、調停が不成立に終わると自動的に審判に移行します。裁判所が事実調べ、証拠調べを行い、家事審判官によって分割が命じられます。「審判」による分割方法が不服な場合は、「高等裁判所」に即時抗告をして、争うこともできます。

調停は相続人の1人、もしくは何人かが残りの相続人を相手方として申し立てます。

Point

### 遺産の具体的な分け方

遺産を実際に分けるには、大きく分けて「現物分割」「換価分割」「代償分割」の3つの方法があります。

**●現物分割**

「土地と家は妻に、預貯金は長男に」のように、個々の財産を各相続人に割り振る方法を現物分割といいます。

**●換価分割**

遺産が家や土地のような不動産で、分割できない場合や各相続人に現物で割り振れるほど種類がない場合は、遺産を売却して、その代金を分割します。この方法を換価分割といいます。

**●代償分割**

遺産のほとんどが不動産や事業資産、農地などのとき、後継者となる相続人の1人が単独で相続し、ほかの相続人の相続分を、自分の財産から支払う方法もあります。これを代償分割といいます。

また、別荘や土地などを、相続人の複数が共同で相続し、共有財産とすることもできます。

民法により定められている各相続人の相続分

# 法定相続による相続分

## 相続人の構成により異なる法定相続分

遺言が残されていないとき、遺言に相続分や遺産分割の方法の指定がないときは、民法による相続分の定め＝法定相続分《ほうていそうぞくぶん》によって遺産分割を行います。これを法定相続といい、各相続人が引き継ぐ遺産の割合（法定相続分）が決まっています。割合は法定相続人にだれがいるかにより異なります。

相続人が被相続人の配偶者（配偶者相続人）1人だけの場合は、配偶者が全遺産を相続します。

配偶者と血族相続人がいる場合は、血族相続人の順位と人数によって比率が変わります。

配偶者とは戸籍上の婚姻関係にある場合で、内縁関係の場合、同居期間の長短にかかわらず、相続権はありません。

### ◆配偶者と直系卑属《ちょっけいひぞく》（第1順位）の場合

被相続人に配偶者と第1順位の子（直系卑属）がいる場合は、それぞれが遺産の2分の1を相続します。子が複数のときは、2分の1を頭数で等分します。

嫡出子と非嫡出子の相続分は同じです。なお、非嫡出子は、母親との関係では認知届を出していなくても法律上の親子関係が認められますが、父親との関係では、故人の子であることが認知されている必要があります。認知は遺言でもできます。

死別したり離婚したりして配偶者がいない場合は、子たちが全遺産を等分します。いずれの場合も子が死亡していて孫がいる場合は、孫が権利を引き継ぎます（代襲相続《だいしゅうそうぞく》）。

胎児にも同じ相続分が認められています。ただし、出生して初めて相続権を有するので、遺産分割は出産後に行われることになります。

### ◆配偶者と直系尊属《ちょっけいそんぞく》（第2順位）の場合

被相続人に子や孫（直系卑属）がいない場合は、被相続人の直系尊属である父母、父母がいなければ祖父母が、配偶者と遺産を分割します。相続分は配偶者が3分の2、直系尊属が3分の1です。

配偶者がいない場合は、直系尊属が全遺産を相続します。

### ◆配偶者と兄弟姉妹（第3順位）の場合

被相続人に直系卑属も直系尊属もいない場合は、故人の兄弟姉妹が配偶者と遺産を分割します。相続分は、配偶者が4分の3で、兄弟姉妹が残りの4分の1を頭数で等分します。

異母兄弟姉妹・異父兄弟姉妹（半血兄弟姉妹《はんけつきょうだいしまい》という）の相続分は、同じ父母から生まれた兄弟姉妹の2分の1です。

配偶者がいない場合は、兄弟姉妹が全遺産を相続し等分します。

# 相続人の組み合わせと法定相続分(例)

【配偶者と直系《ちょっけい》卑属《ひぞく》(子、孫・第1順位)の場合】

**基本**　配偶者 $\frac{1}{2}$　直系卑属 $\frac{1}{2}$

配偶者がいない場合は直系卑属が全遺産を相続

**A** 相続人●配偶者と子3人(うち1人は養子)

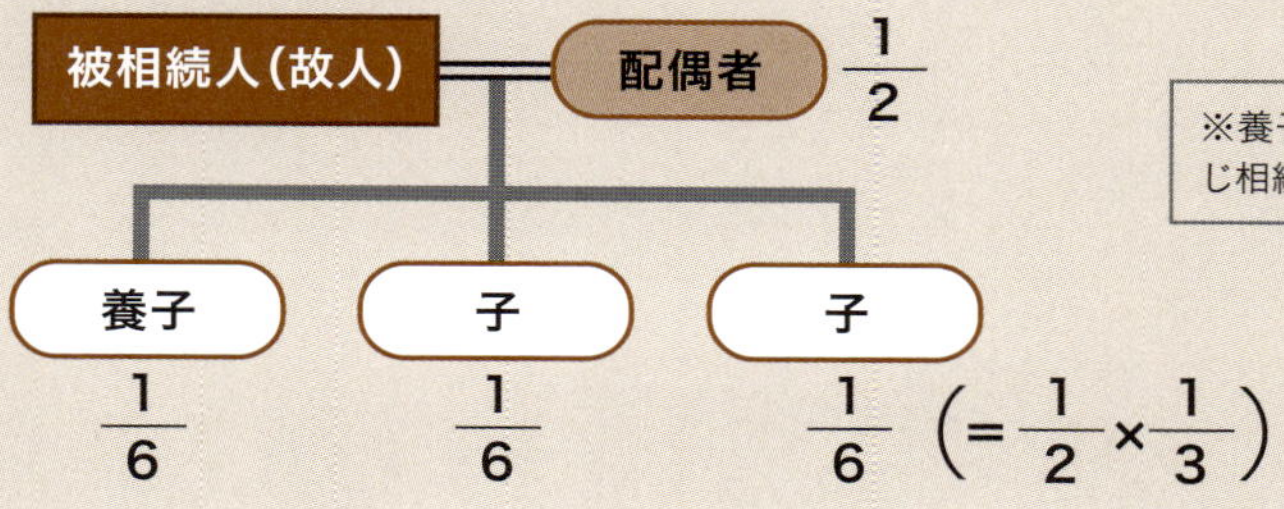


※養子は実子と同じ相続分になる

**B** 相続人●配偶者と子2人、孫2人(代襲相続人)

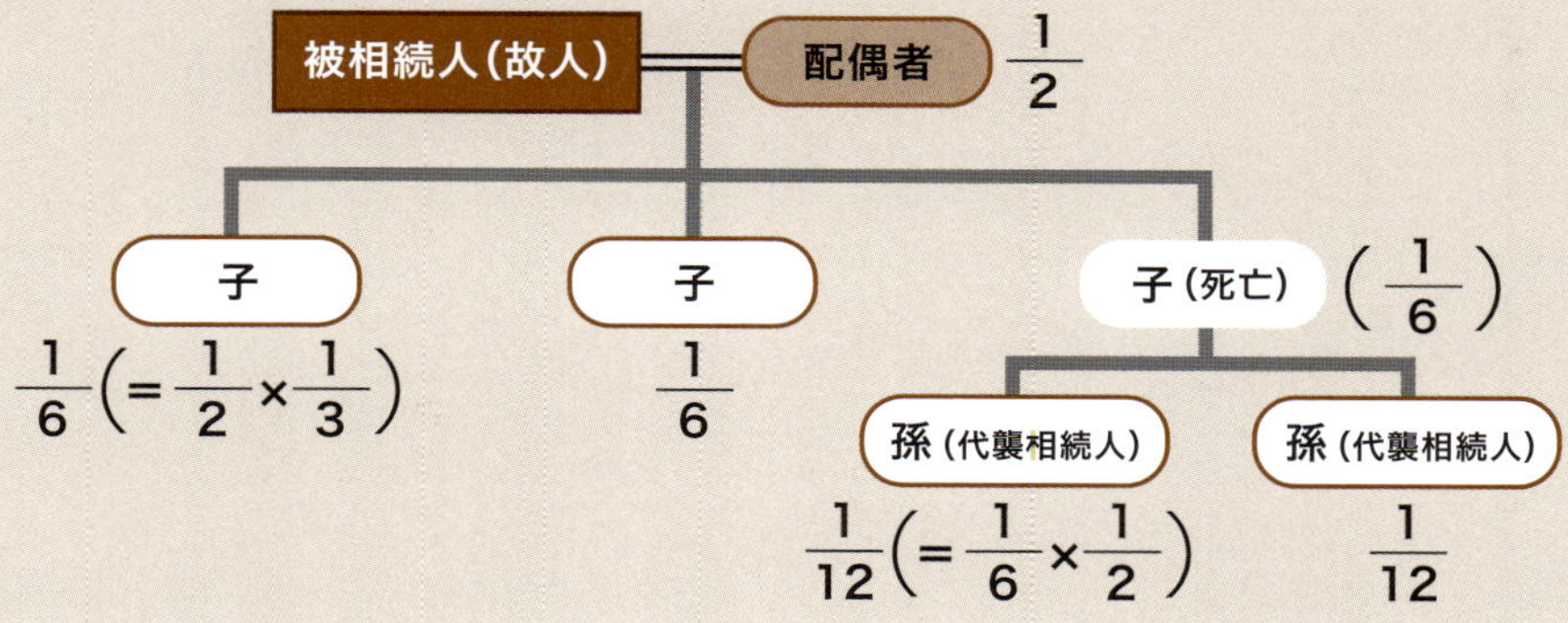


**C** 相続人●配偶者と子1人、認知されている非嫡出子1人

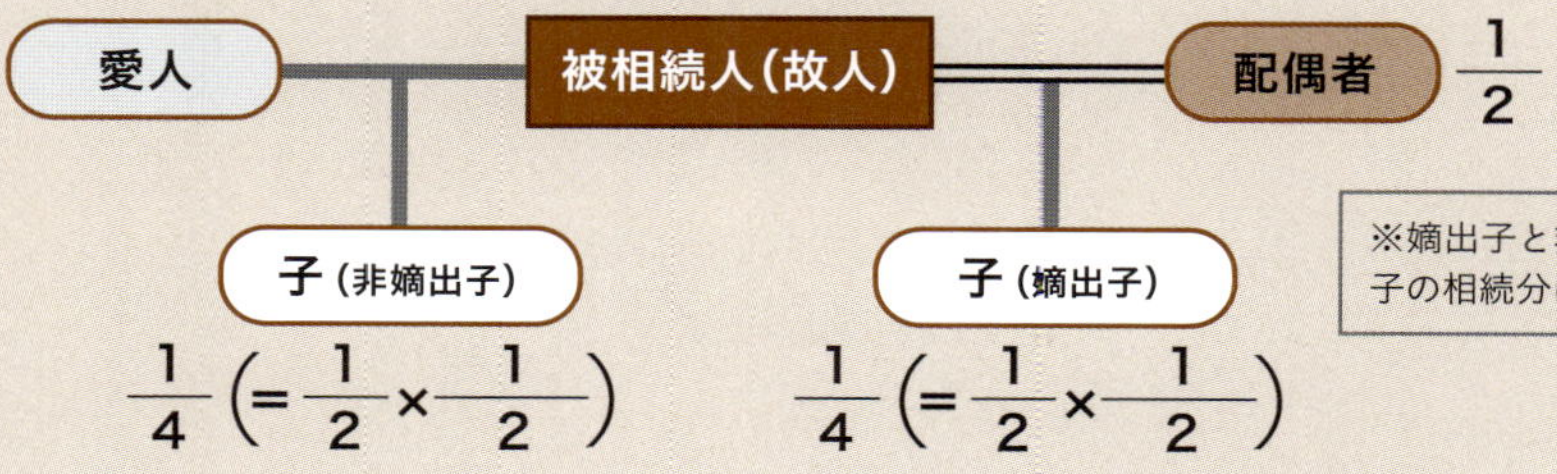


※嫡出子と非嫡出子の相続分は同じ

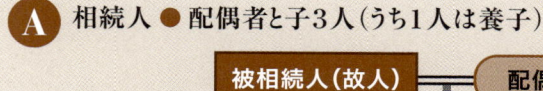

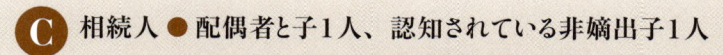

## 相続人の組み合わせと法定相続分（例）

【配偶者と直《ちょっ》系《けい》尊《そん》属《ぞく》（父母、祖父母・第2順位）の場合】

**基本**　配偶者 $\frac{2}{3}$　直系尊属 $\frac{1}{3}$

配偶者がいない場合は直系尊属が全遺産を相続

**A** 相続人●配偶者と父母

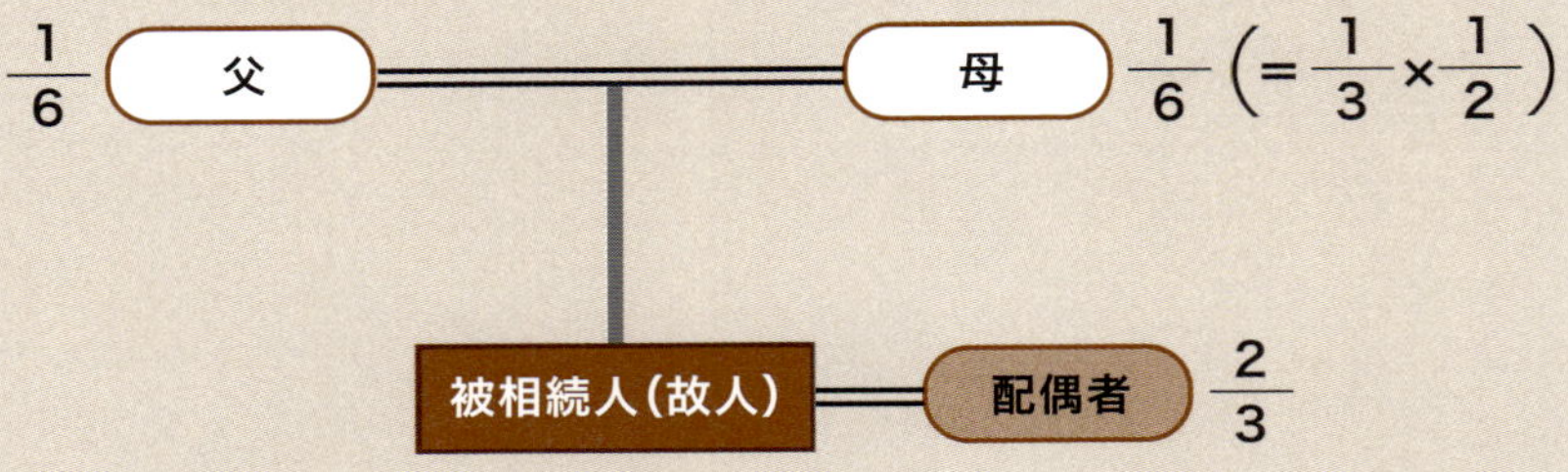


**B** 相続人●配偶者と祖父母2人

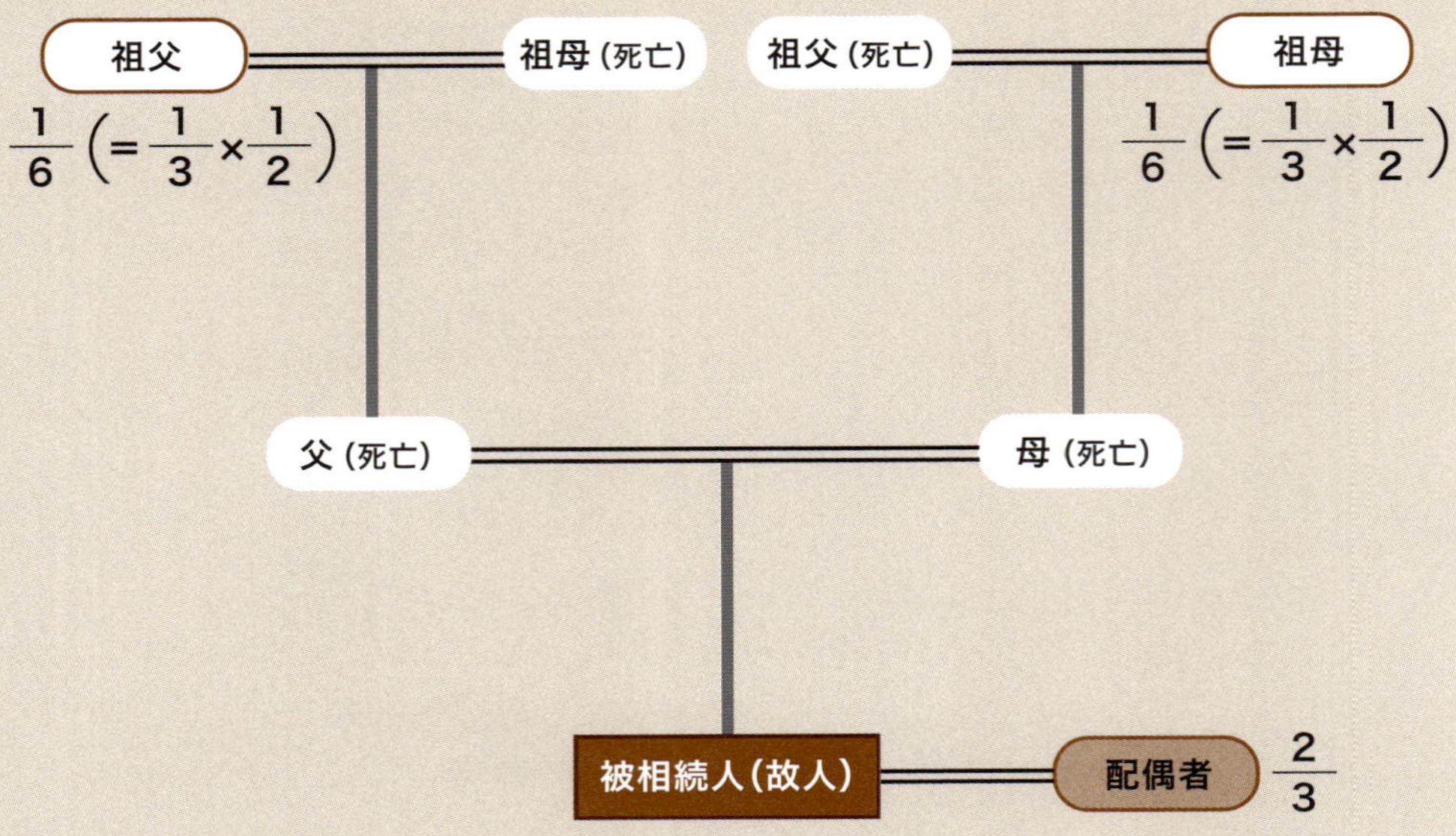

# 相続人の組み合わせと法定相続分（例）

【配偶者と兄弟姉妹、甥姪（第3順位）の場合】

**基本**

配偶者 $\frac{3}{4}$ ｜ 兄弟姉妹 $\frac{1}{4}$

配偶者がいない場合は兄弟姉妹が全遺産を相続

**A** 相続人●配偶者と兄、甥、姪（代襲相続人）

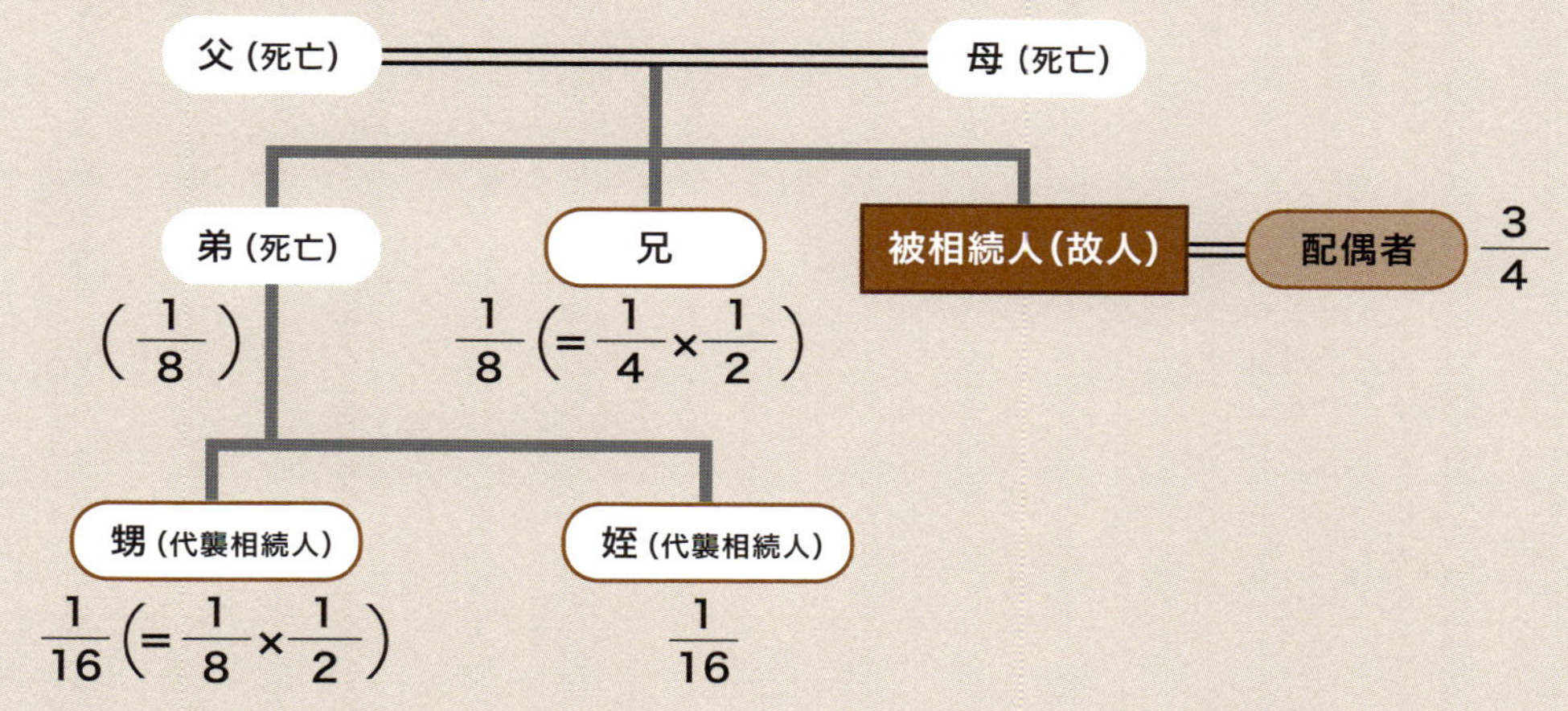


**B** 相続人●配偶者と姉、異母兄（半血兄弟姉妹）

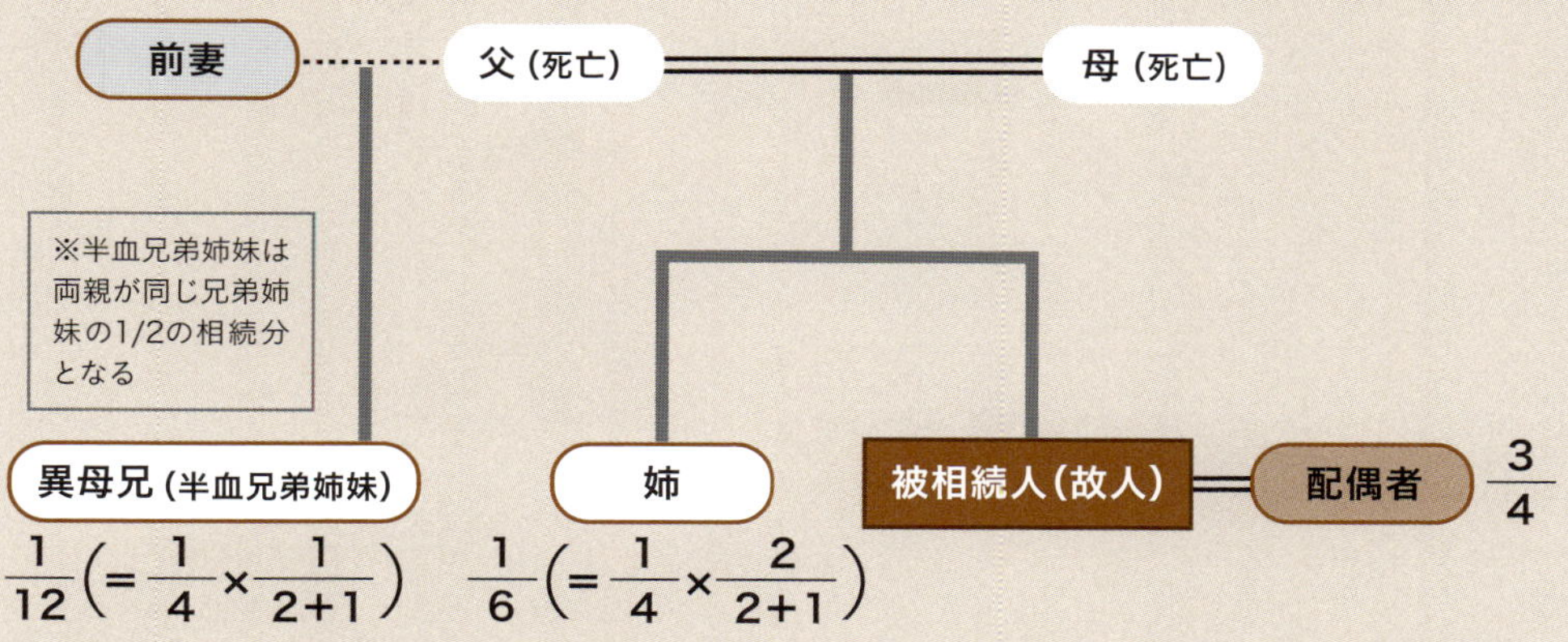

遺族の法定相続人としての権利と利益を守る

# 遺《い》留《りゅう》分《ぶん》と減《げん》殺《さい》請《せい》求《きゅう》

## 遺留分は遺族が相続できる最低限度の相続分

遺産相続では「法定相続よりも遺言による相続が優先される」という大原則がありますが、ここで注意しなければならないのが「遺留分《いりゅうぶん》」です。

たとえば、特定の相続人や第三者にすべての財産を譲る、といった内容の遺言であった場合、遺言に従うと本来は遺産を受け継ぐ権利のある人が、全く受け取れないことになってしまいます。

つまり、遺言の内容によっては、配偶者や子などの遺族の法定相続人としての権利と利益が侵されてしまう場合もあるのです。

民法では、遺族の法定相続人としての権利や利益を守るために、遺族が相続できる最低限度の相続分を「遺留分」という形で規定しています。

被相続人《ひそうぞくにん》が特定の相続人や第三者に贈与《ぞうよ》または遺贈《いぞう》をし、それによって相続人の遺留分が侵害された場合、侵害された相続人は財産贈与または遺贈を受けた相手に対して、財産の返還を要求する権利があります。また、相手（遺留分を侵害している人）がまだ受け取っていない財産を請求してきた場合に、請求を拒否する権利があります。こうした権利を「遺《い》留分減殺請求権《りゅうぶんげんさいせいきゅうけん》」といいます。

## 生前贈与も対象になる

生前贈与《せいぜんぞうよ》も減殺請求の対象になります。生前贈与は相続開始前1年以内になされたものについては無条件に遺産に加えられます。また、それ以前になされた贈与でも、贈与する側と受ける側の双方が遺留分を侵害していることを知ってなされた場合には遺産に加えられます。

## 遺留分が認められる相続人の範囲

遺留分が認められているのは、被相続人の配偶者、直系卑属《ちょっけいひぞく》（子、孫、ひ孫など）、直系尊属《ちょっけいそんぞく》（父母、祖父母、曾祖父母など）についてだけです。被相続人の兄弟姉妹には認められていません。

遺留分は直系尊属のみが法定相続人の場合は法定相続分の3分の1、その他の法定相続人の場合は法定相続分の2分の1です。

## 遺留分の割合と計算法

■相続人の組み合わせと遺留分の割合（例）

| 相続人 | 遺留分の割合 | 被相続人が遺言により自由にできる割合 |
|---|---|---|
| 配偶者のみ | 配偶者 1/2 | 1/2 |
| 配偶者と子1人 | 配偶者 1/4、子 1/4 | 1/2 |
| 配偶者と子2人 | 配偶者 1/4、子 1/8、子 1/8 | 1/2 |
| 配偶者と被相続人の父母 | 配偶者 1/3、被相続人の父 1/12、被相続人の母 1/12 | 1/2 |
| 子1人 | 子 1/2 | 1/2 |
| 子2人 | 子 1/4、子 1/4 | 1/2 |
| 被相続人の父母のみ | 被相続人の父 1/6、被相続人の母 1/6 | 2/3 |

※相続人が被相続人の兄弟姉妹のみの場合は遺留分はないので、すべて自由にできる。
※相続廃除をされた人、相続欠格の人、相続放棄をした人にも遺留分の減殺請求権はない。

■遺留分の計算

侵害された遺留分の額は次の計算で求めます。

遺留分算定の基礎となる財産「相続財産＋特別受益等」 × 遺留分の割合 － 実際に受取った相続財産＋特別受益額 ＝ 侵害された額

遺留分の放棄は相続人本人の意思でなければできません。遺留分の放棄は、相続開始後（被相続人の死後）であれば自由にすることができます。被相続人の生存中にも放棄することができますが、その場合は、推定相続人本人が家庭裁判所に申し出て許可を得なければなりません。

### 遺留分が侵害されたら減殺請求できる

遺贈や贈与によって遺留分を侵害された場合は、侵害している相手に減殺請求をします。遺留分の減殺請求に決められた手続きはなく、相手に「遺留分減殺請求」の意思表示をすればよいのです。遺産分割協議の際に請求をする方法もありますが、減殺請求には期限があるので、相手に内容証明郵便を送る方法がよいでしょう。

相手が応じない場合は家庭裁判所に家事調停の申し立てをするか、地方裁判所に訴訟を提訴します。減殺請求は相続の開始および減殺すべき贈与または遺贈があったことを知ったときから1年以内、相続開始後10年以内に行わないと、請求権が消滅してしまいます。

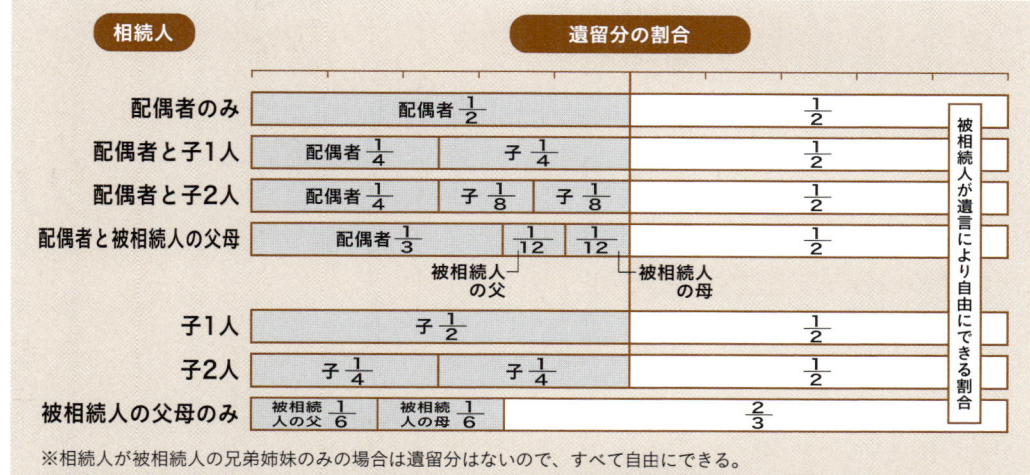

# 遺産分割協議

## 相続人全員による遺産分割のための話し合い

### 相続人全員で行う遺産分割協議

遺産をだれにどのように分けるかを話し合う遺産分割協議《いさんぶんかつきょうぎ》は、代襲相続人《だいしゅうそうぞくにん》や法《ほう》定代理人《ていだいりにん》、包括受遺者《ほうかつじゅいしゃ》も含めて、相続人全員で行わなければなりません。１人でも不参加の場合は協議が成り立ちません。相続人に行方不明者がいる場合は不在者財産管理人が、未成年者がいる場合は法定代理人が参加します。認知症などで判断能力がない場合は成年後見人《せいねんこうけんにん》が必要です。

### 行方不明の人がいる場合の手続き

家出などにより音信不通で生死不明の状態（普通失踪）が7年以上つづいた場合や、海難事故や山岳遭難などにより、死亡したのは明らかなのに遺体が発見されない状況（特別失踪）が1年つづいた場合は、家庭裁判所に「失踪宣告」の申し立てができます。

申し立てができるのは、配偶者や利害《りがい》関係人《かんけいにん》です。家庭裁判所の審判による失踪宣告の確定後は10日以内に失踪者の本籍地または申し立てをした人の住所地の市区町村役所に「失踪届」を提出します。届けが受理されると、失踪者は死亡したものとみなされます。死亡の認定日は状況により異なります。

普通失踪の状態が7年未満の場合は、生きているものとみなされるので、家庭裁判所に「不在者財産管理人」の選任を申し立てます。また、手紙や電話により生きていることは確かであるのに所在地が確認できない場合も、不在者財産管理人の申し立てをします。

選任された不在者財産管理人は、行方不明者の代理人として遺産分割協議に参加し、分割後の財産を管理します。

**◆未成年者がいる場合**

未成年者の法定代理人は普通、親権者ですが、親権者もまた相続人の1人であれば、利益が相反するため法定代理人にはなれません。被相続人の住所地の家庭裁判所に申し立てをして「特別代理人」を選任してもらいます。申し立ては、親権者、または他の相続人が行います。

### 遺産分割協議書は、継続人の数と同じ枚数作成する

相続税の申告期限が相続開始後10カ月

■遺産分割協議書の例

## 遺産分割協議書

被相続人小林太郎の遺産については、同人の相続人全員において分割協議を行った結果、各相続人がそれぞれ次のとおり遺産を分割し、取得することに決定した。

一 相続人小林春子が取得する財産
(1) 東京都千代田区○○町○丁目○番
宅地　弐百参拾四平方メートル
(2) 右同所同番地　家屋番号八番
木造瓦葺二階建居宅
床面積　壱階　八拾四平方メートル
弐階　五拾弐平方メートル

二 相続人小林一郎が取得する財産
(1) ○○株式会社の株式　五万四千株
(2) ○○銀行○○支店の被相続人名義の定期預金
口座番号○○○○○　壱口　九百万円

三 相続人佐藤良子が相続する財産
(1) 定額貯金　ゆうちょ銀行　預け入れ高　金三百万円

四 相続人小林春子は、第一～三項に記載する他一切の相続財産を取得する。

右のとおり相続人全員による遺産分割の協議が成立したので、これを証するために本書を作成し、次に各自署名押印する。

平成○年○月○日

東京都千代田区○○町○丁目○番地　相続人　小林春子　㊞（実印）
東京都中野区○○町○丁目○番地○号　相続人　小林一郎　㊞（実印）
東京都千代田区○○町○丁目○番地　相続人　佐藤良子　㊞（実印）

以内なので、分割協議はそれ以前に終わらせたほうがよいでしょう。分割協議は相続人全員が出席して話し合いをする方法や、あらかじめ書類による分割案を作成し、各相続人に郵便などを使って送り、内容を検討して全員の合意をとる方法などがあります。

分割協議がまとまったら「遺産分割協議書」を作成します。作成は義務ではありませんが、後日のトラブルを避けるためにも、また相続税の申告や相続財産の名義変更などにも必要です。また、配偶者の税額軽減（207ページ）などの相続税についての特例を受けるにも、遺産分割協議書が必要です。

分割協議書に決まった書式はありません。用紙の大きさも自由で、縦書き、横書き、ワープロ使用、手書き、いずれでもかまいません。必要なのは、だれがどの遺産を相続するのか、分割の内容が明確であることと、相続人全員の実印による押印です。協議書が複数枚に及ぶときは、用紙と用紙のとじ目に相続人全員の契印（割り印）が必要です。

分割協議書は相続人の数だけ作成し、各自1通ずつ保管します。

預貯金の名義変更、不動産の所有権移転登記など

# 相続後の手続きと名義変更

## 相続が確定したら名義変更などの手続きを

遺産分割協議により、だれがどの遺産を相続するか確定したら、できるだけ早く、名義変更など財産の性質によって必要な手続きをします。

遺贈《いぞう》により相続した場合もすみやかに名義変更《めいぎへんこう》の手続きをします。

預貯金の名義変更や解約の手続きは、各金融機関によって違いがあるので、事前に問い合わせが必要です。

## 不動産の所有権移転登記は物件所在地の登記所で

分割協議により土地・建物などを取得したときは、「相続による所有権移転登《しょゆうけんいてんとう》記《き》申請書」を、その物件が所在する地域を管轄する地方法務局（登記所）に提出し、相続人の名義に変更します。

相続人が複数で遺言書がなく、法定相続分で相続した場合、相続人全員で共同申請します。申請には所有権移転登記申請書とその写し、「登記原因証明情報」として、被相続人の出生から死亡までの連続した戸籍謄本（除籍謄本等を含む）、相続人全員の戸籍謄本と住民票、印鑑登録証明書、固定資産税評価証明書などが必要です。

遺産分割協議などで相続人の1人が単独で相続した場合は、単独で申請を行うことができます。この場合は、遺産分割協議書、相続人全員の印鑑登録証明書などが必要です。遺言による相続の場合や遺贈による相続の場合には、遺言書の写しなどの添付も必要です。

相続の場合の不動産の登記手続きには固定資産税評価額（時価《じか》）の0・4％の登録免許税がかかります。

申請書はA4サイズの用紙に横書きで記載し、他の添付書類とともにとじて提出します。書式の例は法務局や法務局のホームページで見ることができます。

実際には、書類作成や手続きなどが煩雑なため、司法書士《しほうしょし》に作成を依頼することが多く、司法書士に書類の作成、申請を依頼する場合は委任状《いにんじょう》が必要です。

所有権移転登記は書面による申請とオンラインによる申請が併用されています。

登記手続きには本人または代理人が物件所在地の地方法務局に出向く方法、郵送する方法、オンラインで申請する方法の3通りがあります。

登記手続きに期限はありませんが、故人の名義のままにしておくと、次の相続のときの手続きが煩雑になったりトラブルのもととなることもあります。また、売却や抵当権の設定もできないので、できるだけ早く名義変更をしたほうがよいでしょう。

## 主な遺産の相続後の手続き・名義変更

| 遺産の種類 | 手続き | 手続き先 | 必要書類 |
|---|---|---|---|
| 土地・建物 | 所有権<br>移転登記 | 不動産<br>所在地の<br>法務局 | □所有権移転登記申請書<br>□登記申請書副本<br>□被相続人の戸籍(除籍・改製原戸籍)謄本<br>□相続人全員の戸籍謄本、住民票、印鑑証明書<br>□遺産分割協議書(遺言書の写し)<br>□固定資産税評価証明書(登記申請年のもの)<br>□登記事項証明書など |
| 預貯金 | 名義変更／<br>解約 | 各金融機関 | □各金融機関所定の名義変更依頼書／<br>解約申請書<br>□被相続人の戸籍(除籍・改製原戸籍)謄本<br>□預貯金通帳、キャッシュカード、証書<br>□遺産分割協議書(遺言書の写し)<br>□相続人全員の戸籍謄本、印鑑証明書など |
| 株式・債券 | 名義<br>書き換え | 会社、<br>信託銀行、<br>銀行、<br>証券会社<br>など | □信託銀行等所定の株主名義書換請求書<br>□信託銀行等所定の共同相続人同意書あるいは<br>遺産分割協議書(遺贈の場合は遺言書の写し)<br>□被相続人の戸籍(除籍・改製原戸籍)謄本<br>□相続人全員の戸籍謄本、印鑑証明書、<br>株券など(遺贈の場合は遺言執行者の<br>資格証明書と印鑑証明書など) |
| 借地権・借家権 | 名義<br>書き換え | 貸主 | □契約書の借主名義のみ変更 |
| 自動車 | 移転登録 | 陸運局<br>運輸支局 | □移転登録申請書<br>□自動車検査証(期限が有効なもの)<br>□自動車税申告書<br>□自動車保管場所証明書(車庫証明書)<br>□相続人の戸籍謄本・住民票<br>□被相続人の戸籍(除籍・改製原戸籍)謄本<br>□遺産分割協議書の写し、印鑑証明書など |
| 電話加入権<br>(固定電話) | 加入権<br>承継手続き | NTT東日本・<br>NTT西日本 | □電話加入権承継届<br>□被相続人の戸籍謄本(死亡の事実と相続人と<br>契約者の相続関係が確認できる書類)、<br>遺言書の写しなど<br>□相続人の戸籍謄本または抄本など |

# 相続税の対象となる財産

## 本来の財産、みなし相続財産、生前贈与された財産

### 本来の財産とみなし相続財産

相続財産には、相続税の課税対象になる財産とならない財産があります。

相続税の課税の対象となる財産は、被相続人が所有していた土地（宅地、田畑、山林）、家屋、事業用財産、有価証券、現金・預貯金、家具、書画・骨董、自動車、電話加入権などの「本来の財産」です。それに「みなし相続財産」と「相続開始前3年以内に暦年《れきねん》課税《かぜい》により生前贈与された財産」「相続時精算課税適用財産」が加わります。

「みなし相続財産」とは、被相続人が死亡したことによって発生し、取得することになった財産で、民法上の相続財産ではなく分割協議の対象ではない財産ですが、相続税においては申告しなければならないものです。みなし相続財産には、生命保険金や死亡退職金、生命保険契約に関する権利などがあります。

### 課税対象とならない財産

相続税の課税の対象とならない財産には次のようなものがあります。

①墓地、墓碑、仏壇、仏具などの祭祀財産
②特定の公益事業者が取得した特定の財産
③心身障害者共済制度にもとづく給付金の受給権
④生命保険金のうち、法定相続人1人あたり500万円までの金額
⑤退職手当金等のうち、法定相続人1人あたり500万円までの金額
⑥申告期限までに国、地方公共団体、特定の公益法人、特定のNPO法人などへ寄付した財産

### 相続時精算課税制度を選んだ場合

平成15年度に導入された相続時精算課税制度を選択して、父母や祖父母からの生前贈与を受けた場合は、贈与者である父母や祖父母が亡くなったときには、相続税の申告が必要です。この場合、相続財産と生前贈与を受けた財産を合算して相続税を計算します。

合算して計算した相続税から、贈与を受けた時点で納めた贈与税相当額を控除します。

控除しきれない場合、つまり相続税よりも、すでに納めた贈与税額のほうが大きい場合は、控除しきれなかった金額が還付されます。

相続財産に加算する贈与財産の価額は、相続時の時価ではなく、贈与時の時価で計算します。

# 相続税の対象となる財産・ならない財産

■相続税の対象となる財産

| | | |
|---|---|---|
| 本来の相続財産 | 土地 | 宅地、田畑、山林、原野、雑種地など |
| | 土地に有する権利 | 地上権、借地権、耕作権など |
| | 家屋 | 自家用家屋、貸家、工場、倉庫、門、塀、庭園設備など |
| | 構築物 | 駐車場、広告塔など |
| | 事業用・農業用財産 | 減価償却資産(機械、器具、備品、車両など)、商品、製品、半製品、原材料、農産物、営業上の債権、牛馬、果樹、電話加入権、営業権など |
| | 預貯金・有価証券 | 現金、各種預貯金、株式、出資金、公社債、証券、投資信託等の受益証券など |
| | 家庭用財産 | 家具、什器備品、宝石、貴金属、書画・骨董、自動車、電話加入権など |
| | その他 | 立ち木、貸付金、未収金(地代、家賃、給与、賞与など)、配当金、ゴルフ会員権、特許権、著作権など |
| みなし相続財産 | | 生命保険金、死亡退職金、個人年金(定期金)、低額譲り受け(遺言により著しい低額で財産を譲り受けた場合)など |
| 生前贈与財産 | | 相続開始前3年以内に被相続人から譲り受けた財産 |
| 相続時精算課税適用財産 | | 相続時精算課税制度を選択して贈与された財産 |

■相続税の対象にならない財産

| | |
|---|---|
| 祭祀関係 | 墓地、墓碑、仏壇、仏具、祭具など |
| 生命保険金 | 相続人が受け取った保険金のうち「500万円×法定相続人の人数の金額」までは非課税 |
| 死亡退職金等 | 相続人が受け取った死亡退職金等のうち「500万円×法定相続人の人数の金額」までは非課税 |
| 公益事業財産 | 宗教、慈善、学術など公益を目的とする事業を行う人が取得し、公益事業用に使う財産 |
| 心身障害受給権 | 心身障害者共済制度にもとづく給付金の受給権 |
| 寄付金 | 相続税の申告期限までに、国、地方公共団体、特定の公益法人、特定の非営利活動法人へ寄付した財産 |

## 現金以外の財産の評価、不動産の評価方法

# 主な財産の評価の仕方

### 原則は相続開始時の時価による評価

現金以外の相続財産は、その価値がはっきりとしていないと相続税の計算ができません。財産の価値（相続税評価額）は相続税法により、相続開始時（被相続人が亡くなった日）の時価《じか》で評価することが決められています。

ただし、時価については客観的な評価がむずかしいことや、課税の公平性を保つために、国税庁では「財産評価基本通達」により、財産の種類別の評価の指針を決めています。

### 不動産の評価方法

土地は宅地、農地、山林などの種類によって評価方法が違います。また、同じ宅地でも、市街地と郊外・農村部では評価方法が異なります。

#### ◆市街地は路線価方式

市街地の宅地は「路線価」を基準として計算（路線価方式）します。路線価とは、道路（路線）に面した標準的な土地、1平方メートルあたりの価額のことで、路線価は市区町村ごとに各国税局が定め、毎年改訂し公表しています。

路線価による土地の評価額は基本的には「路線価×宅地面積（地積）」で求められますが、宅地の形状や立地条件に応じて調整を加えて評価額が決まります。

路線価をまとめた路線価図は、税務署や市区町村役所などで閲覧できるほか、「財産評価基本通達」とともに、国税庁のホームページで見ることができます。

#### ◆郊外農村部は倍率方式

郊外や農村部の路線価が定められていない土地については、倍率方式で評価します。「固定資産税評価額」に、国税庁により地域ごとに定められている一定の倍率を掛けて評価額を計算（倍率方式）します。土地の形状や立地条件などは関係ありません。

固定資産税評価額は固定資産税評価証明書で確認できます。倍率は国税局や税務署に照会すれば教えてくれますし、国税局のホームページに掲載されています。また、一定の条件にあてはまる宅地について、税額が軽減される特例（「小規模宅地等についての相続税の課税価格の計算の特例」）があります。実際の土地の評価額は、税務署や税理士などの専門家に尋ねるほうがよいでしょう。

## 主な財産の評価方法

| 財産の種類 | 評価方法 |
|---|---|
| 宅地 | ●市街地の宅地　路線価方式「路線価×面積」<br>●郊外や農村部の宅地　倍率方式「固定資産税評価額×国税局長が定める倍率」（小規模宅地等については特例がある） |
| 借地権 | ●土地の評価額（更地価格）×借地権割合 |
| 建物 | ●固定資産税評価額 |
| マンション | ●建物は占有面積による「固定資産税評価額」、土地は「マンション全体の敷地面積の評価額×持ち分の割合」 |
| 預貯金 | ●銀行の普通預金、ゆうちょ銀行の通常貯金など、利息が低く貯蓄性の低いものは相続開始日の残高<br>●銀行の定期預金、ゆうちょ銀行の定期郵便貯金・定額郵便貯金など、利率が高く貯蓄性の高いものは「預入高＋（既経過利息－源泉徴収税額）」 |
| 株式 | ●上場株式　相続開始日の終値と相続が開始された月以前3カ月間の毎日の終値の各月平均額のうち、いずれか低いほうの額 |
| 自動車・家財 | ●相続開始日に、同じ状態のものを買おうとした場合の価額。家財は1個または1組ごとに評価するのが原則だが、1個または1組の価額が5万円以下のものは「家財道具一式50万円」などのように一括して評価することができる。 |
| 書画・骨董 | ●類似品の売買実例価額や専門家の意見などを参考に評価。 |

■路線価方式による土地の評価額の計算（例）

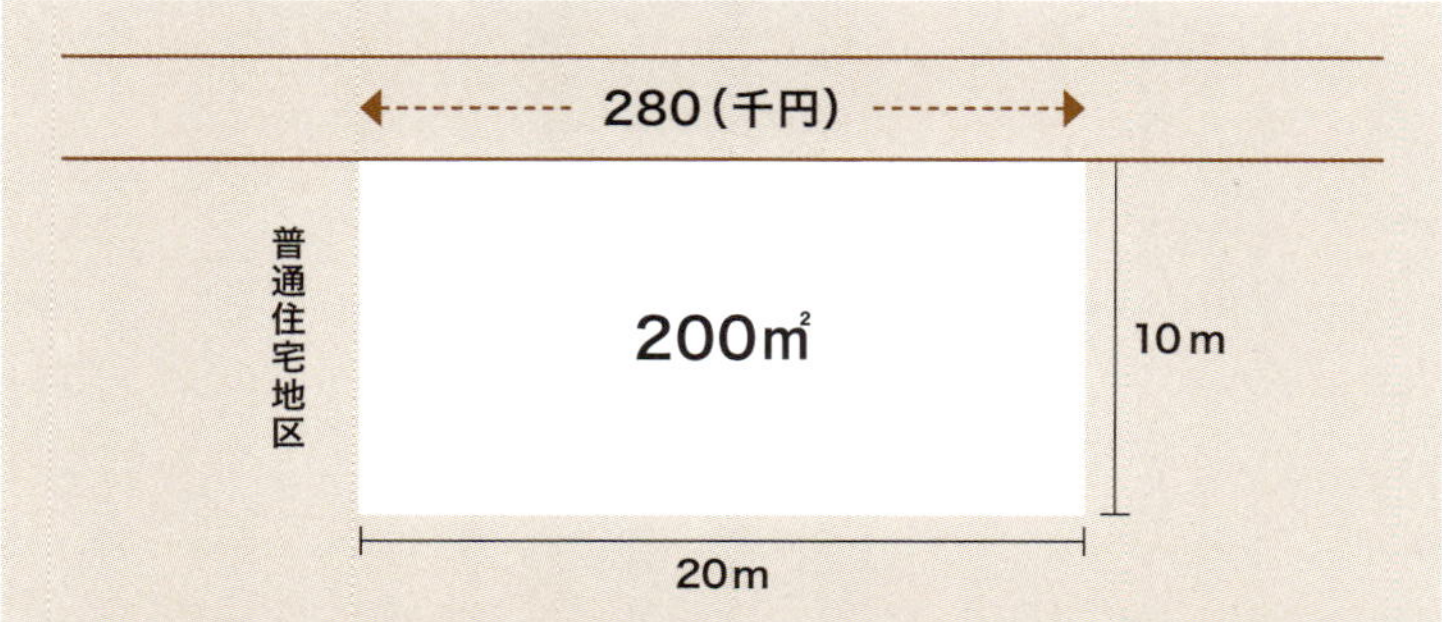


正面路線価 28万円／㎡ × 奥行価格補正率 1.0 × 面積 200㎡ ＝ 評価額 5600万円

### 債務や葬式費用は相続財産から差し引く

相続人が被相続人の債務（借入金や買掛金、未納の税金など）を承継したり、被相続人の葬式費用を負担した場合は、相続財産から差し引いて（債務控除という）相続税を計算します。

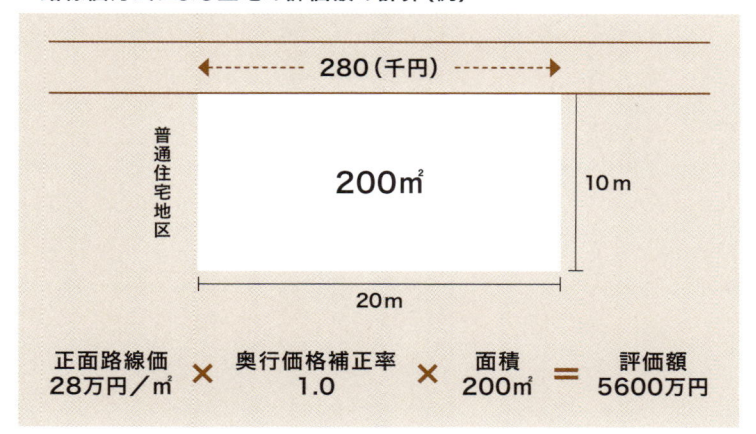

# 相続税の申告と納税

## 相続開始から10カ月以内に申告、現金で納税

### 相続開始の翌日から10カ月以内に行う

相続税の申告《しんこく》および納付《のうふ》は、相続を知った日（通常、相続開始の日）の翌日から10カ月以内に行わなければなりません。相続税は金銭での一括納付が原則です。ただし、一定の要件を満たせば、延納《えんのう》や物納《ぶつのう》が認められる場合もあります。

申告および納付先は、相続人の住所地ではなく被相続人が亡くなったときの住所地を管轄する税務署になります。

申告書は相続人が各自提出することもできますが、相続人が共同で1部作成し、全員で署名・押印して提出することもできます。

期限までに分割協議《ぶんかつきょうぎ》がまとまらない場合は、ひとまず法定相続分《ほうていそうぞくぶん》で分割したものとして相続税を計算し、申告・納税します。その後、分割が確定したら修正申告（納めた額が少なかった場合）、または更正の請求（納めた額が多すぎた場合）をします。

### 相続税がかからない場合もある

相続税は遺産相続をしたすべての人に課税されるわけではありません。課税価格が基礎控除額以下であれば申告の必要はありません。

課税価格とは、相続財産から債務や葬式費用、非課税財産を差し引き、みなし相続財産や生前贈与財産を加算した額です。

基礎控除額は「３０００万円＋法定相続人1人につき６００万円」です。たとえば法定相続人が3人いれば基礎控除額は「３０００万円＋６００万円×3人＝４８００万円」となり、課税価格が４８００万円以下であれば申告・納税の必要はありません。

なお、この場合の法定相続人の数は、相続放棄をした人がいても放棄をする前の相続人の人数で計算します。また、法定相続人に被相続人の養子がいる場合、法定相続人の人数として数えられるのは、被相続人に実子がいる場合は1人、実子がいない場合は2人までの人数です。

## 課税価格とは

| | |
|---|---|
| 相続または遺贈《いぞう》で受け継いだ財産（本来の財産） | 「土地、田畑、山林、建物、業務用財産、有価証券、現金、預貯金、書画・骨董、ゴルフ会員権、自動車など」「未収給与、未収賞与、未収退職金（いずれも死亡前に確定しているもの）」 |
| ＋ | |
| みなし相続財産 | 「生命保険金、死亡退職金、年金、生命保険契約に関する権利など」 |
| － | |
| 債務・葬式費用 | 「借金、未払いの税金、死亡日までの所得税（準確定申告による）など」「葬儀社・寺への支払い、通夜の費用など」 |
| － | |
| 非課税財産 | 「生命保険金・退職手当金等の一定額、墓地、墓碑、特定の公益法人への寄付など」 |
| ＋ | |
| 生前贈与財産 | 「相続開始前3年以内に被相続人から贈与された財産（暦年贈与による）」 |
| ＋ | |
| 相続時精算課税適用財産 | 「相続時精算課税制度を選択して贈与された財産」 |
| ＝ | |
| 課税価格 | |

## 配偶者には大幅な税額軽減の措置がある

被相続人の配偶者には相続税が大幅に軽減されたり、無税になる特典「配偶者の税額軽減」が設けられています。配偶者の税額軽減が適用されて無税になるのは、次のいずれかの場合です。

①取得財産の課税価格が1億6000万円以下の場合

②取得財産の課税価格が法定相続分以下の場合

取得財産の課税価格が1億6000万円以上あり、かつ法定相続分を超える場合でも、本来の相続税の額から法定相続分に対する税額を引いた額を納めればよいので、かなり減額されることになります。

配偶者の税額軽減を受けるには配偶者の相続分を確定させたうえで税務署への申告が必要です。

また、相続人が未成年者や障害者である場合、相続前3年以内に贈与を受けて贈与税を納めている場合、短期間のうちに相続がつづいた場合、国外にある財産を取得し、国外でも課税された場合に、税額が控除されます。

**協力**

- **株式会社はせがわ**
  0120-11-7676
  http://www.hasegawa.jp
- **一般財団法人日本消費者協会**
  http://www.jca-home.com
- **サンパウロ**
  ☎03-3357-6497
- **シャディ株式会社セキセー事業部**
  ☎052-763-4662
  http://www.sekise.co.jp/
- **株式会社セレモア**
  0120-470-470
  http://www.ceremore.co.jp
- **東京ソワール**
  http://www.soir.co.jp
- **日本キリスト教会札幌北一条教会**
- **日比谷花壇**
  http://www.hibiyakadan.com
- **メモリアルアートの大野屋**
  0120-02-8888
  （大野屋テレホンセンター）
  http://www.ohnoya.co.jp
- **洋服の青山**
  http://www.y-aoyama.jp

**スタッフ**

装丁　細山田光宣＋山本夏美（細山田デザイン事務所）
切り絵　山本祐布子
本文デザイン　八月朔日英子
構成・文　田﨑佳子
本文イラスト　岩﨑明子　小沢陽子　おのでらえいこ　小池百合穂
佐藤衿子　森朋子
編集担当　望月聡子（主婦の友社）

実用No.1シリーズ

**葬《そう》儀《ぎ》・法《ほう》要《よう》・相《そう》続《ぞく》**
**マナーと手《て》続《つづ》きのすべて**

編　者　主婦の友社
発行者　荻野善之
発行所　株式会社主婦の友社
〒101-8911
東京都千代田区神田駿河台2-9
電話03-5280-7537（編集）
03-5280-7551（販売）
印刷所　大日本印刷株式会社

■乱丁本、落丁本はおとりかえします。お買い求めの書店か、
主婦の友社資材刊行課（電話03-5280-7590）にご連絡ください。
■内容に関するお問い合わせは、主婦の友社（電話03-5280-7537）まで。
■主婦の友社が発行する書籍・ムックのご注文は、お近くの書店か
主婦の友社コールセンター（電話0120-916-892）まで。
＊お問い合わせ受付時間　月～金（祝日を除く）　9：30～17：30
主婦の友社ホームページ　http://www.shufunotomo.co.jp/


ISBN978-4-07-417817-9



た-091001